VINGT ANS

D'ÉTAPES

PAR

Léon Verhaeghe de Naeyer

BRUXELLES
LIBRAIRIE EUROPÉENNE C. MUQUARDT
TH. FALK, ÉDITEUR, LIBRAIRE DE LA COUR
18-20-22, rue des Paroissiens

1888

VINGT ANS D'ÉTAPES

OUVRAGES DU MÊME AUTEUR

Autour de la Sicile. Paris, Lacroix, 1864.

Voyage en Orient. Paris, Lacroix, 1865.

Les Actes diplomatiques de la Pacification de Gand. Bruxelles, H. Tarlier, 1876.

Florence. Étude politique. Paris, Dentu, 1880.

VINGT ANS

D'ÉTAPES

PAR

LÉON VERHAEGHE DE NAEYER

BRUXELLES
LIBRAIRIE EUROPÉENNE C. MUQUARDT
TH. FALK, ÉDITEUR, LIBRAIRE DE LA COUR
18-20-22, rue des Paroissiens

1888

BRUXELLES
P. WEISSENBRUCH, IMP. DU ROI
45, RUE DU POINÇON

VINGT ANS D'ÉTAPES

Vingt années de voyages font une grande part du voyage de la vie. Ce petit volume aurait toutes les apparences d'une autobiographie, si l'auteur ne croyait pouvoir se défendre de toute prétention de ce genre. Il n'appartient pas à chacun de laisser des Mémoires, d'intéresser le lecteur aux événements dont on fut l'acteur ou le témoin, ni même, à défaut d'autre matière, d'amasser, comme Montaigne, des documents pour l'histoire du cœur humain. « Je ne puis, disait le moraliste périgourdin, tenir registre de ma vie par mes actions ; Fortune les met trop bas : je le tiens par mes fantasies. » Et les Essais sont devenus ainsi les mémoires de tout le monde.

Le goût des voyages, des hasards favorables, le choix d'une profession errante, prédestinent à un genre de vie où l'absence devient la règle, le retour au pays natal l'exception. Militaires, marins, diplomates, passent ainsi nombre de belles années. Un jour venu, les longs récits commencent. Quelque soin qu'il y mette, l'auteur de ces lignes ne pourra toujours cacher qu'il avait vingt ans au premier chapitre, et que le dernier s'achève alors que la quarantaine est franchie. La fuite du temps est si rapide, qu'il nous reste toujours quelque illusion sur l'éloignement des choses. Nos souvenirs nous trompent; nous croyons en toucher du doigt les objets, et ils sont déjà loin. Ainsi, dans ce retour sur le chemin parcouru, j'ai vu reprendre une nouvelle vie au passé, ce présent d'hier, si tôt disparu, et toujours si vivant dans notre mémoire.

On s'est demandé s'il est bon que les jeunes gens voyagent. Serait-ce exiger d'eux qu'ils apportent dans leurs jugements la gravité de l'homme fait? Non, ce n'est point d'expérience et de maturité qu'il faut les mettre en demeure de faire la preuve. Mais qui nous rendra, dans ce qu'on est convenu d'appeler l'âge mûr, les impressions si vives de la première jeunesse, les admirations de l'âme encore neuve au spectacle du monde, l'enthousiasme des belles choses et des bonnes causes?

Il nous est arrivé à tous de revoir, après quelques années, les objets qui nous avaient le plus vivement frappés. Souvent alors, nous sommes restés presque froids. Les réalités demeurent ce qu'elles étaient, le regard seul n'est plus le même. J'ai eu le bonheur de voyager à vingt ans.

Au fond de notre nature, chacun de nous recèle des tendances contradictoires. Les goûts vagabonds n'excluent pas des habitudes casanières; le plus changeant des hommes peut être le plus fidèle à une règle invariable. Tel quitte son pays, habite indifféremment plusieurs demeures successives, et mange et dort partout, qui n'aime pas à changer de plume et ne se sépare pas de son encrier. Le monde tient pour lui dans sa valise; partout il s'improvise une patrie. Après un mois, il est du pays; c'est le colon, déjà satisfait, heureux, plein de chaleur pour les intérêts de son séjour d'adoption.

Sans aller tout à fait aussi loin, j'ai peu varié dans le choix de mes excursions. On pourra me voir retourner sans cesse au bord de la Méditerranée, toucher parfois en Espagne et en Algérie, mais pour revenir bientôt à l'Italie et à l'Orient. Je me suis montré, avec l'apparente inquiétude du voyageur, fidèle aux mêmes préférences.

Il n'en faut pas chercher loin la raison. C'est l'enfant qui explique l'homme, et c'est à ses premières lectures qu'il faut demander la source des tendances dominantes de son esprit. Je ne puis aujourd'hui songer sans effroi à ma première bibliothèque. Quel ne dut pas être, de six à douze ans, le ravage de ces lectures toutes pareilles à celles qui poussèrent, jadis, le jeune Crusoé loin du toit paternel! Il y avait là l'*Itinéraire* de Chateaubriand à côté d'une collection de voyages autour du monde, un *Voyage en Italie*, de Jules Janin, avec la *Géographie* de Malte-Brun, un *Pèlerinage à Jérusalem*, et surtout, les *Voyages historiques et littéraires en Italie*, de Valery, qu'à dix ans, signe peu contestable d'une réelle vocation, je dévorais avec un intérêt bien méritoire, vu l'aridité de ce livre. C'est donc principalement de l'Italie et de l'Orient qu'il sera question dans ces pages.

Les vingt dernières années ont été, pour ces divers pays, fécondes en événements. Le monde a peu de mémoire pour les vicissitudes de la politique ; il s'habitue promptement aux situations nouvelles. Nous avons vu se réaliser des faits qui n'eussent pas semblé, il y a peu d'années, destinés à franchir de longtemps les bornes de l'utopie. Le voyageur est témoin de beaucoup de ces changements : il ne peut s'empêcher d'en faire souvent l'objet de ses préoccupations. Dans les régions diverses où s'agitent de si grands débats, il gardera sagement une attitude impartiale. Mais on ne saurait le blâmer de porter un vif intérêt aux destinées de ces régions, que tant de visites répétées lui ont fait aimer comme une seconde patrie. « Quand j'ai voyagé dans les pays étrangers, écrit Montesquieu, je m'y suis attaché comme au mien propre ; j'ai pris part à leur fortune, et j'aurais souhaité qu'ils fussent dans un état florissant. » Cette pensée d'un politique qui voyagea beaucoup me paraît être, pour ce volume, la meilleure épigraphe.

CHAPITRE PREMIER.

L'Italie.

1859.

I

Rome, a dit Lamartine, est la capitale de l'imagination des jeunes gens.

Mon oreille résonnait encore des périodes de Cicéron et de Tite-Live, je n'avais rien oublié des harmonies de Virgile, lorsque, dès 1856, la ville reine me fut montrée.

Huit heures du soir sonnaient à un clocher voisin de la porte Cavalleggieri. C'était le 17 octobre. Qui pourrait oublier cette date d'une première visite à l'éternelle cité ?

J'étais profondément pénétré de ce qui m'arrivait, et, je dois le dire, mes compagnons de route, fatigués du voyage, étaient plongés dans une torpeur que l'on pouvait, au besoin, prendre pour du recueillement.

En ce temps-là, une diligence partait à midi pour faire avec lenteur les quatorze lieues qui séparent Civita-Vecchia de Rome. Après avoir longé quelque temps la mer, la *via Aurelia* semble entrer dans le désert : c'est la campagne romaine, qui nulle part n'est plus sauvage, plus nue. Un profond silence règne dans cette plaine ondulée, où l'on voit errer des troupeaux, sans qu'un arbre, une habitation dénonce la présence de l'homme. Le paysage n'offre partout que sa mélancolique uniformité ; le temps qui s'écoule, et les bornes milliaires espacées sur la route annoncent seuls que l'on marche vers Rome. Il pleuvait. Les pâtres qui de loin en loin traversaient la route étaient enveloppés d'immenses manteaux ; c'est ainsi qu'un art traditionnel nous dépeint les brigands trop fameux de cette région. Mais rien n'annonce chez ceux-ci des intentions équivoques. Personne, d'ailleurs, ne semble douter de notre parfaite sécurité.

A quatre heures et quart, comme la voiture atteint le sommet d'une colline élevée, on montre, au loin, un point noir perdu dans les teintes bleuâtres de l'horizon : c'est la coupole de Saint-Pierre. Elle disparaît aussitôt ; la nuit arrive, et ses ténèbres nous cachent les approches de la ville éternelle. C'était une sombre journée, comme cette saison en prodigue dans le Nord. La pluie avait cessé ; la lune devait paraître bientôt. Une vague tristesse s'était emparée de moi, sentiment bien naturel au voyageur dans ces campagnes désolées, et qu'il porte souvent à Rome, ville de silence et de ruines, dont les splendeurs mêmes ont parfois quelque chose de funèbre.

Les murs franchis, la voiture longea d'abord la haute colonnade de la place Saint-Pierre, au travers de laquelle j'apercevais les fontaines toutes blanches d'écume, suivit les remparts du château Saint-Ange, et s'engagea sur le pont. C'était le Tibre! Après de longs détours dans des rues obscures et désertes, on s'arrêta enfin.

J'étais dans Rome! Le silence et la solitude semblaient régner seuls autour de nous.

Les maisons immenses, de hautes colonnes, appartenant à des édifices encore inconnus, les fontaines jaillissantes, appelaient mes yeux; mais j'étais absorbé par une seule pensée, je me répétais le grand nom de Rome, enivré de la joie du but atteint. Descendu dans un logis dont je ne demandai pas le nom, entré dans une chambre à laquelle je ne donnai pas un coup d'œil, je m'y promenai à grands pas, goûtant avec volupté un tel instant et gravant dans ma mémoire un souvenir qui jamais n'en devait plus sortir.

La lune, en son croissant, éclairait le Corso d'une faible lueur. Je le suivis jusqu'au Forum. A cette heure, les cloches se taisent, tout bruit de la ville a cessé; le Forum appartient aux morts. Il conserve alors cette majesté que lui prête notre imagination. Le Colisée apparut ensuite. Ses murailles se détachaient en noir sur le ciel, mais de vagues reflets de lumière éclairaient doucement l'ombre des hauts portiques. Nulle image plus grande du néant. Au milieu du silence, nous fîmes le tour de l'arène, emportant d'un tel lieu les graves pensées et le religieux respect qui sont inséparables de ces premiers moments dans Rome.

II

« Il est difficile, dit avec raison Valery, de ne faire qu'un seul voyage en Italie ; et celui qui n'y serait point retourné ne serait guère digne d'y avoir été. »

J'éprouvai vivement ce sentiment. Un premier voyage laisse de nombreuses et importantes lacunes. Deux ans à peine s'étaient écoulés, que je repassais les Alpes avec l'intention de voir cette fois Milan et Venise. Rome m'attirait encore : j'y ferais, s'il plaisait à Dieu, un troisième voyage en 1859.

Les destins avaient marqué cette année pour de grands événements. L'orage grondait sur l'Italie ; mes projets étaient suspendus, quand soudain une brusque péripétie arrêta la guerre à peine commencée. L'armistice de Villafranca rouvrait la Péninsule aux touristes qui ne reculeraient pas devant les embarras d'une situation profondément troublée.

Ce spectacle d'une grande guerre interrompue subitement dans son cours, celui d'une révolution qu'elle avait inopinément entraînée à sa suite, offraient alors un intérêt bien rare.

Je repassai le 25 juillet, au Simplon, la frontière des États sardes.

Les voyageurs qui prennent cette route, et c'est la plus belle peut-être, éprouvent tous la douce influence d'un changement subit de climat. Cette vallée, qui descend vers Domo d'Ossola, c'est déjà l'Italie, avec la tiédeur de l'air, l'éclat du ciel, les bois aux parfums enivrants. Domo, petite ville, offre certaines beautés architecturales ; c'est le grand style des constructeurs italiens qui pénètre jusqu'au pied des Alpes, dans les vallées extrêmes de la Péninsule.

Les événements politiques n'ont eu dans ce pays qu'un retentissement lointain : il n'a pas vu les armées. Mais un bon vieil automédon qui nous mène de Domo d'Ossola à Baveno sur le lac Majeur, en sait davantage, et ses récits de bataille abrègent la longueur du chemin. On signale, à Fariolo, la présence d'un hôte illustre, caché dans cette humble retraite : c'est M. le comte de Cavour, descendu du pouvoir le jour de la signature des préliminaires de Villafranca [1].

Peu après, nous voguons doucement sur le lac uni comme une glace, tandis que nos rameurs de Baveno ne tarissent pas sur les faits d'armes qui l'ont illustré voilà deux mois à peine. Le contraste est saisissant. Aux premiers jours de mai, tous ces charmants villages, Baveno, Belgirate, Stresa, étaient journellement canonnés par une flottille postée sur l'autre bord. La guerre semble bien déplacée dans un pareil lieu ; le bruit du canon est un contre-sens dans ces Édens accoutumés au murmure des sérénades.

Le lac Majeur, qui donne si bien un avant-goût des beautés pittoresques de l'Italie, ne jouit pas encore de son climat estival. Des sommets neigeux du Simplon,

[1] 11 juillet 1859.

que l'on aperçoit encore dans le lointain, descendent trop fréquemment des brumes qui ne tardent pas à se résoudre en pluie. C'est à travers d'incessantes ondées que je revois le palais des Borromées et son féerique jardin. Nous passons la nuit dans l'île même, à l'*Hôtel du Dauphin*, qui s'abrite au pied des hautes terrasses de la célèbre villa. Quand le soir vient, nous sommes confinés dans la salle à manger, sans compagnie d'aucune sorte. Personne, croirait-on, n'a jamais couché à l'*Hôtel du Dauphin*.

Vers la Suisse, les bords du lac empruntent au voisinage de hautes montagnes une perspective sévère; vers l'Italie, la pente adoucie des rivages n'offre que de riants aspects. Les petites villes d'Intra et de Pallanza respirent une gaieté communicative. Villes et villages se ressemblent : partout, des maisons bariolées de couleurs éclatantes, des églises aux clochers d'une architecture harmonieuse, de beaux et vastes jardins; partout le même air de bonheur. Intra, qui compte huit ou dix mille âmes, possède un théâtre, et l'on y jouait *Il Trovatore* en 1858.

A Luino, on met le pied sur la rive lombarde et sur le nouveau territoire de la Sardaigne. Le premier objet qui frappe les yeux au débarcadère est un grand mât où flotte le drapeau vert, blanc et rouge de l'Italie. La ville est pavoisée en cent endroits. Voilà le premier signe sensible de ce grand mouvement qui a tant agité l'Europe et la Péninsule elle-même, et dont le retentissement occupe à peu près exclusivement les esprits. De grands cartouches portent çà et là des V et des N couronnés, avec le W traditionnel (*evviva!*). C'est encore un signe des temps.

Une route pittoresque conduit du lac Majeur à celui de Lugano. Elle descend dans le bassin de ce dernier avec la Tresa, jolie rivière alpestre qui coule, limpide et torrentueuse, parmi d'épais taillis. Lugano est un tiers de capitale. La ville ne manque pas d'un certain luxe monumental. On trouve l'Italie dans le splendide étalage de fruits et de fleurs que montre le marché.

Un bateau à vapeur minuscule conduit de Lugano à Porlezza, d'où nous devons gagner le lac de Côme. Nous ferons à pied les deux lieues qui nous en séparent encore. La route court parmi les vignes et les champs de maïs, dans une riche vallée où les maisons se pressent autour de quelques clochers. Le soir arrive comme nous atteignons le sommet du passage; les cimes des montagnes conservent seules quelque reste de la clarté mourante du jour. Il régnait un silence profond, et la route était déserte. De temps en temps, une cloche de village jetait quelques notes perçantes, mais bientôt perdues. Avant d'entrer à Menaggio, j'aperçois un drapeau tricolore à la fenêtre d'une grande maison, unique symbole d'agitation au milieu du calme de cette soirée. Tout se taisait à l'entour : la maison du drapeau, elle-même, ne laissait transpirer aucune rumeur. Dans les campagnes, la trace des événements politiques est peu profonde; après les plus grands ravages, la nature a bientôt fini de guérir ses plaies.

Nous arrivons sur le théâtre de la grande et courte lutte de 1859. Côme et Milan en virent se dérouler les principaux épisodes, et demeurent le prix de la victoire.

Un philosophe n'irait pas à Milan! Nous fuyons les bords charmants du lac pour gagner à la hâte une grande ville bouleversée de fond en comble. Mais il importe d'arriver pour la grande cérémonie annoncée depuis plusieurs jours, et fixée au 28 juillet.

J'ai parcouru le lac de Côme avec plus de loisir, l'année précédente; on ne saurait revoir sans plaisir ces villages si connus, Bellagio et le sommet boisé que couronne la villa Serbelloni, puis Cadenabbia et le joli promontoire qui porte jusqu'au milieu du lac les portiques d'une coquette maison, Torno et ses jardins, la Pliniana enfoncée dans son coin sombre. Côme apparaît enfin au pied de son amphithéâtre de collines émaillées d'élégantes habitations. Mais aujourd'hui, il n'est guère question ni de ces beautés pittoresques, ni des caravanes accoutumées de touristes, ni des villas ouvertes pour les recevoir. La guerre absorbe la pensée de tous : Côme, occupée par le général Garibaldi, a arboré la première le drapeau tricolore, et nous retrouvons partout les couleurs italiennes et françaises, aux bateaux du port, aux fenêtres des maisons, jusque sur les piliers de la cathédrale. L'agitation inusitée des rues, les placards affichés partout, les étendards déployés au vent ne permettent pas d'oublier ce qui s'est passé ici depuis deux mois.

La ville a joué un rôle important dans la lutte. Il y

eut un jour terrible, alors que le canon grondait derrière la montagne, et que la population, tenue en respect par un dernier bataillon, attendait avec anxiété le sort du combat. Les vainqueurs fêtent encore leur triomphe; les drapeaux qui flottent sur les tours n'ont pas été descendus depuis deux mois. A toutes les fenêtres se montrent les portraits des célébrités du jour : le roi Victor-Emmanuel, Napoléon III, Garibaldi, Cavour. Du reste, l'ordre le plus parfait règne partout et chacun est déjà retourné à ses affaires.

Les peuples qui ont souvent changé de maître gardent bien rarement l'empreinte de leurs états successifs; ils ne s'attachent qu'à ce qui constitue leur vie propre, leur nationalité. La Lombardie, si longtemps espagnole, allemande ou française, est demeurée italienne et milanaise. Ces révolutions fréquentes se réduisent à de minimes proportions : c'est le départ de quelques fonctionnaires, un changement de couleurs, la destruction de quelques emblèmes. Dans cette nouvelle province de la monarchie piémontaise, l'union paraît s'être déjà faite, et sans effort. La trace des combats va s'effacer bientôt, et la population aura repris, sous peu de jours, ses habitudes. La crise politique, si violente, n'a jeté qu'un léger trouble dans la vie sociale.

III

La gare de Milan offre un aspect indescriptible. Je m'y attendais. La foule s'est dispersée dans toutes les directions. Vingt omnibus, cent cochers font un vacarme que n'eût jamais toléré la police de l'ancien gouvernement. C'est toute la pétulance des Italiens laissés à eux-mêmes. Le public n'est guère plus rassis. Outre les voyageurs, la rue est pleine de ces badauds qui se répandent à profusion aux temps d'agitation politique, et font des révolutions sans le savoir.

J'ai vu l'an dernier ces beaux boulevards de Milan, calmes, solitaires, pleins de fraicheur et d'ombre. Qui les reconnaîtrait aujourd'hui? Un camp français, rien de moins, s'est établi sous leurs ombrages; les chevaux sont attachés aux arbres, les armes empilées sur la chaussée, et les hommes éparpillés aux alentours. Salut à ces vaillants soldats! Ils ont combattu sans doute; leurs uniformes n'ont plus rien de leur coquetterie native. Autant la tenue militaire est rigoureusement soignée un jour de parade, autant elle se relâche en campagne. Au milieu de ce fouillis d'hommes et de chevaux, les voitures galopent, s'en remettant au destin pour ne fouler personne. A l'entrée de la ville, c'est le chaos. Les soldats français, en grand nombre, flânent çà et là, au milieu des cris et des gestes de la population, étonnés, eux si alertes, de cette exubérance italienne. Notre omnibus a le malheur d'en renverser un : on s'empresse autour du blessé; un groupe se forme. L'accident n'aura pas de suites, mais doit, en pareil lieu, se reproduire bien souvent.

Milan n'est plus ce que je l'ai connu. Cette agitation, je dirai plus, cette explosion de tout un peuple a gagné la ville entière. C'est bien autre chose que dans Côme. Cent drapeaux pour un, des fleurs, des devises, des portraits partout ; et il en est ainsi depuis six semaines. Toute la population semble être dans la rue, sans compter nombre d'étrangers : paysans des environs, habitants des petites villes d'alentour. Un air de fête brille partout, de fête improvisée, s'entend, car grand est encore le désordre. Demain, dixième anniversaire de la mort du roi Charles-Albert, une solennité funèbre aura lieu à la cathédrale ; ainsi s'explique la foule inaccoutumée qui remplit les rues et se presse devant le Dôme où s'achèvent les préparatifs de la cérémonie annoncée.

Un beau soleil faisait étinceler le marbre de la façade; les innombrables aiguilles scintillaient sur le ciel bleu. Au sommet de la flèche, le drapeau tricolore flottait mollement. Au portail, on suspend encore des draperies funèbres, et une longue inscription à la louange du roi défunt se lit en gros caractères au-dessus de la porte principale.

Tout le monde connait cet intérieur du Dôme de Milan, l'un des plus imposants parmi les grands vaisseaux d'église de l'Europe. La décoration qu'on lui a donnée pour la circonstance ne lui ôte rien de sa majestueuse simplicité. A chaque pilier est appendu un écusson aux armes des maisons alliées à la famille royale de Savoie, avec un trophée de drapeaux sardes et français. Au centre du transept s'élève un catafalque noir et argent, grand à lui seul comme un temple, et dont la magnificence parait impressionner la ville et les environs. La municipalité y consacre une somme de vingt mille francs; nous l'avions appris au Simplon.

Des masses de visiteurs font la traditionnelle et indispensable ascension de la flèche. Aujourd'hui, l'entrée est gratuite pour les soldats. Nous montons en compagnie d'une véritable armée, où se confondent Italiens et Français. Les zouaves surtout sont en nombre, et en belle humeur. L'escalier retentit de leurs lazzis militaires. Que ne leur pardonnerait-on pas aujourd'hui! Sur le toit, nous lions conversation. Est-il besoin de dire sur quel sujet? Nos interlocuteurs arrivent de Solférino. Leurs récits de bataille ont l'intérêt saisissant que le témoin oculaire peut seul donner à sa narration. La guerre a eu ses misères; ils ne s'en cachent pas. Il y a pis que les boulets. Ce qui accablait ces vaillants hommes, c'étaient les marches forcées de tout un jour, sous l'ardeur du soleil, dans cette plaine brûlante de Lombardie qui s'étend d'ici à perte de vue. Il ne fait guère moins chaud aujourd'hui, et l'on ne peut demeurer longtemps sur cette plate-forme dont le marbre brûle et nous aveugle de sa blancheur.

Dans les rues, mille placards variés couvrent les murs. On n'en peut trop vouloir aux gens d'abuser un peu du fruit défendu. Les Milanais, si longtemps privés du plaisir de manifester leurs opinions politiques, les affichent maintenant à tous les coins. Ce ne sont que proclamations, manifestes, déclarations de principes, extraits de journaux, ou même journaux tout entiers offerts gratuitement à l'avidité du public.

L'enthousiasme populaire se produit sous une forme peu usitée dans les contrées du Nord. D'innombrables sonnets, hymnes et dithyrambes, chantent les louanges des vainqueurs. Il y a des élégies pour les victimes, et des complaintes, peu nombreuses encore, sur certains désappointements relatifs aux péripéties inattendues des derniers événements. Cette fièvre poétique a gagné les Français : j'ai lu, au coin d'une rue, des adieux à Milan, par un soldat rimeur, plus soldat que poète, mais non dépourvu d'excellentes et patriotiques intentions.

Un des bons endroits de la ville, pour s'y livrer à une flânerie sans fin, c'est le Corso de Santa-Margherita, qui va du théâtre de la Scala à la Bibliothèque Ambrosienne, en passant par la Bourse. Là s'épanouissent les étalages de libraires, de marchands d'estampes, les échoppes d'écrivains publics, mine féconde d'observations, spectacle perpétuel et gratuit. Les murs couverts de portraits, d'affiches et de chansons m'arrêtent indéfiniment. La foule compacte qui circule dans le Corso offre elle-même un vivant tableau, aux couleurs tranchantes. Les soldats français y portent leur gaieté bruyante. C'est là que pour la première fois j'ai vu des turcos. Ils étaient trois, à l'air terrible, le turban sur l'oreille et l'uniforme bien fatigué. Une femme les escortait, qui n'avait de féminin que son costume de cantinière. Au milieu de ce tohu-bohu se promènent nombre d'abbés, politiquement ornés d'une large cocarde tricolore. C'est un certificat de civisme. La cocarde est, au reste, de mise pour tout le monde.

Nous passâmes la soirée devant un café. L'atmosphère moins lourde était d'une douceur inexprimable. Cette sorte de calmant venait fort à propos après la chaleur et le tumulte de la journée. Le Corso, encombré de voitures et de piétons, offrait le spectacle le plus animé. Toutes les fenêtres, ouvertes, étaient garnies de dames en toilette. Un groupe de musiciens, une femme et deux hommes, vint s'arrêter devant le café. Aussitôt, il se fait un grand cercle autour d'eux, la foule s'arrête : c'est un concert qui commence. Une musique d'à-propos en faisait les frais. Dès la première mesure, les trois virtuoses, s'accompagnant de la harpe et du violon, poussèrent un formidable cri de « *Viva l'Italia! viva nostro Re!* » et le chant continua sur un rythme des plus animés. Ce morceau électrisait l'auditoire, et la recette y gagna. L'accord du public et des chanteurs était parfait, et l'avouerai-je, je n'étais pas sans doute le moins ému parmi tant d'auditeurs.

Le 28 juillet 1849 mourut à Oporto, exilé, presque seul au fond de l'Europe, le roi Charles-Albert. Aujourd'hui, après dix années, la ville de Milan veut payer à sa mémoire le tribut de regrets dû au père du roi Victor-Emmanuel.

C'est à dix heures que la cérémonie anniversaire doit commencer dans la cathédrale. Dès le matin, les rues sont pleines d'une foule compacte qui s'achemine, de tous les points de la ville, vers la place du Dôme. Il est impossible de pénétrer dans l'édifice; nous ne l'avons pas même tenté. La grande place est décorée de tentures noires et de drapeaux tricolores. Un peuple immense la remplit. Les femmes portent presque toutes la coiffure nationale, le voile en dentelle noire des Milanaises. Les soldats des deux armées alliées confondent leurs rangs, en attendant que les uns reprennent la route de la France, et que les autres s'établissent dans les vastes casernes de Milan. Un avis affiché de la municipalité invite les habitants à offrir l'hospitalité aux officiers français, sur leur simple demande.

A l'issue de la cérémonie, après le défilé des magistrats et du monde officiel, la foule se précipite encore dans le Dôme. Les derniers cierges éteints, on met la main à l'œuvre de démolition. Quelques heures après, il ne restait plus rien du catafalque, véritable édifice élevé à grands frais et dont je ne saurais oublier le majestueux effet.

IV

Nous allions, pour gagner Gênes, traverser le champ de bataille de Magenta, six semaines après la journée fameuse du 4 juin. Mais, une fois entré dans Milan, rien de plus difficile que d'en sortir. La guerre a suspendu le service du chemin de fer ; toutes les places des voitures publiques sont retenues longtemps à l'avance. Nous partirons cependant, le 29 juillet, rassasiés de bruit, las, déjà, de la perturbation où les événements ont jeté le pays.

Au moment du départ, deux régiments français entraient dans la ville par le Corso de la Porte Orientale. Les soldats étaient couverts de la poussière d'une longue marche; l'état de leur équipement attestait leurs labeurs. On sait quelle réception firent les Milanais aux vainqueurs de Magenta; celle dont nous fûmes témoins en peut donner une idée. Au son du tambour, tout le monde court aux fenêtres. Le Corso s'emplit en un clin d'œil. Les troupes défilaient entre une double haie d'habitants, qui se découvraient au passage des officiers. Un applaudissement immense remplissait la rue. Les soldats souriaient à ces témoignages d'admiration et de reconnaissance. Ils avaient vu, eux aussi, ces champs de bataille où tant des leurs étaient demeurés. Les récits recueillis sur le toit du Dôme me reviennent à la mémoire. Personne, sur le passage du cortège, n'échappait à cette émotion que traduisaient d'enthousiastes hourras, mêlés aux larmes attendries de la plupart des spectateurs.

Nous prenons le chemin de Novare. L'an dernier, j'ai parcouru cette route; elle ne m'a pas laissé de souvenirs distincts. Aujourd'hui, Magenta est devenu célèbre, et les moindres traits du champ de bataille se graveront dans notre mémoire.

Aux environs de Milan, la campagne ne laisse voir encore nulle trace de guerre. Pas un arbre coupé, pas une vigne arrachée. Les champs, couverts de leurs moissons, semblent n'avoir vu de bien longtemps le passage de l'ennemi. Jusqu'aux approches de Magenta, la marche des armées n'a causé aucun ravage.

La chose semble d'autant plus extraordinaire que le pays est cultivé jusqu'au dernier pouce de terrain, et de plus, comme on sait, fort boisé. Enfin, apparaissent quelques peupliers coupés à moitié de leur tronc, et une maison dont les murs portent des traces de combat. On entre dans le bourg de Magenta.

La route de Novare à Milan, qui le traverse de part en part, y forme en s'élargissant une assez vaste place où viennent aboutir diverses rues. Le bourg, régulièrement bâti, est d'une importance que je ne lui soupçonnais pas. Ces rues et cette place furent le théâtre d'une partie de la lutte du 4 juin. Ici, dans certains endroits surtout, comme à l'entrée de Novare, toutes les maisons ont souffert. Nombre de boulets et de balles sont demeurés fixés dans les façades. Le mur du rez-de-chaussée est, çà et là, haché à l'arme blanche. Des taches d'une couleur douteuse souillent le plâtre : c'est de la fumée, de la boue, peut-être du sang. Nous traversâmes tout le bourg au milieu du silence qui règne à l'heure de midi dans les villes italiennes, silence que nos préoccupations rendaient pour nous imposant et funèbre.

Avant d'en sortir, on s'arrêta devant une misérable auberge. Elle avait vu l'un des derniers incidents du combat : deux cent cinquante Autrichiens s'y défendaient encore, alors que tous les alentours étaient déjà au pouvoir des Français. On pénétra dans la maison par les toits des écuries. Les vainqueurs tombèrent en quelque sorte sur les épaules des Autrichiens. Tout fut pris. Aux environs, les fenêtres enfoncées, les toits à moitié privés de leur couverture, la ruine de quelques maisons indiquaient une lutte acharnée.

Peu après Magenta, on arrive à l'ancienne douane. Cette fois, on ne s'y arrête plus. Que de grands événements il a fallu pour cela ! C'est ici le théâtre principal du combat. La douane s'élève sur une hauteur. De là, la route, après avoir traversé le canal du Tessin à Milan, le Naviglio Grande, sur le pont devenu si célèbre de Magenta, descend jusqu'au fleuve, en ligne droite, par une pente douce. Du haut, on domine une partie du champ de bataille. C'est une campagne inégale, très boisée, coupée de fossés nombreux. Çà et là, de véritables bas-fonds, aux deux côtés de la route, reçoivent l'eau du Tessin en temps de crue, et devaient en tenir beaucoup à l'époque de la bataille. Le passage des armées a laissé des traces. Des arbres coupés et brisés, la terre foulée en maint endroit, des maisons en ruine, enfin, funèbre indice! des tertres fraîchement remués et qui sont autant de tombes. Après le combat, les morts furent ensevelis sur le terrain, et l'on craignait que la chaleur, excessive alors, ne développât un foyer de pestilence. Nous traversons lentement la plaine, recueillant à chaque pas un récit, un indice, un souvenir.

Le Tessin coule, rapide et profond, dans un lit semé d'îles. Ses bords n'offrent pas d'attrait pittoresque. Le magnifique pont de Buffalora, où passe la route, est l'un des points les plus intéressants du champ de bataille. Il a vu, au début du combat, la lutte acharnée de la garde impériale française contre les troupes autrichiennes. On sait le hasard singulier qui empêcha de le rompre, et comment les deux dernières arches, minées, retombèrent l'une sur l'autre, lors de l'effondrement d'une pile, ouvrant ainsi un chemin à la garde. C'est ici et à Turbigo, vers le nord, que l'armée française effectua le passage du Tessin.

Le pont n'est pas rendu à la circulation. Trois arches sont ruinées, mais ce remarquable monument ne tardera pas à être restauré.

Les combattants du 4 juin ne prévoyaient pas sans doute toutes les conséquences que devait avoir cette lutte héroïque. Rarement on en vit, après une bataille, de plus promptes et de plus décisives. Milan fut le prix immédiat de la victoire, mais le retentissement de Magenta se fit sentir bien plus loin. Parme, Modène et Bologne étaient appelées à suivre la fortune de la capitale lombarde, et le sort de la haute Italie tout entière parut dès lors irrévocablement décidé.

Au delà du pont de Magenta, nous nous retrouvons sur l'ancien territoire de l'État sarde.

Novare se découvre à l'extrémité d'une route interminable. Cette ville est à deux heures de Magenta et à six de Milan. Durant tout ce trajet, nous avons longé le chemin de fer, dont l'usage est exclusivement réservé aux troupes. Novare possède une grande église dédiée à San Gaudenzio. Nous y voyons une inscription d'un style bizarre, en l'honneur du général Espinasse, tué à Magenta. La gare du chemin de fer s'ouvre enfin pour nous : c'est la route de Gênes. A onze heures du soir, mille lumières reflétées dans les eaux calmes de la Méditerranée annoncent l'approche de la ville et la fin d'une longue et laborieuse journée.

V

Le spectacle de la guerre ne laisse pas que d'être bientôt pénible. Tant de ruines attristent les yeux. La rencontre des blessés, les souffrances visibles des soldats en marche font trop compter ce que coûte la victoire. A Gênes, on retrouve la paix, une activité que les événements n'ont pas interrompue, enfin, la vie normale d'un peuple.

Cette grande ville, où je reviens pour la troisième fois, mérite d'arrêter les voyageurs plus qu'ils ne font d'ordinaire, séduits par le renom de Florence, de Rome et de Naples. Gênes n'a point Michel-Ange, Raphaël ni les Médicis, mais ses palais et ses maisons, pour n'occuper dans l'histoire de l'art qu'un rang secondaire, n'en composent pas moins un ensemble architectural qui n'a guère son pareil en Italie. Au débouché des Alpes, un climat favorisé y fait éclore une végétation toute napolitaine. Florence et Rome offrent le type d'un paysage tempéré, gracieux, avec quelques réminiscences des pâleurs du Nord. Le site de Gênes, éclatant, semble illuminé d'un rayon du soleil d'Afrique. Les maisons bariolées de couleurs vives, étagées sur le penchant des collines, se mirent dans l'azur de la Méditerranée, sous l'ardeur de la canicule. Dans les rues étroites, le luxe d'autrefois a enfoui des façades monumentales que le passant ne peut guère voir. Ces palais sont tous des œuvres de la Renaissance; ils offrent plus de grandeur et de magnificence que d'originalité. La maison génoise n'est pas une forteresse, comme à Florence; on n'y retrouve pas non plus le caractère sérieux et classique du palais romain. Beaucoup de ces pompeuses constructions semblent inspirées d'un décor de théâtre. Les fresques prodiguées sur les murailles, où elles figurent, à profusion, des portiques, des statues, des fleurs imaginaires, ajoutent à cette sorte d'illusion, et dans Gênes, si bien nommée « la Superbe », on ne sait trop où finit la réalité, la fantaisie de l'architecte ayant agrandi la cité véritable de toute une ville en peinture.

Après tant de rues tortueuses et montantes, tant de maisons à sept étages, de vieux palais, de murailles dont le badigeon s'écaille, comme le fard d'une belle, on retrouve dans le quartier de la place Carlo Felice de grandes voies tirées au cordeau, des boutiques, des cafés, le gaz, tout l'appareil de la vie moderne. Ce contraste est partout. D'un côté, la vieille capitale de la république ligurienne; de l'autre, la seconde ville du royaume tout nouveau de Sardaigne.

On séjourne peu à Gênes; il y a foule à Venise. La reine de l'Adriatique a d'incontestables, de suprêmes beautés, mais il m'est difficile de demeurer longtemps sur ce sol de pierre sans éprouver la nostalgie des champs. A Gênes, une campagne charmante joint ses attraits à ceux de la ville et du voisinage de la mer.

Qui n'aimerait trouver une retraite dans une de ces maisons blanches qui émaillent la colline verdoyante, à mi-côte, sous l'abri de quelques arbres, et devant ces flots immobiles?

Le dimanche soir, la promenade de l'Acqua Sola réunissait, au crépuscule, une foule aussi nombreuse qu'intéressante. Ce beau jardin ne cesse de s'embellir. Les allées, solitaires d'habitude, étaient encombrées. Nous entendîmes quelques morceaux de musique, et quand la nuit fut tombée, nous rentrâmes en ville. Le voile blanc des femmes, le *pezzotto*, semble illuminer cette demi-obscurité. On en voit flotter de toutes parts, voltiger comme des fantômes et disparaître rapidement dans les rues ténébreuses. Les soirées s'achèvent presque toujours au café, et l'on ne saurait parler de Gênes sans citer la célèbre *Concordia*, le plus connu des étrangers. La splendeur du palais municipal, à côté duquel il est situé, en est peut-être le principal ornement. Le jardin, avec ses orangers, sa fontaine et sa musique, est charmant, mais on y trouve aussi beaucoup de bruit, de la foule et des solliciteurs importuns. Les officiers français en ont fait aujourd'hui leur rendez-vous habituel.

La guerre n'a pas manqué d'exercer ses effets sur les voyages par mer. Le port de Gênes est rempli de transports militaires. En revanche, nous avons quelque difficulté à trouver un bateau pour Livourne. Qui n'a jamais quitté les bateaux-poste français ou napolitains ne sait guère ce que c'est que les paquebots extraordinaires, partant lorsqu'ils veulent, arrivant quand ils peuvent. Tel était malheureusement notre navire.

Le soir de cet embarquement, l'atmosphère était d'un calme et d'une pureté comme l'Italie en connaît seule. Le soleil se couchait : la ville, illuminée de ses feux, demeura longtemps en vue, tandis que le bateau sillonnait lentement une mer tranquille. La nuit ne fut pas longue : à dix heures, nous étions encore sur le pont, devisant paisiblement, et après un court sommeil, dès trois heures du matin, nous attendîmes le lever du jour. Au loin, une côte basse se détachait en noir entre le ciel et les eaux. Le soleil parut. Tout s'illumine à l'instant ; la vie se répand avec les rayons de l'astre. Une douce chaleur nous ranime ; le froid du matin allait nous glacer. A cinq heures, on entre dans le port de Livourne.

Le débarquement, dans cette ville, offrait autrefois des difficultés dont les touristes n'ont pas perdu le souvenir. Les passeports, de leur côté, formaient un sérieux obstacle. Tout cela n'a pas encore disparu, et les règlements draconiens de la police sont encore en vigueur, partiellement au moins, et beaucoup trop à notre gré.

En mettant le pied sur le sol toscan, nous nous retrouvons mêlés aux tumultes politiques de cette année. Ici, nous assisterons, non plus au spectacle de la guerre, mais à celui d'une révolution pacifique. L'attitude de la Toscane et des pays de l'Italie centrale qui gravitent autour d'elle devait naturellement, après Villafranca, attirer l'attention de l'Europe : le problème du moment, c'est l'avenir de ces quatre États, dont les destinées ont pris si brusquement une voie nouvelle.

Florence, si justement fière de son ancienne indépendance, de sa glorieuse histoire, semble prête aujourd'hui à sacrifier son autonomie. La Toscane, comme la Lombardie, arbore le drapeau sarde, que nous voyons partout. Rien n'a changé dans cette ville de Livourne que j'ai vue il y a trois ans, et cependant quelle révolution profonde s'est accomplie sous nos yeux ! A l'heure où nous arrivons en Toscane, c'est le sort définitif du grand-duché qui va se débattre dans les conseils des puissances européennes.

Un tout petit placard, découvert par hasard, apprenait à la population qu'elle devait recevoir ce jour, 3 août, le commandeur Boncompagni, commissaire du roi de Sardaigne à Florence, et invitait les habitants à faire accueil à ce haut dignitaire. M. Boncompagni rentrait à Turin, sa mission devant être considérée comme terminée depuis les récents arrangements qui interdisaient au Piémont toute ingérence dans les affaires des duchés italiens. Il quittait Florence avant les élections annoncées (1).

Livourne est parfaitement calme, et, malgré l'absence apparente d'un gouvernement, rien ne res-

(1) Ces élections, d'où sortit en Toscane une assemblée nationale de 171 membres, eurent lieu le 7 août. L'assemblée tint sa première séance le 11. Le 17, elle conclut une ligue avec les trois autres États de l'Italie centrale, et vota le 20, à l'unanimité des 168 membres présents, l'annexion de la Toscane à la monarchie constitutionnelle du roi Victor-Emmanuel II.

semble moins à l'anarchie que l'attitude des habitants. La manifestation de leurs sentiments n'a rien de bruyant.

A midi et demi, dans une position favorable, près d'un café, nous attendions le passage du cortège, à l'ombre d'un immense drapeau tricolore. La foule était grande dans la rue, moins pourtant que je ne l'eusse présumé. Les fenêtres montraient partout les couleurs françaises et italiennes, qui flottaient sur tous les édifices.

Des groupes nombreux précédaient la marche. Une douzaine de grands drapeaux entouraient la première voiture, celle du commissaire royal. Quatre ou cinq autres suivirent, et tout fut dit. La foule, sur le passage du représentant du Roi, se découvrait unanimement, mais on ne retrouvait pas ici l'enthousiasme des Milanais; quelques cris çà et là, quelques vivats à l'Italie, à Victor-Emmanuel, à Boncompagni, signalaient seuls la présence du cortège, qui s'arrêta à la place d'Armes.

Les sons d'une musique militaire nous y appelèrent en toute hâte. La place était remplie d'une foule énorme amassée devant l'hôtel du gouvernement, où le commissaire royal, avant de s'embarquer, prenait quelque réfection en grande et illustre compagnie. Au balcon du premier étage apparaissaient de temps en temps quelques personnages en habits brodés. Quand la sérénade eut pris fin, il se fit un grand silence : le commandeur Boncompagni venait de paraître au balcon.

Il considéra un instant la multitude, et prit la parole. Jamais je n'avais assisté à une scène de ce genre : rien n'est plus étranger à nos mœurs qu'un discours public, jeté au peuple par la fenêtre ; nos élections mêmes sont muettes. M. Boncompagni parla près d'un quart d'heure, avec beaucoup de clarté, un bel organe, et une vivacité mesurée qui ne lui interdit pas une chaleureuse péroraison. Le discours fini, le commissaire partit, et la foule se dispersa en l'applaudissant. Une demi-heure après, le canon des forts saluait l'embarquement du délégué du roi de Sardaigne.

VI

Le chemin de fer conduit en une demi-heure de Livourne à Pise, de la ville née d'hier à la plus vieille des capitales du moyen âge, du port moderne aux quais déserts de l'Arno ; de Livourne, commerçante et affairée, à Pise, dépeuplée, oisive, *Pisa morta*.

La ville morte est demeurée l'un des sanctuaires de l'art italien.

Nulle part, l'histoire de l'art n'apparaît plus intimement liée à celle du développement politique des nations.

A l'aurore des temps modernes, la renaissance artistique indique le retour de l'ordre, de la paix, de la richesse dans la société elle-même. Au Nord comme au Midi, c'est dans les communes libres de la Flandre, de la Lombardie et de la Toscane que l'on voit reparaitre spontanément le germe longtemps enseveli sous les ruines de la civilisation gréco-romaine.

Les Pisans furent les premiers, au milieu de la ruine universelle de l'Italie, à reconstituer une communauté puissante. A la même époque, Milan renaissait à la vie politique, mais une lutte acharnée contre l'ennemi du dehors devait retarder longtemps sa grandeur. Pise, enrichie dès l'an 1000 par le commerce maritime, précéda toutes ses voisines dans sa régénération.

Au XIe siècle, l'Italie n'avait pas commencé à sentir cette influence du Nord qui devait, cent ans plus tard, établir à Florence et à Sienne le règne du style ogival. Les restes de l'art gréco-romain offraient seuls des modèles à suivre. Les architectes pisans, quand leur république naissante eut résolu de construire le Dôme, en 1063, avec le Baptistère et une grande tour, ne songèrent pas à s'écarter de l'ordonnance romaine; la colonne et le plein cintre demeurèrent les seuls éléments dont ils purent se servir. Quand l'art gothique eut donné, plus tard, à la France et à l'Allemagne ses principaux chefs-d'œuvre, l'Italie subit à son tour l'empire de l'école nouvelle, et les cathédrales de Florence, de Sienne, d'Orvieto vinrent témoigner de l'entier abandon des principes classiques.

Mais le style romain lui-même, au XIe siècle, n'offrait plus qu'un pâle reflet de la grande époque. La hardiesse des constructeurs a fait place à une sorte d'impuissance. Leurs efforts se restreignent. Au lieu des voûtes audacieuses, d'innombrables colonnes se multiplient pour appuyer des arcades d'une faible portée. La beauté de la grande nef du Dôme, copiée des basiliques romaines, ne peut dissimuler les caractères de la décadence. La Tour penchée, qui devait servir de campanile à la cathédrale, est empreinte de la même timidité.

Cependant, la construction de ces édifices, œuvre considérable pour le temps, atteste hautement la splendeur de Pise. En face du Dôme s'élève le Baptistère, commencé peu d'années auparavant; la tour est contemporaine, et le fameux cimetière, le Campo-Santo, date seul d'une époque postérieure. Il est de la seconde moitié du XIIe siècle; l'architecte, obéissant à l'influence dominante de son temps, abandonne les modèles classiques pour adopter l'ogive dans toute sa pureté.

Les monuments de Pise représentent donc, presque à eux seuls, une époque distincte de l'art, antérieure au moyen âge italien, et qui offre la dernière trace de l'influence mourante de l'architecture romaine. A dater du XIIe siècle, le style ogival va régner sans partage jusqu'au jour où Brunelleschi et Alberti, au XVe, reviendront aux traditions antiques, et inaugureront le grand mouvement de la Renaissance.

Dans la sculpture, de même, des artistes pisans, Nicolas et Jean, s'inspirèrent des débris rapportés de l'Orient par leurs concitoyens, et leurs œuvres sont restées au premier rang parmi les monuments de l'art primitif. Pise conserve, de Nicolas, la chaire du Baptistère et le clocher des Augustins; il construisit à Padoue la basilique de Saint-Antoine. Michel-Ange, et Bramante avant lui, ne dédaignèrent pas d'étudier ces ouvrages. Ainsi, de Pise, s'étendit sur l'Italie une impulsion nouvelle : ses architectes, ses peintres et ses sculpteurs devinrent les maîtres de ceux qui devaient, plus tard, faire éclore la splendeur de Florence et de Rome.

Les quatre grands édifices que l'on vient voir ici sont situés à l'extrémité nord de la ville; il faut la traverser tout entière. Dans Pise, le sombre caractère des grandes maisons, des palais noirâtres, mêlés de portiques, de tours, d'antiques églises, contraste avec la renommée faite à ce beau ciel, le plus clément de l'Italie. Sous le calme profond de la ville actuelle se cachent de terribles souvenirs : nulle autre cité du moyen âge ne vit de discordes plus acharnées, de guerres plus terribles. Une lutte incessante contre Gênes d'abord, contre Florence ensuite, remplit l'existence de cette république, elle-même incessamment troublée par d'horribles déchirements. Le supplice d'Ugolin ne fut pas le seul épisode cruel d'une histoire pleine de malheurs et de crimes.

Les quatre monuments apparaissent à la fois sur une place solitaire. L'œil embrasse en même temps toute la masse du Dôme, la Tour penchée, sa voisine, le Baptistère, dont la décoration bizarre et compliquée altère l'harmonie de l'ensemble, et enfin, les longs murs nus du Campo-Santo, enfermant un coin de terre sacré à plus d'un titre.

C'est au Campo-Santo que nous admirons encore aujourd'hui une série de fresques, l'un des monuments les plus importants de la peinture des âges primitifs. Ébloui par le renom des chefs-d'œuvre de l'époque postérieure, le voyageur dédaigne trop souvent ces premiers essais de l'art. Nous ne saurions oublier, cependant, ce qu'il fallut de temps et d'efforts pour franchir l'espace qui sépare Cimabue de Raphaël; ce fut l'œuvre d'une longue période d'enfantement et de plusieurs générations d'artistes qui, de progrès en progrès, parvinrent jusqu'à l'épanouissement complet du XVIe siècle. Nous ne laisserons pas d'étudier cette marche progressive, qui a duré trois cents ans, dans les innombrables ouvrages que conservent toutes les villes italiennes. Ce travail n'offre pas seulement un intérêt historique; les œuvres de Giotto, d'Orcagna, de Memmi, de Masaccio, de Ghirlandajo ont retrouvé, dans notre siècle, des admirations ferventes.

Les peintures du Campo-Santo de Pise, auxquelles travaillèrent, avec une foule d'artistes, Giotto, Benozzo Gozzoli et Orcagna, furent exécutées du XIIIe au XVe siècle. Gozzoli y travailla jusqu'en 1485. Michel-Ange allait paraître. Parmi les plus célèbres de ces fresques, celles d'Orcagna, le Triomphe de la Mort et le Jugement dernier, montrent l'art du moyen âge avec son imperfection matérielle, mais avec sa rude énergie. L'horreur du sujet s'y déploie dans toute sa crudité, sans nul ménagement pour les faiblesses du spectateur. Un sombre génie inspire ces grandes compositions, remplies des croyances intolérantes de leur siècle, et qui produisirent, à ce que l'on raconte, de si terrifiants effets sur l'esprit des contemporains. Le

XIIIe siècle avait donné sa forme complète à l'esprit absolutiste de la religion du temps. Rome venait de remporter une victoire sanglante sur la grande insurrection des Albigeois, et l'on retrouve, ce semble, dans l'œuvre d'Orcagna, comme un écho des supplices qui avaient épouvanté son époque.

VII

Après un long travail, à force de prières et de capitaux, on est parvenu à achever un chemin de fer de quatorze lieues qui n'a pas eu une montagne à percer, ni un ruisseau à franchir. C'est la nouvelle route de Civita-Vecchia à Rome.

Il y a deux trains par jour. Le premier part à six heures et demie du matin. Débarqués à cinq heures, nous espérons pouvoir y monter. Mais c'était compter sans la police, qui nous retient longuement. Il faut donc prendre le deuxième train, et il part... le croirait-on ? à cinq heures du soir. Une journée entière à passer dans la petite ville ! Que de voyageurs y ont perdu des heures précieuses !

Ce premier chemin de fer romain offre plus d'un signe du temps. Au moment de prendre les billets, deux gendarmes, ne se méprenant pas sur notre apparence étrangère, nous prient, poliment, il faut le dire, de passer au bureau des passeports. Là, on prend nos papiers, en échange d'un reçu, moyennant lequel il est délivré deux billets pour Rome. J'ai lieu de croire que cet appareil de formalités n'a pas survécu longtemps, et que le chemin de fer a fini par avoir raison de ces entraves bizarres.

Deux heures de voyage environ conduisent à Rome. Il semble que cette nouvelle façon d'aller ôte quelque chose à la poésie de l'arrivée; les huit heures d'autrefois préparaient mieux l'entrée dans un monde nouveau. Voici la basilique de Saint-Paul hors les murs. Elle annonce la gare, adossée aux pentes du Janicule, près de la porte Portese.

Ce second voyage à Rome (1) doit me montrer la ville des Césars et des Papes sous un aspect nouveau. En 1856, sorti frais émoulu de ma rhétorique, c'est la Rome de Tite-Live et de Tacite qui avait exclusivement absorbé mon attention. Le temps de mon séjour ne put suffire qu'à peine à la visite rapide des monuments de l'antiquité; je ne m'écartai guère des quartiers ruinés du Palatin, de l'Esquilin et du Cœlius. Mais la ville éternelle est sortie plus d'une fois de ses cendres; à côté de la cité antique, la Renaissance a fait surgir une Rome nouvelle, non moins riche que l'ancienne en merveilles, et dont la place n'est guère moins considérable dans l'histoire de l'art. L'œuvre du XVIe et du XVIIe siècle, les palais de Bramante, de San-Gallo, de Peruzzi, m'étaient presque inconnus; j'avais négligé les galeries, si nombreuses, si dignes d'une étude attentive et prolongée.

Il est permis de croire que la Rome antique, après

(1) Il fut suivi de beaucoup d'autres.

la chute de l'empire, offrit aux yeux, durant plusieurs siècles encore, le spectacle qui émerveillait les contemporains de Constantin et de Théodose. Nous savons que les demeures impériales du Palatin étaient debout au VIIIe siècle. La ville occupait toujours son emplacement traditionnel sur les sept collines. Robert Guiscard incendia en 1057, dans une guerre contre le pape Grégoire VII, la plupart des anciens quartiers; les Romains, chassés de leurs demeures, s'établirent à la hâte dans les constructions qui couvraient le Champ de Mars. Rome paraît émigrer, et l'on voit naître la ville nouvelle, un peu au nord de l'ancienne, sur la voie Flaminia, devenue plus tard le Corso. Du XIe au XVe siècle, l'existence du peuple romain fut incessamment troublée : la solitude et la ruine envahirent les sept collines. L'exode des papes à Avignon porta le dernier coup à leur capitale. Alors le chiffre de la population tomba à treize mille habitants. On ne peut faire dater que du retour des papes et du long pontificat de Nicolas V l'existence réelle de l'État de l'Église. L'ordre reparaît dans la ville, et la souveraineté papale n'y est plus contestée. C'est l'époque de la Renaissance et d'une vie nouvelle pour Rome. L'érection de grands édifices signale les règnes de Nicolas V, d'Alexandre VI, de Jules II; Léon X donne son nom au siècle. Une dernière crise devait encore éprouver la grande ville, cruellement saccagée en 1527. Mais, après cette année fatale, elle jouit d'un repos constant et d'une prospérité non interrompue durant près de deux cents ans. La cité nouvelle s'élève rapidement; les papes, la nouvelle noblesse romaine sortie de leurs familles, les nations étrangères elles-mêmes l'embellissent à l'envi, et cette période de splendeur extraordinaire s'arrête seulement à la fin du XVIIe siècle, lorsque Paris succéda à Rome dans son empire sur l'Europe intellectuelle. Alors, tout devient immobile sur les bords du Tibre. Je possède un plan de 1700; à partir de cette date, jusqu'au milieu du siècle présent, il ne s'est plus fait aucun changement dans la topographie de la ville. Le plan de Letarouilly, en 1841, donne exactement, pour certains quartiers, le même nombre d'édifices.

Plus on visite la cité reine, plus on apprend qu'il est difficile de la bien connaître. Qui pourrait se flatter d'avoir achevé ce grand œuvre? Les voyageurs d'autrefois y mettaient plus de temps que nous, mais il n'est pas donné à tout le monde d'interrompre pour de longs mois le cours de la vie ordinaire. N'est-ce pas une fortune insigne que déjà, par deux fois, j'aie pu jouir de cette faveur refusée à tant d'hommes?

J'ai revu le Forum, Saint-Pierre, les ruines de la Rome antique, les basiliques du christianisme primitif, le Vatican des papes, les brillantes églises d'une religion triomphante, les palais des Romains modernes, et l'étonnant amas d'œuvres d'art de toute espèce que les siècles ont accumulées dans l'enceinte d'une seule ville. L'étranger, tout entier à l'admiration des ouvrages de l'homme, oublie trop un autre genre d'agréments. Il faut s'arrêter au charme que présentent les sites variés des sept collines, avec leur mélange d'édifices, de ruines et de jardins. La plupart des descriptions sont muettes sur ce point, mais j'ai le plaisir de me trouver d'accord avec le sentiment de Mme de Staël, dans Corinne [1] : « Trois autres collines, dit-elle, non comprises dans les sept fameuses, donnent à la ville de Rome quelque chose de si pittoresque, que c'est peut-être la seule ville qui, par elle-même et dans sa propre enceinte, offre les plus magnifiques points de vue. »

Le 15 août, nous vîmes les Romains célébrer la fête de l'Assomption, et la colonie française, celle de l'empereur Napoléon III. Ces deux fêtes se confondent un peu, et dans le mouvement universel de ce jour, on ne sait trop pour qui brûle tel lampion ou tel grain d'encens. Il ne faut pas se le dissimuler pourtant, les deux solennités ont un caractère bien distinct, et, sans se contredire, elles s'opposent nettement l'une à l'autre.

La cérémonie religieuse du 15 août a lieu, comme de raison, à la basilique de Sainte-Marie-Majeure. Dès huit heures du matin, il faut être à l'église pour assister à cette *funzione*, messe solennelle chantée par un cardinal en présence du Pape, et suivie de la bénédiction donnée par Sa Sainteté du balcon de la basilique. La foule est grande déjà aux abords. A l'intérieur, on achève les préparatifs. Un trône est dressé pour le pape au fond de l'abside, derrière le baldaquin. Deux estrades à droite et à gauche du chœur attendent les

(1) Livre IV.

personnes admises à une place privilégiée. On y trouve l'avantage d'être assis, tandis qu'il n'y a pas le plus modeste siège dans tout le reste de la nef. Les choses se passent de même, d'ailleurs, aux grandes cérémonies de Saint-Pierre.

Vers neuf heures et demie, les tambours battent aux champs sur la place, et un mouvement qui se fait aux portes de la basilique annonce l'arrivée du cortège papal. Le Saint-Père, vêtu de blanc, paraît à l'entrée, porté dans la *sedia gestatoria* sur les épaules de ses gardes, entre les deux grands éventails traditionnels de plumes blanches. La procession s'avance lentement vers le baldaquin, à travers les soldats qui font la haie dans l'église.

Le cortège est exclusivement ecclésiastique. Après les dignitaires du palais pontifical, aux costumes bigarrés, marchent les cardinaux, en grand nombre, et suivis de leurs porte-queue. Enfin s'avance le siège pontifical avec une majestueuse lenteur.

Le Pape, la tiare en tête, est immobile, les yeux presque fermés. La couleur de ses vêtements n'efface pas la pâleur de son visage. De temps en temps, il promène un regard sur l'assemblée en la bénissant de la main droite. Cette blanche apparition traverse la foule muette, attentive, partagée entre le respect et la curiosité.

Le front du pontife, depuis peu d'années, s'est creusé de rides. Aujourd'hui même, de cruels soucis y laissent leur trace. Les événements de la haute Italie ne pouvaient manquer d'avoir ici leur contre-coup; l'agitation de cette année s'est avancée jusqu'à Pérouse, bien près de Rome, et Bologne, avec toutes les Romagnes, semblent irrémédiablement perdues pour l'État ecclésiastique. Au milieu du calme apparent de la ville éternelle, tous les esprits sont en éveil, occupés de la crise aiguë qui vient de s'ouvrir pour l'Italie.

La cérémonie commença, le Saint-Père ayant pris place sur son trône. Pendant toute la durée de la messe, qui fut longue, nous vîmes le pape se soumettre au cérémonial fatigant prescrit dans la circonstance. Plusieurs fois, il quitte le trône pour se rendre à l'autel : à divers moments, la tiare est ôtée de sa tête pour y être ensuite replacée. Enfin, la messe achevée, le cortège se reforme pour conduire le Saint-Père à la tribune de la bénédiction.

La foule massée sur la place, au pied de la façade, est peu considérable. Des détachements de troupes françaises et romaines, avec leurs musiques, en formaient une partie ; il y avait un petit groupe d'étrangers; beaucoup de paysans venus des environs, grimpés sur le piédestal de la colonne et sur les vasques de la fontaine de la place; aux fenêtres enfin, des curieux en assez grand nombre.

Le Pape parut au balcon, debout, sur la *sedia gestatoria :* les musiques jouèrent, le canon retentit. Après la lecture d'une longue formule, il prononça une prière, les bras étendus et les yeux levés au ciel, et bénit solennellement la ville et le monde. Du haut de ce balcon, on domine une partie de Rome et de ses environs. La cérémonie était terminée. Elle avait paru empreinte d'une sorte de mélancolie. Nous revîmes passer le cortège pontifical reprenant le chemin du Vatican. Dans une rue voisine du Capitole, trois carrosses antiques ramenaient au palais municipal le premier magistrat de la ville, le *sénateur*, avec ses assesseurs. Les chevaux sont harnachés et les laquais habillés à la mode espagnole du XVIe siècle. Ce souvenir vivant de l'époque où l'Italie vit ses destinées se fixer pour trois cents ans, sous la main de Charles-Quint, contraste encore avec les événements de l'heure présente. Cette lutte antique dont l'histoire est pleine vient de se réveiller entre la France et l'Empire, ou, pour parler plus exactement, avec les successeurs de l'ancien Empire, et le théâtre de la guerre, au XIXe siècle comme au XVIe, a été porté dans les champs de Marignan et de Pavie. Telles étaient nos pensées, le jour, en parcourant les rues de Rome, et le soir, en contemplant, à la place Colonne, les illuminations qu'une armée française, campée au cœur de l'Italie, faisait briller en l'honneur du souverain de la France.

CHAPITRE II

La Campagne de Rome.

I

La campagne de Rome n'est pas seulement, comme on se l'imagine trop aisément, cette plaine ondulée, solitaire, qui fait à la ville éternelle une ceinture de quelques lieues de désert, et dont le renom d'insalubrité n'est que trop bien établi.

Il faut se hâter de franchir cette zone inféconde, patrie de la *malaria*, pour trouver un refuge sur les hauteurs qui ceignent l'horizon romain vers Albano, Tivoli ou Viterbe.

Là, avec l'air sain de la montagne, on retrouve les villages pressés sur les coteaux fertiles, les riches forêts de chênes et de pins, les aspects pittoresques si connus des peintres. C'est le paysage classique dont Guaspre Poussin fut peut-être le plus consciencieux interprète. Nous allons les retrouver, ces ruines éparses dans les taillis épais, ces châteaux crénelés sur des sommets à pic, les masures rustiques au pied des villas princières, ce mélange de beauté sévère et de grâces riantes dont s'inspira toute une école de paysagistes anciens et modernes.

Un autre grand peintre, George Sand, a donné les environs de Frascati pour théâtre aux scènes les plus intéressantes d'un roman. Les descriptions de « la Daniella » ne sont pas moins fidèles que poétiques. L'auteur n'a pas craint de faire de la villa Mondragone, à Frascati, propriété des Borghèse vendue aux jésuites, le séjour d'une bande de brigands. Ce pays ne fut que trop longtemps, il est vrai, la terre promise des détrousseurs de grande route, et la race n'en avait pas complètement disparu au commencement de notre siècle.

La mode, en Suisse, est aux voyages à pied ; j'ai rêvé d'importer cette mode en Italie. Nous irons donc de village en village, mon compagnon et moi, à très petites journées, s'entend.

Le 16 août, quatre heures sonnant à l'église de la Minerve, nous descendons sur la place déserte. Une voiture légère doit nous conduire à la porte Saint-Sébastien. On part sans perdre de temps, car avec le jour viendra la chaleur tant redoutée.

Nous traversons Rome presque entière, par ces quartiers solitaires et mélancoliques du Palatin et du Vélabre. La lune pâlit quand nous atteignons les murs de la ville. Là, le cocher se sépare de nous, et, seuls, nous entrons sur la voie Appienne.

Ce chemin célèbre, *regina viarum*, disait l'ancienne Rome, court en ligne à peu près droite vers Albano, dans une plaine légèrement ondulée, inculte et déserte, parsemée de tombeaux et de ruines. Derrière nous, nous laissons la grande ville, dont les murs serpentent sur les flancs de l'Aventin et du Cœlius; en face, l'horizon est fermé par le groupe des monts Albains; à droite, la plaine se développe à perte de vue jusqu'à la mer; du côté opposé, elle s'étend jusqu'aux monts plus éloignés de la Sabine, dont les contours bleuâtres se distinguent vaguement. Ce panorama demeure le même durant tout le trajet, mais nos regards ne s'en lassent pas. Voilà la colline de Tusculum et celle d'Albano; au centre, le Monte Cavo, l'ancien *Mons Albanus;* et la plaine qu'il domine, c'est celle où se déroulent les grandes scènes de l'Énéide. Laurentum, Lavinium, étaient à peu de distance; d'immenses marais, que nous apercevons comme une tache noire sur la plaine, ont envahi peu à peu les campagnes fertiles où régna Latinus. Ces lieux, berceau de Rome, inspirèrent Virgile et Tite-Live, et leur sentiment passionné pour la patrie romaine a passé jusqu'à nous avec leurs ouvrages immortels.

La voie Appienne, bordée de tombeaux, suivant l'usage des anciens, offre l'aspect, unique au monde, du plus curieux comme du plus vaste des cimetières. Pourquoi n'approuverions-nous pas cette coutume antique? Les morts n'étaient point exilés de la société des vivants; le voyageur saluait en passant les tombes amies et les sépulcres des grands hommes. Tout le monde connaît le tombeau de Cecilia Metella, et le site dont il est l'ornement le plus caractéristique, ce site si souvent reproduit dans le paysage classique du XVIIe siècle. La plupart des touristes ne vont pas plus loin. C'est se borner à une connaissance imparfaite de la voie Appienne. Jusqu'à moitié chemin d'Albano, les tombeaux se suivent sans interruption; les fouilles de 1850 les ont mis à découvert, et le pavé de la voie a reparu intact. Au delà, ce dernier disparaît; les trottoirs ne laissent plus de trace; les tombes deviennent rares. Quelques grands monuments ont seuls échappé. Il faut citer le célèbre *Casale maggiore*, vaste mausolée circulaire dont le soubassement, où les siècles ont apporté un peu de terre végétale, porte aujourd'hui une maison, un jardin et quelques arbres. Ces arbres venus sur la terrasse improvisée sont les seuls qui se distinguent dans la campagne d'alentour.

Vers huit heures, nous arrivons aux *Fratocchie*, à 12 milles de Rome : la route moderne d'Albano rejoint ici la voie Appienne. C'est, paraît-il, l'endroit où Milon rencontra Clodius, le jour de la rixe fameuse qui coûta la vie à ce dernier. L'auberge promise aux *Fratocchie* offre quatre murs nus et sales; bêtes et gens s'y confondent dans le désordre d'une posada espagnole. Le déjeuner se réduit à fort peu de chose, et nous quittons ce lieu inhospitalier, en compagnie d'un grand char rempli de voyageurs moins ingambes que nous, et qui nous regardent curieusement.

La voie Appienne arrive au pied des contreforts des monts Albains : elle s'élève peu à peu au-dessus de la plaine, et, par une montée d'une heure, gagne

Albano. A gauche, également sur une colline, est Castel-Gandolfo, couronné de son château, dont le dôme s'aperçoit de plusieurs lieues à la ronde. De la hauteur, on domine tout le Latium, Rome et la vallée du Tibre jusqu'aux cimes aiguës du Soracte. A neuf heures, nous entrons à Albano, après quatre heures de marche.

La petite ville n'offre rien de bien remarquable. Après avoir admiré, devant la cathédrale, trois valets de l'évêque, brodés sur toutes les coutures d'un galon fripé, et vu, sur la grande place, de beaux hôtels qui paraissent, cette année, condamnés à une triste viduité, il n'y a rien de mieux à faire qu'à se reposer au café. L'abri du café, en Italie, dans les petites villes surtout, est souvent, quoi qu'on en dise, d'une précieuse ressource. L'inoffensive demi-tasse peut servir de prétexte, plusieurs fois le jour, à des stations multipliées. Au milieu d'un groupe de désœuvrés, nous jetons un rapide coup d'œil sur les journaux de la localité, petits papiers de mince format et de moindre intérêt.

Les femmes d'Albano ont une réputation de beauté. On voudrait s'en convaincre autrement que par ouï-dire. Toutes celles que nous rencontrons ont plus de quarante ans ou moins de quinze; où donc se cache tout le reste? C'est le soleil, sans doute, qui les tient renfermées dans leurs obscures demeures. La journée s'avance, et nous approchons de l'heure où, d'après l'irrévérencieux proverbe italien, il n'y a plus dans les rues que les chiens et... certains étrangers.

Albano est sur la grande route de Naples. C'est toujours la voie Appienne, qui se dirige vers l'Ariccia, village connu dès le temps d'Horace pour donner piètre gîte :

> Egressum magna me excepit Aricia Roma
> Hospitio modico : ...

Aujourd'hui, on y voit un pont renommé dans tout le pays, et le premier, semble-t-il, que les Romains modernes aient pu mener à bien. Ce pont, œuvre hardie et utile, franchit une profonde vallée, abrège d'une demi-heure la route de Naples et fait de l'Ariccia un faubourg d'Albano. Avant d'y arriver, on remarque à droite du chemin un tombeau antique longtemps assigné aux Horaces, et que l'on suppose aujourd'hui être celui d'Aruns, fils de Porsenna. Les descendants de nos antiquaires contemporains lui trouveront sans doute bien d'autres noms encore. C'est le sort des ruines de ce pays.

Sans franchir le pont de l'Ariccia, je me suis contenté de m'asseoir sur une pente ombragée, et d'en prendre un croquis. Le site a de l'agrément ; sur la colline d'en face, le village forme un amphithéâtre couronné par l'église et un palais appartenant à la maison Chigi. Une vue étendue doit être le principal attrait de ce séjour.

A une heure de l'après-midi, et quoique en plein mois d'août, la température n'avait rien d'excessif. Nous partons dans la direction de Castel-Gandolfo. Bientôt commence, dès les portes d'Albano, cette avenue de chênes séculaires qu'on appelle la Galerie. Elle longe la crête de la montagne qui sépare le bassin d'Albano de la Campagne romaine ; du côté de Rome, la vue s'étend jusqu'à la ville, dont nous apercevons la grande coupole, ce phare du moderne Latium. On arrive après une heure de marche à Castel-Gandolfo, médiocre village qui possède un modeste palais, la résidence d'été du Saint-Père.

Mais soudain, d'une terrasse au pied de ce palais, se découvre le lac d'Albano, dont la nappe limpide paraît occuper le fond d'un abîme, et réfléchit comme un miroir les hauteurs boisées qui l'enceignent. Du côté opposé à Castel-Gandolfo, le regard embrasse maintenant, au delà du lac, tout le groupe des monts Albains, couverts d'épaisses forêts, avec le Monte Cavo comme point culminant, et sur la pente de cette montagne, la tache blanche des maisons de Rocca di Papa.

Nous nous sommes assis à l'ombre des chênes, pour jouir de ces beaux aspects. Après l'aride plaine traversée le matin, c'est plaisir que de parcourir ces bois, jusqu'au village voisin de Marino. Ce dernier, sur un rocher inaccessible, dont une vallée profonde et un ruisseau défendent les approches, est d'aspect pittoresque. Point d'auberge dans cette localité de cinq mille âmes. Il faut donc pousser jusqu'à Frascati pour trouver le gîte du soir. C'est deux lieues à ajouter à une journée déjà longue. La fatigue commence à se faire sentir. Nous traversons des vignes et des champs qui paraissent vulgaires, et des hauteurs sont venues cacher le double panorama que nous avons si longtemps admiré. Enfin, voici les belles forêts de pins qui couronnent Frascati. Une immense et magnifique villa s'étend jusqu'aux premières maisons, et nous sommes bientôt installés, sur la Grand'Place, à l'*Hôtel de la ville de Londres*. Le soir est venu : la foule prend le frais devant les cafés, et le village ne redevient silencieux que bien après la nuit tombée.

II

L'ancienne Tusculum s'élevait au sommet de la haute colline qui domine Frascati. Son acropole, dans cette situation inaccessible, défia longtemps des ennemis de toute espèce, jusqu'au jour où les Romains dégénérés du XIIe siècle, plus acharnés que ceux d'autrefois, mirent fin, en détruisant la ville, à l'histoire de Tusculum. Une avenue ombragée de beaux arbres gravit la hauteur, à travers les villas. La fraicheur de la matinée nous fait oublier la fatigue d'hier. Le soleil n'a point paru ; une brume légère cache les montagnes de la Sabine, et la température n'est rien moins que chaude.

Ces forêts qui couvrent le penchant des monts Albains ont vu les temps les plus anciens. Cicéron et ses amis en recherchaient l'ombrage : les dialogues philosophiques de l'orateur romain célèbrent le paysage où il place ses interlocuteurs. C'est là qu'il vint méditer ses *Tusculanes,* dont la sérénité reflète le calme et la beauté de cette aimable nature. D'autres souvenirs littéraires viennent se joindre à ceux de l'antiquité. Voici la ville Mondragone, décrite par George Sand. Les pages du romancier sont d'une grande fidélité. Dirai-je que la lecture de ce livre n'a pas été étrangère à mon projet de parcourir la Campagne romaine?

Cependant, une voie antique dont le pavé est d'une merveilleuse conservation annonce l'approche des ruines de Tusculum. Quelques débris informes se font remarquer sur les deux côtés de la route. Des hommes travaillent dans un champ. Ils fouillent le sol. C'est, disent-ils, la *casa di Cicerone.* Quelque riche qu'il fût, l'orateur n'était pas, à Tusculum, le seul grand propriétaire. Une large vallée sépare la colline de Tusculum du Monte Cavo. On n'aperçoit pas le lac d'Albano, et le chemin qu'il faut suivre pour gagner Velletri ne se devine qu'avec peine.

La voie antique dont j'ai parlé nous ramène dans la vallée. La descente est si rapide, que les chars des anciens n'ont sans doute jamais passé par là. Dans la plaine, il devient de plus en plus difficile de se diriger. L'aide de quelques ouvriers qui passent vient à propos pour nous tirer d'embarras. Ces hommes, graves et silencieux, marchent à grands pas vers la forêt, où ils travaillent sur la route de Velletri, à la base du Monte Cavo. Nous retrouvons, pour ne plus les quitter, les bois qui descendent de la montagne jusqu'aux rives du lac d'Albano.

Rien de plus majestueux que ces solitudes. Un dôme de feuillage s'étend sur nos têtes. De temps en temps s'ouvre une échappée dans les profondeurs ombreuses. Personne sur le chemin; la forêt est déserte, sinon tout à fait vierge. Pas un village, pas une cabane. Le temps est demeuré sombre, et le tonnerre gronde sourdement sur la montagne. Nous avons dépassé Rocca di Papa et Palazzuola; cette dernière localité marque l'emplacement d'Albe-la-Longue, la tragique rivale de Rome. Un muletier nous indique, à temps heureusement, le chemin de Nemi.

Ce chemin descend fort rapidement. Dans un site agreste et rocheux, un troupeau de chèvres se désaltère à une fontaine. Nous ne pouvons guère être loin d'un village. Il s'offre tout à coup à nos yeux, au bord d'un lac qui remplit le fond d'un cratère, dans un site tout semblable à celui d'Albano.

Nemi, perché sur un roc, est une des plus pauvres bourgades de la Campagne romaine. Perdu dans les bois, sans routes praticables, il vit du passage bien rare de quelques touristes. Une petite terrasse près de l'auberge offre la vue du lac avec Genzano sur la rive opposée. Le site est bien connu des artistes. Au fond, la campagne s'étend vers Rome, et l'on voit la mer, dont la ligne se confond dans la teinte grise des nuages. Car le ciel ne s'est pas rasséréné, et le soleil manque à ce paysage d'Italie.

De Nemi à Velletri, il faut rentrer encore dans le labyrinthe de la forêt, par un chemin montant et d'un grand caractère. Heureux si nous pouvions passer quelques jours à relire Horace sous ces ombrages, mais avec du soleil! On pourra, vu le climat et la saison, s'étonner d'un vœu si fréquemment exprimé. Au sommet du col, du côté de Velletri, se découvre tout le chemin qui reste à parcourir. C'est un nouveau panorama pour nos yeux surpris. La chaîne des montagnes volsques s'élève devant nous : que de souvenirs rappelle ce nom, dont l'histoire romaine des premiers siècles est remplie! Là s'abritaient ces montagnards héroïques, éternels ennemis auxquels les historiens romains ont voué une si grande, et, je crois, une si juste haine. La vaste plaine des Marais Pontins se déroule ensuite jusqu'à la mer, jusqu'au Monte Circeo, qui indique dans ce lointain Terracine et la frontière de Naples. Enfin, Velletri est à nos pieds, et c'est le terme d'une laborieuse journée. On arrive à la ville par une superbe avenue de grands arbres. La nuit n'est pas loin de tomber. C'est l'heure où les femmes vont à la fontaine : elles marchent gaiement, avec leurs vases de cuivre en équilibre sur la tête, et s'éparpillent autour d'un large bassin aux portes de la ville. Leur gracieux costume blanc et rouge rehausse leur beauté, célèbre dans toute l'Italie, et qui m'a paru mériter cette réputation.

Les élégants modèles qui s'offrent à nos yeux ont depuis longtemps le privilège d'inspirer les artistes, et les jolies villageoises, habituées à ce genre d'hommages, ne s'effarouchent pas d'une admiration dont il serait peu galant, pour l'étranger, de paraître se défendre. Il y a une fontaine encore près de notre logis, et des groupes d'aimables filles emplissent la rue de leurs jeux et de leurs rires.

Mais nous ne savons pas manier le pinceau, et nous quitterons Velletri demain, comme Télémaque arraché aux séductions de l'île de Calypso.

III

La route de Velletri à Valmontone, vers Palestrina, court tout au fond de la petite plaine qui sépare les monts Albains des montagnes volsques. Nous faisons ce trajet dans une voiture du pays, à deux places, de chacune desquelles il faut retrancher quelque chose pour le postillon.

C'est encore s'éloigner de Rome. Les physionomies locales se dessinent davantage. Les femmes portent le costume national dans toute sa pureté native : le corsage bas, la gorge enveloppée d'un voile blanc ; la jupe en fourreau, de couleur éclatante, et le *mezzaro* sur la tête. L'invariable collier de corail, et les grandes boucles d'oreilles empruntées par les Romaines d'aujourd'hui à leurs devancières des siècles classiques, complètent l'ajustement traditionnel. Les hommes changent moins qu'on ne se plaît à le dire, et, dans ces campagnes, la vie du paysan moderne ne doit pas différer beaucoup de celle du laboureur antique. La lampe qui nous éclaire chaque soir n'a pas vu modifier sa forme depuis le temps où elle prêtait sa lumière à la veillée des anciens.

On ne trouve d'autre village que Montefortino. Là se pressent les maisons, sur un roc escarpé, tandis qu'il n'y en a pas une seule dans la plaine. Le nom de cette espèce de citadelle est expressif, et réveille le souvenir redoutable d'une époque où nul, isolé dans la campagne, n'eût garanti longtemps sa personne et ses biens des atteintes des brigands. Cette crainte a dominé le pays durant de longs siècles, et n'est pas encore complètement dissipée dans l'esprit des populations.

Valmontone, dans un ravin agreste, est moins anormalement bâti. Des collines couvertes de bois, une route encaissée entre des hauteurs, quelques débris d'antiquités cachés sous une végétation vigoureuse, donnent au site de cette petite ville le caractère du paysage italien, comme le Guaspre et Claude Lorrain l'ont interprété. Le XVIIe siècle, plein du charme de l'antiquité, appréciait la Campagne romaine, avec sa grave poésie. Nos contemporains semblent préférer les aspects moins sévères du golfe de Naples.

Nous marchons vers Palestrina par un chemin dans la plaine que nous a indiqué un bouvier, dont les bœufs à longues cornes s'abreuvaient à la fontaine. Bientôt, en effet, apparaît, tout au loin, une haute montagne, couronnée d'un château, et sur le penchant, on distingue une ville. C'est, à n'en pas douter, Palestrina. On aperçoit ce sommet de Rome.

Avant d'arriver, le ciel, qui s'est voilé d'un nuage menaçant, se déchire, et des torrents d'eau inondent le chemin. Nous gagnons Palestrina à travers ce déluge. Ici, il faut trouver un gîte. Des deux auberges que possède la ville, un prince romain de passage a pris l'une tout entière, et une fête en l'honneur d'un saint de la localité nous fait craindre de ne pas obtenir une place dans l'autre.

Depuis l'orage du matin, la pluie n'a point cessé. Notre humeur aussi s'est assombrie. Nous mettons le tout sur le compte de la fête, bien à tort, car nous aurons une excellente occasion d'observer d'intéressantes scènes de mœurs. Dans une église, à quelques pas de l'auberge, se célèbre l'office, avec grande pompe, mais la foule est la note dominante. Les costumes des femmes étalent autant de richesse que d'élégance. Les bijoux sont d'or fin, et le corail de la plus belle couleur. Par malheur, la pluie et la boue ôtent de leur fraîcheur aux toilettes des *contadines*.

Palestrina s'étend sur le penchant d'une montagne rocailleuse. Les rues gravissent en zigzag une pente rapide. Quand les maisons cessent, nous nous asseyons sur le rocher, au-dessus de la ville. Il est peu d'endroits d'où l'on embrasse mieux l'étendue de l'ancien Latium, les deux groupes des monts Albains et des montagnes volsques, tout le pays enfin qu'ont illustré les premières guerres de Rome.

Un château appartenant au prince Barberini renferme une mosaïque trouvée dans les débris du temple de la Fortune, œuvre d'art fort inférieure, m'a-t-il semblé, à tout ce que j'ai vu dans ce genre à Rome. Le château lui-même est livré à l'abandon.

La pluie avait singulièrement contrarié les réjouissances projetées pour ce jour à Palestrina. Un feu d'artifice, des courses de chevaux, une tombola furent remis au lendemain. La nuit venue, en dépit d'un nouvel orage, l'église et la tour s'illuminent, les lampions luttent péniblement contre la bourrasque, un 18 août, en pleine Italie!

La belle saison est ainsi traversée, à la suite des chaleurs de juin et de juillet, par des séries de jours orageux. Le lendemain, il n'y paraît plus. Au sortir de Palestrina, le soleil brille, et la contrée reprend un aspect plus riant.

Rien de plus frais, de plus agreste que la route prise, le matin, de Palestrina à Cavi. Elle longe un ruisseau, au fond d'un ravin verdoyant, entre deux chaînes de collines ombragées de chênes superbes. Cette promenade matinale nous fait goûter des impressions connues seulement du voyageur pédestre. Ces bois nous rappellent l'églogue antique, et nous n'avons d'autre regret que de ne pouvoir passer de longues heures sous les chênes, avec les livres qui ne nous ont pas quittés.

On arrive ainsi à Cavi, gros village dont la rue principale se tord sur le penchant d'une colline escarpée. Les habitants nous regardent passer avec curiosité. Nous nous engageons ensuite dans une plaine médiocrement cultivée. A gauche s'élèvent des sommets pelés : c'est l'Apennin de la Sabine, qui vient finir ici.

Cette vallée est celle du Sacco, qui rejoint à la frontière de Naples le Garigliano, l'antique Liris. Les vallées secondaires qui apportent au Sacco les eaux de leurs montagnes offrent quelques points de vue étendus et variés; tel est l'aspect de Genazzano, l'un des villages les plus importants de la contrée. Ici, comme aux environs de Velletri, il n'y a plus guère dans la campagne de maisons isolées; le pays est désert.

Une autre ville paraît dans le lointain : est-ce Olevano, le but de notre course? Personne pour se renseigner, et nous marchons dans cette direction, quand des cavaliers qui passent très à propos nous apprennent que c'est Pagliano. En effet, au détour d'une colline, on voit Olevano sur la gauche, au fond d'une vallée latérale.

Le piéton s'abuse aisément, en fait de distances, dans les pays de montagnes. Cette fois encore, le village à peine aperçu, nous croyons y toucher, et il s'en faut d'une heure au moins de montée fatigante.

L'auberge d'Olevano nous fait un accueil cordial. Nous n'y sommes pas seuls dans la salle commune : un jeune artiste travaille au portrait d'une villageoise. Je n'ai point vu dans toute la Campagne romaine de type plus caractérisé. Nous admirons le modèle au détriment de l'œuvre du peintre. La vie d'artiste nous paraît en ce moment ce qu'il y a de plus désirable. Courir le monde à la recherche du beau, cueillir çà et là ce que la nature a produit de plus parfait, fixer à jamais sur la toile l'impression d'un moment, quel sort plus enviable? Il y a un revers à la médaille. Certains jours, l'enthousiasme s'éteint, l'inspiration fait défaut. Dans le cours de ce voyage même, nous avons trouvé, plus loin, des esprits désenchantés; on nous enviait à notre tour, nous qui passions, sans labeur, et qui ne demandions pas d'effort à un pinceau fatigué.

Olevano, de même que Montefortino, est perché comme un nid d'aigle sur une hauteur escarpée. A l'intérieur de ces antiques villages, point de rues, mais d'étroits escaliers qui serpentent dans ce dédale. La misère et la saleté ne sont, hélas! pas assez dissimulées par les ténèbres où demeurent plongées les habitations.

Nous sommes entrés à l'église; un spectacle affreux non moins qu'étrange nous y attendait. Trois cadavres, parés d'habits de fête, étaient couchés sur des lits de parade, au milieu de la nef.

Il y avait deux enfants, et une jeune fille de douze à quatorze ans. Je n'ai pu supporter le contraste de ces tristes dépouilles avec les parures virginales, les dentelles et les fleurs dont on les avait couvertes. Nous sortîmes précipitamment de ce lieu funèbre.

A l'heure du dîner, une compagnie nombreuse se réunit à nous. Le peintre et son modèle sont déjà de vieux amis; le jeune homme, Allemand et de manières fort réservées, use discrètement de cette familiarité, et le mari de la belle Romaine, assis à côté d'elle, n'a pas lieu, je crois, d'en être offusqué.

L'hôte d'Olevano nous voit avec peine songer au départ. Il hoche la tête en regardant le ciel, et prédit la pluie. En dépit de cet oracle intéressé, nous décidons de pousser jusqu'à Subiaco. Mais il ne faut plus songer à la marche; le moyen de transport usité dans le pays, c'est l'âne, comme nous l'avons vu le matin sur la route. On demande trois pauls (un franc cinquante centimes) pour ce voyage de six lieues, qui doit durer quatre heures.

Une route va d'Olevano à Subiaco par les montagnes qui encaissent la vallée de l'Anio, ou, pour mieux dire, il y aura une route dans un avenir peu éloigné. On travaille beaucoup pour rendre accessible aux voitures le sentier étroit et rocailleux que nous suivons aujourd'hui.

Ce trajet est un des plus intéressants que j'aie faits dans la Campagne romaine. Les souvenirs de l'antiquité font défaut, mais comme pour laisser reposer l'esprit, et ne pas le distraire des beautés du paysage. A travers d'interminables zigzags dans la montagne, tantôt le chemin se perd dans un ravin, tantôt il suit des crêtes escarpées et commande tout à l'entour.

Des hauteurs qui dominent Olevano, une vaste contrée s'étend à nos pieds, comme une carte géographique. Plus haut encore, on aperçoit un village, Civitella, vraiment perdu dans les nues. Le pays est sévère; de grands bois remplissent les vallées, et les cimes dénudées des montagnes déchirent le ciel en y dessinant leurs arêtes. Nous allons nous enfoncer dans cette contrée presque sauvage. Le sentier emprunte le lit d'un torrent desséché. Dans un site désolé apparaît Rojate, où les habitants, dit notre guide, ne connaissent pas le pain. Ils se sont réfugiés dans ces solitudes inaccessibles pour échapper aux gens de guerre du temps passé.

Près de Subiaco, une centaine de travailleurs, hommes et femmes, sont occupés à la construction de la nouvelle route, la *strada Romana*. Les femmes portent la terre en de grands paniers, pliant sous le faix. Les hommes travaillent silencieusement, courbés sur le sol. Des enfants chantent en chœur, autour d'une fontaine, un refrain plus mélancolique que gai. Tout le paysage est empreint d'une sorte de tristesse.

Comme le crépuscule approchait, nous découvrîmes Subiaco, tout d'un coup, dans un site où rien n'annonçait une ville. Les maisons, pressées sur les pentes d'une colline que baigne l'Anio, forment un amphithéâtre couronné par les vastes bâtiments d'un monastère et de la cathédrale. Le courant de la rivière met en mouvement quelques moulins et une usine qui n'est pas sans importance. C'est comme un retour à la vie au sortir du désert.

L'auberge de Subiaco jouit d'une réputation exceptionnelle dans la Campagne de Rome. Ces éloges sont mérités. Mais peu de touristes pénètrent jusqu'ici. C'est le temps qui manque aux voyageurs. Combien, venus jusqu'à Rome, ne s'aventurent pas même jusqu'au pied des monts Albains, jusqu'aux villas de Frascati ! C'est pis encore depuis que les chemins de fer amènent dans la ville éternelle des foules tourmentées de la pensée du retour. Il était réservé à ce siècle de voir des excursionnistes faire le tour de l'Italie en un mois, et s'étonner de recueillir d'un tel voyage plus de lassitude que de plaisir.

IV

Horace a parlé du froid de la Sabine. Cette observation n'a rien perdu de sa justesse, et l'on ne peut s'empêcher d'être frappé de cette rigueur inattendue de la température.

Nous quittons Subiaco de bon matin, le 20 août, sans nous être arrêtés aux beautés du lieu, sans même avoir fait une courte visite au Sacro Speco, caverne voisine où se retira saint Benoît, et d'où sortit, pour ainsi dire, ce flot de monachisme qui, durant des siècles, a couvert l'Occident. Nous montons en voiture, sous la conduite d'un automédon du pays, jeune montagnard à la physionomie avenante. Les habitants de Subiaco paraissent moins misérables que ceux des villages plus voisins de la mer; l'aisance leur donne de la dignité, et l'on ne trouve point ici les mendiants et les gueux de toute sorte qui pullulent dans la région des Marais Pontins.

De Subiaco, une bonne route conduit à Tivoli. Elle longe l'Anio, ou Teverone, pour lui donner son nom moderne. La rivière, qui n'est pas encore bien considérable, coule au fond d'une vallée solitaire entre deux chaînes de hautes montagnes. A gauche, ce sont les hauteurs que nous avons traversées pour venir d'Olevano; à droite, les dernières sommités des Abruzzes.

C'est jour de marché à Subiaco. Nous rencontrons en foule les paysans des environs, chargés de fruits qu'ils portent sur la tête. Les femmes surtout s'emploient à ce métier. Un travail excessif imposé à la femme est l'indice de mœurs encore rudes. On n'a pas oublié une peinture de M. Hébert : *les Femmes de la Cervara à la fontaine.* Ce tableau est devant nos yeux. La Cervara est ce bourg perché sur une des plus hautes cimes de la vallée, et ces villageoises sont descendues de leur nid escarpé pour chercher du pain à Subiaco. Elles portent le costume fidèlement reproduit par le peintre français : l'inévitable collier de corail, dont la plus pauvre se pare à l'égal des riches paysannes, et le mezzaro blanc flottant sur la tête.

Cette vallée de l'Anio est austère. Des rochers nus la séparent du monde. Nous marchons plus de deux heures sans rencontrer d'habitations. Dans les sites inaccessibles, de rares villages, aux dehors menaçants, montrent leurs maisons flanquées de hautes tours. C'est la Sabine, dont les habitants avaient conservé, au siècle d'Auguste, la rudesse d'ancêtres barbares. Ce pays, si peu ouvert aux influences du dehors, a-t-il beaucoup changé depuis cette époque lointaine?

Une pluie fine commence à tomber, et continue opiniâtrément. Tel était le climat dépeint par le poète; Horace se plaignait des mêmes intempéries. Nous arrivons précisément à l'entrée de la vallée de la Licenza, l'ancienne Digentia. Au fond de ce ravin étroit, près de la rivière que nous venons de traverser, se retrouvent aujourd'hui des ruines, celles peut-être de la petite maison célébrée par l'ami de Mécène. Jetons en passant un coup d'œil à ce site illustré par le plus aimable des poètes et le plus humain des philosophes. Avoir lu Horace, c'est être son ami. Revenu depuis quelque temps, et pour jamais, sans doute, au commerce des classiques, ce n'est pas sans émotion que je devine, dans le lointain, l'emplacement du petit domaine dont le poète eut la sagesse de se contenter. Mais on comprend aussi qu'il allât chercher à Baïes un hiver plus clément que celui de la Sabine.

L'Anio, après avoir reçu la Licenza, s'enfonce dans une gorge profonde, et le niveau de la vallée s'abaisse. On dépasse le couvent de San Cosimato, assis parmi de hauts cyprès sur la rive du fleuve, et bientôt on atteint Vicovaro. La chère est misérable dans ce pauvre pays, et nous repartons pour Tivoli sans nous arrêter davantage.

Il semble que la solitude, en approchant de Tivoli, et par conséquent aussi de Rome, se fasse plus entière et plus navrante. Plus une maison, plus un arbre même dans une campagne déserte. L'orage de la journée n'est pas près de finir. Les ruisseaux de la vallée se gonflent à vue d'œil. Enfin, au milieu d'un paysage toujours plus sévère, on découvre quelques ruines, débris d'un pont romain sur l'Anio. Au détour d'un rocher, voici les maisons de Tivoli, groupées sur le bord de l'abîme, où les eaux semblent toujours prêtes à les entraîner.

Des hauteurs où s'élève Tivoli, je montre à mon compagnon, dans la plaine qu'arrose l'Anio, un point noir surgissant au-dessus de la ligne uniforme de l'horizon : c'est la coupole du Vatican, c'est Rome. Ainsi, d'Albano ou de Frascati, des monts de la Sabine ou des collines voisines de la mer, le regard cherche et retrouve toujours ce point lumineux qui domine toute la contrée. Rome plane toujours au-dessus de l'antique Latium, qu'elle remplit des souvenirs de son histoire et des monuments de sa puissance.

V

Ma première excursion à Tivoli date de 1856. J'y arrivai un soir, la nuit déjà venue, au mois de novembre, et seul. C'était l'occasion de visiter aux flambeaux la grotte des Sirènes.

Tivoli, assis au bord du précipice où tombe l'Anio, est penché sur l'abîme. Dans la nuit, je ne voyais pas le gouffre où l'on m'invitait à descendre, mais le bruit des eaux annonçait l'approche des cataractes, et l'ébranlement du sol marquait bien la puissance de ce torrent qui, plus d'une fois, a menacé d'emporter les maisons hardiment jetées sur ses bords.

Deux hommes me précédaient, portant des torches et de la paille. La descente devient rapide, et la lueur des torches éclaire à peine l'étroit et humide sentier où mes guides m'entraînent à grands pas. Par ce chemin plein d'ombres fantastiques, on arrive au fond d'une sorte d'entonnoir entouré d'un haut mur de rochers. Les flots se précipitent de toutes parts; dans la nuit brillent les reflets de leur écume blanche. Alors, la paille s'alluma; un feu clair brilla sur le rocher. J'étais dans une grotte profonde, que l'Anio s'est creusée au sein de la montagne. Le fleuve la traverse, tombe avec une rapidité foudroyante et disparaît dans le gouffre. La paille enflammée que les guides jetaient dans le courant illuminait d'une vive clarté, pour quelques instants, ces ondes écumantes. On alluma d'autres feux, et je pus voir l'Anio former plusieurs chutes encore avant d'arriver au fond de la vallée, où il reprend un cours plus paisible en pénétrant dans la plaine de Rome.

Le lendemain, à la lumière du soleil, je parcourus encore ces grottes de la Sirène. Le mystère s'explique alors, mais sans que l'impression profonde de la première soirée puisse s'oublier jamais.

Du fond de la vallée, on remonte, sur l'autre versant, une haute colline couverte d'oliviers. Les Cascatelles s'aperçoivent de là, dans le site célèbre que l'art a popularisé.

Parmi les maisons et les moulins de Tivoli, mille filets d'eau s'éparpillent sur le penchant de la montagne pour se rejoindre au bas dans le lit de l'Anio. L'étroite vallée est d'une délicieuse fraîcheur. Le matin, le soleil y pénètre à peine, et la vapeur des chutes y entretient une végétation qui contraste avec l'aridité de la plaine de Rome. Il faut gravir la colline qui fait face aux Cascatelles, et, des ruines de la villa de Varron, admirer le panorama riant de Tivoli. Lorsque j'arrivai sur la hauteur, les sommets les plus élevés commençaient à peine à s'éclairer des rayons du jour. Le coup d'œil embrasse toutes les cascades,

Tivoli et son rocher; dans la campagne, on distingue Rome et sa grande coupole.

Des ruines sont éparses sur le sol. On les a parées de grands noms. Ici, c'est la villa de Quintilius; là, celle de Catulle. On ne peut qu'admirer le choix de pareils emplacements. Selon notre cicérone, Horace habitait vis-à-vis de la grande cascade de l'Anio. J'ai cueilli là quelques fleurs bleues à l'odeur aromatique, en mémoire du poète et de ce Tibur, dont il a dit :

> Me nec tam patiens Lacedæmon
> Nec tam Larissæ percussit campus opimæ,
> Quam domus Albuneæ resonantis,
> Et præceps Anio, ac Tiburni lucus, et uda
> Mobilibus pomaria rivis (1).

N'est-ce pas à Tibur, sans doute, qu'il écrivit l'ode à Dellius? La pensée de la mort est venue le trouver dans ces beaux lieux, comme elle nous surprend au milieu de nos joies les plus vives. A la vue de cette nature immortelle, il fait un retour mélancolique sur la fragilité de ceux qui, maîtres d'un jour au milieu de tant de merveilles, voient si promptement s'échapper de leurs mains ces biens éphémères :

« Il faudra les quitter, ces vastes domaines achetés à grands frais, cette jolie maison des champs dont le Tibre vient baigner les murs, il faudra les quitter! et

(1) Pour moi, ni l'austère Lacédémone, ni les champs fertiles de Larisse, n'ont autant frappé mon âme que la grotte de l'Albunée sonore, les cascades de l'Anio, les bois de Tibur, et ces frais vergers où serpente une onde si pure.

(*Od.*, I, 7, trad. Léon Halévy.)

d'avides héritiers jouiront de tant de trésors si péniblement accumulés (1).

La prophétie s'est accomplie pour le poète comme pour ceux à qui s'adressaient ces vers. Les ruines de Tivoli inspirent encore plus de tristesse que celles de Rome. Ici, point de grands monuments, point de catastrophes épiques; rien que des souvenirs de la vie privée; c'est notre néant à nous que rappellent ces débris, à nous qui bâtissons et plantons comme ceux qui vécurent en ces lieux pour aboutir à l'oubli. Le même Horace, il est vrai, ne s'attarde pas longtemps à de pareils retours, et, prenant son parti de la destinée, il conseille à Dellius de jouir de sa jeunesse, de sa fortune, aussi longtemps que les Parques n'auront point tranché le fil de ses jours.

Je rentre enfin dans Tivoli. Au milieu de la petite ville s'élèvent les temples si célèbres de Vesta et de la Sibylle. Le portique circulaire du premier, par on ne sait quel caprice du sort, est demeuré debout, tandis qu'autour de lui, maisons, grottes, rochers, tout succombait à la violence du fleuve et à l'action non moins sûre du temps. On connaît la classique élégance de ce petit monument, qui forme contraste avec l'apparent désordre du site qui l'entoure.

C'est ici, près des maisons d'Horace et de Catulle, que le plus lettré des Césars voulut avoir une villa. Il prétendit y faire revivre l'image des lieux qu'il avait le plus admirés dans le cours de ses interminables péré-

(1) *Od.*, II, 3, trad. Amar.

grinations. Les jardins d'Adrien eurent des temples et des pyramides, et leurs aspects variés rappelèrent Tempé, le Nil, la Syrie. Le temps a fait justice de cette œuvre orgueilleuse. Le site de la demeure impériale paraît lui-même singulièrement choisi dans une plaine insignifiante, alors que les coteaux de Tivoli offraient des emplacements comme celui dont profita plus tard le créateur de la villa d'Este. Sans doute, les architectes d'Adrien se trouvèrent plus à l'aise dans la plaine pour édifier leurs créations factices. Aujourd'hui, les ruines qu'elles ont laissées sont bien dégradées. Il reste peu de chose des édifices divers qui réunissaient sous les yeux d'Adrien les monuments de tous les peuples : frêles pastiches qu'un demi-siècle devait décolorer et détruire, comme il fait de nos chalets, de nos kiosques, de nos castels pseudo-gothiques. Mais, pour les archéologues, c'est un merveilleux champ de conjectures que cette villa Hadriana. On n'est guère d'accord que pour reconnaître, dans une vaste ruine, la prison des esclaves, demeurée dans une intégrité parfaite, les *ergastula*. Le monde ancien n'a laissé ici que le souvenir de la plus affreuse de ses misères.

Je revis Tivoli en 1859. Notre voyage dans la Campagne romaine allait finir. Nous retrouvâmes à l'hôtel de la Sibylle, après quelques jours passés dans la montagne, des étrangers venus de Rome, et des journaux déjà vieillis. Le bruit des événements du jour arrivait enfin jusqu'à nous. Je pus lire le récit de la rentrée de l'armée d'Italie à Paris.

Il faut regagner Rome. J'admire une dernière fois le panorama lointain des monts d'Albe et le vaste tableau du Latium. Après avoir franchi le Teverone au Ponte Lucano, on dépasse le mausolée de la famille Plautia, si longtemps et bizarrement appelé le temple de la Toux. De temps en temps apparaît le tracé de l'antique voie Tiburtine, avec son pavé, éternel, mais bien dur. Des nuées s'accumulent encore vers les monts Albains, tandis que le soleil resplendit sur Rome. Après avoir repassé l'Anio au Ponte Mammolo, la ville commence à paraître, et quand la route s'élève sur quelque monticule, on découvre les statues de la basilique de Latran, les dômes et le haut clocher de Sainte-Marie-Majeure, les tours de la villa Médicis et les pins du parc Borghèse. Nous ne sommes restés que peu de jours loin de Rome. Nous y rentrons émus, heureux, comme dans une patrie. Rome n'a d'étrangers que ceux qui n'y sont point encore venus.

Le terme de notre voyage approchait. Après avoir quitté la ville éternelle, nous revoyons Terni, Spolète, Pérouse et Sienne. A Florence, une assemblée nationale venait aussi de consacrer de grands événements. Un bruit de guerre remplissait la ville. Les quatre provinces de l'Italie centrale entraient alors dans cette période d'incertitude qui dura quelques mois, à la fin de 1859, et qui se termina seulement l'année suivante, lorsqu'il devint certain qu'aucune des grandes puissances n'interviendrait pour rétablir l'ancien ordre de choses.

CHAPITRE III

Le pays des guérillas.

I

J'ai raconté, dans un autre volume (¹), une odyssée aventureuse, pour ne pas dire plus, accomplie en Sicile au commencement de l'année 1861. Le royaume de Naples venait, comme par un coup de théâtre, de se voir réuni à l'Italie. L'Europe cédait trop facilement à l'illusion de croire qu'il avait suffi, pour terminer cette grande révolution, d'un décret du Parlement de Turin. A la surprise causée par les succès foudroyants de Garibaldi avait succédé une réaction inévitable, et un an environ après son entrée à Palerme et à Naples, une sorte de guerre civile, éclatant sur divers points de l'ancien royaume, envahissait peu à peu toutes les provinces, et menaçait sérieusement d'une ruine prochaine l'œuvre improvisée par le dictateur.

J'avais partagé l'erreur commune, et débarquais en Sicile, au mois de janvier 1861, sans me douter du

(¹) *Autour de la Sicile.* 1 vol. Paris, Lacroix, 1864.

trouble profond de ce pays. Le gouvernement nouveau était loin d'être affermi. Dans ces temps de crise, les masses indifférentes ne sont plus, pour le pouvoir établi, un allié bien sûr; leur neutralité même est incertaine. La confiance disparaît et la sécurité publique s'évanouit du même coup.

Les années 1861 et 1862 s'écoulèrent ainsi, pour les provinces napolitaines, au milieu des incertitudes les plus cruelles. A côté de la guerre ouverte, déclarée, des partisans du régime déchu, sévissait un fléau bien connu dans l'histoire du pays et auquel les circonstances donnaient une nouvelle et redoutable intensité. Des motifs moins purs inspiraient cette autre espèce d'insurgés. Il fallut, pour en venir à bout, une lutte patiente et journalière dont les montagnes de l'Abruzze, de la Basilicate et de la Calabre devinrent le théâtre. Le pays entier dut être reconquis pied à pied. Après 1862, cette petite guerre fatigante et meurtrière perdit définitivement toute importance politique; il ne restait plus à vaincre que les détachements peu nombreux de quelques chefs dont la renommée douloureuse n'est pas éteinte aujourd'hui. A la fin de 1863, le dernier qui soutînt encore cette lutte désormais impossible était Michel Caruso. Il fut pris peu après. Les provinces qu'il avait remplies de la terreur de son nom rentrèrent alors sous les lois du gouvernement italien et aussi, faut-il ajouter, sous l'empire du code pénal.

J'avais passé à Rome le mois d'octobre 1863. On sait combien cette saison est propice pour séjourner dans la ville éternelle. Les jours s'y passaient paisiblement, entremêlés de longues heures d'étude passées au logis. Je lisais Alfieri. L'œuvre du poète d'Asti porte la trace du labeur; elle impose aussi au lecteur une sorte de travail. Alfieri a voulu qu'il en fût ainsi : son théâtre entier est le résultat d'un effort de sa puissante volonté, de même qu'il eut d'abord, avant d'écrire, à se créer la langue dont il allait se servir. Le patricien piémontais, élevé à Turin, vivant à Paris et à Londres, écrivait le français mieux que l'italien. Au milieu d'un siècle et d'une société affaiblis, Alfieri se relève par un effort violent : il retrouve le sérieux, le vrai, le beau ensevelis sous l'afféterie du XVIIIe siècle; du milieu de l'excès de la décadence, il jette un appel désespéré et presque sauvage vers des temps nouveaux qu'il semble entrevoir à travers les catastrophes qui hantent sa pensée.

Cependant, il prononce l'anathème sur la grande nouveauté de son temps, sur la révolution française, tout en maudissant l'ordre de choses qu'il voit établi, et qui est près de s'écrouler. De son vivant, c'est le théâtre qui fait sa grande réputation, mais le secret de sa pensée est dans un autre livre, plus intéressant peut-être pour le lecteur d'outre les monts. La *Vie* d'Alfieri n'a d'égale, dans les lettres italiennes, que celle de Benvenuto Cellini, et le caractère de l'aristocrate lettré n'est pas sans quelque ressemblance avec celui de l'artiste plébéien. C'est la même indépendance, la même énergie, la même impatience du joug le plus bénin. Ils naquirent tous deux dans une époque troublée; mais Cellini ne resta qu'un acteur obscur sur la scène politique, tandis que le rôle d'Alfieri allait toujours grandissant, et que son influence sur les destinées de son pays devait un jour dépasser de beaucoup les prévisions de ses contemporains.

Un acteur de mérite, M. Cesare Vitaliani, jouait au théâtre Valle une pièce intitulée : *Alfieri e la sua Antigone*. L'Antigone du poète, c'est la comtesse d'Albany. Il y avait là, comme dans beaucoup de pièces de ce genre, un tableau de l'influence exercée sur un homme de génie par une femme hautement inspirée. Je ne sais si le rôle n'embellissait pas un peu l'héroïne; les tirades patriotiques semées dans la pièce ne semblaient guère d'accord avec ce que nous savons de personnages d'ailleurs si connus. On ne voit pas que la comtesse d'Albany, après la mort de l'homme à qui elle s'était attachée, ait pressenti le grand mouvement que le nom d'Alfieri devait contribuer à soulever. Le poète lui-même, devenu le complice involontaire de ces idées françaises qui lui étaient si profondément antipathiques, eût peut-être rêvé pour sa patrie une destinée différente. On ne lit guère aujourd'hui son petit livre sur la *Tyrannie*, mais le titre est resté, et l'auteur *Della Tirannide* conserve une place parmi les précurseurs du siècle actuel.

Dans mes promenades à travers les quartiers à demi rustiques de l'Esquilin et du Cœlius, j'emportais un volume du poète, ou bien encore quelques feuillets d'un manuscrit qui devait voir le jour l'année suivante. J'écrivis, au pied du Vatican, quelques pages sur

Jérusalem. Ainsi, pour ceux dont la vie s'est passée en des lieux divers, la patrie n'est pas seulement au pays qui les a vus naître. Leurs souvenirs les attachent où les appelèrent les vicissitudes de la destinée. Mais il y a des compensations pour ceux qui ne s'éloignent pas du sol natal. Ils ne voient pas se briser les liens trop passagers formés dans le cours d'une existence voyageuse. Plus tard, je reviendrai dans Rome, et je n'y retrouverai plus aucun de ceux qui ont partagé avec moi tant d'instants heureux. Je passerai dans cette ville, seul, et je m'étonnerai d'y avoir vécu, de m'être attribué pour quelque temps, et par adoption, la qualité de citoyen romain.

Un grand mois se passa de la sorte, jusqu'au 15 novembre 1863. La saison s'avançait. Quelques pluies annonçaient l'approche de l'hiver. Il fallait songer à repasser les Alpes, et je pris la route de Naples pour y faire un court séjour avant de remonter enfin vers le Nord.

Maintenant, ce trajet se fait en chemin de fer. Les chemins de fer ont aussi leurs mauvais côtés ; ils ont si bien abrégé les voyages, que cette route de Rome à Naples, digne à plus d'un titre d'arrêter l'artiste ou le curieux, est franchie en quelques heures, sans qu'il soit permis de jeter un coup d'œil sur une des régions les plus intéressantes de l'Italie centrale.

Je n'imiterai pas cet exemple, et malgré la tentation du chemin de fer, je m'arrêterai à plus d'une étape, comme au temps des voiturins. On ne saurait passer les yeux fermés devant Arpinum et le mont Cassin.

Ma précédente excursion dans la Campagne romaine m'a conduit, jusqu'à Subiaco. Cette fois, par la vallée du Sacco, qui poursuit son cours jusqu'à la frontière napolitaine, j'irai voir Frosinone et Ceprano, et un groupe intéressant de localités voisines.

La gare de Rome est établie au sein des murs, sur l'emplacement qui lui a été définitivement choisi, non loin de Sainte-Marie-Majeure. Le train passe à travers des vignes et coupe des chemins que j'ai parcourus bien souvent. Voici la ruine décorée du nom de Minerve *Medica*, et, enfin, le rempart antique, crevé pour faire place à la locomotive.

Rome s'éloigne. Mes compagnons de route semblent indifférents à ce spectacle. Ce sont un chanoine de Veroli et sa nièce, que bien d'autres sujets préoccupent. Ils rentrent dans leurs montagnes, après un long exil causé par la crainte du brigandage, et peu certains encore d'y trouver la sécurité rétablie. Veroli, qu'ils habitent, est, en effet, située d'une façon périlleuse à l'extrême frontière; c'est un théâtre favorable pour une guerre de partisans.

Il pleut à torrents. Après Frascati, que l'on voit perdu dans le brouillard, le chemin gravit les monts Albains, mais sans s'élever jusqu'à la hauteur d'Albano. La station de cette ville en demeure loin. De là, on peut voir Rome encore; la coupole de Saint-Pierre apparaît une dernière fois. A Velletri et à Monte-Fortino, je n'aperçois presque rien du pays parcouru autrefois. La route suit le fond de la vallée d'une manière uniforme. Rien à voir. La brume cache les montagnes, et les noms seuls des stations laissent un souvenir. Mais ces noms ne sont pas sans célébrité : c'est Anagni, vieille résidence papale, où Boniface VIII fut prisonnier; plus loin, Segni, et plus haut, Carpineto, sur la chaîne des Volsques (1). L'hiver approchant donne au paysage un aspect sévère, mais l'été même, comme je l'ai vu autrefois, n'est jamais bien doux dans la montagne romaine.

La journée est avancée déjà quand le train s'arrête à Frosinone, ma première station. La gare est déserte, et la ville bien loin. Deux heures se passent avant qu'il se présente un véhicule pour s'y rendre.

On arrive à Frosinone par une de ces montées interminables communes dans le pays, où toutes les petites villes, vraies forteresses du moyen âge, quand elles n'occupent pas l'emplacement d'une acropole antique, se sont réfugiées dans des lieux inabordables. Au sommet, la route elle-même se transforme en un boulevard agréable. Ce lieu porte le nom de Belvédère, et il le mérite. La vue y est immense.

Frosinone, entourée d'une plaine ondulée qui semble délicieuse, est enfermée dans un cercle de hauteurs où s'élèvent Alatri, Veroli et Ferentino. Dans le pays, ce dernier nom se prononce *Fiorentino*. Au delà, on voit la vallée du Sacco courir vers la frontière voisine du Napolitain, le long de la muraille puissante des montagnes volsques.

C'était dimanche : les paysans ont revêtu leurs

(1) Patrie du pape régnant, S. S. Léon XIII.

habits si caractéristiques. Les femmes sont belles et d'une physionomie classique. Mais, quand tombe la nuit, toute cette population semble avoir hâte de se barricader dans les maisons. Les temps ne sont pas sûrs; la petite ville est, ou peu s'en faut, en état de siège. Je fais comme tout le monde, et retiré dans ma chambre à l'auberge du *Buon Gusto*, je songe à me clore plus soigneusement qu'à l'ordinaire. Le dîner et une courte lecture occupent ces soirées, que le voyageur doit d'ailleurs abréger, pour que le sommeil n'empiète pas sur le matin suivant.

II

A peu de distance de Frosinone s'élève la petite ville d'Alatri, célèbre par ses débris de l'époque pélasgique. Une enceinte de murailles qui remonte à la plus haute antiquité y attire les voyageurs, et je me dispose à faire cette excursion. Grâce au beau temps revenu, on peut voir au loin les Abruzzes, dont le soleil naissant dore les sommets couverts de neige. Seulement, il n'est pas facile de s'entendre avec les voiturins, dont les prétentions sont exorbitantes. Je les menace de faire la route à pied.

Alors se présente un nouveau personnage, un gamin d'une quinzaine d'années qui flânait à l'entour. Il m'a entendu, et me prenant au mot, il me propose de me servir de guide jusqu'à Alatri. Ce n'est pas qu'au premier abord cette proposition ne me paraisse aventureuse; seul, à pied, dans un pays d'une sûreté douteuse! Mais, tout en délibérant avec le *ragazzo*, j'ai descendu la pente de la montagne. Ce premier pas m'enhardit, et bientôt, prenant une décision, je m'abandonne à mon petit guide. Il est huit heures du matin.

La route n'est point déserte. Notre passage excite une certaine curiosité. La campagne, un peu humide, est verte encore et charmante. Ce premier jour de beau temps, après de longues pluies, me fait oublier que nous sommes en novembre. On traverse ainsi la petite plaine de Frosinone. Faut-il le dire, nous n'avons fait nulle mauvaise rencontre. Après une heure de marche, on se rapproche de la montagne. Je découvre Alatri, qui occupe tout un sommet isolé et fort escarpé. Les maisons se groupent en désordre autour du carré de murailles cyclopéennes de l'acropole, lequel porte la petite cathédrale. Au-dessous, la montagne est couverte d'oliviers.

La première enceinte se compose de grands blocs polygonaux d'une belle couleur de travertin, exactement juxtaposés sans interstices ni joints. C'est l'indice d'un art déjà avancé. Une rude montée conduit à la ville. Comme toujours, à la porte, près d'une large fontaine, se réunit la foule des laveuses empressées. L'intérieur d'Alatri rappelle celui d'Olevano. Les maisons, carrées, faites de blocs grossiers, sans ouvertures, sont noires et sales. Les rues descendent de toutes parts en précipice. J'ai fait une visite trop rapide de l'acropole. On y remarque, au milieu des gros blocs de l'enceinte, une porte décorée de sculptures grossières. Ainsi, à Mycènes, les murs de la ville d'Agamemnon sont parés des mêmes ornements. N'est-ce pas le même peuple qui a élevé ces monuments antiques, sur le sol de la Grèce et au cœur de l'Italie?

Je me retrouve à midi au pied de la montagne de Frosinone; le train passe et je repars pour Ceprano, indécis encore sur la direction que prendra mon voyage.

Cette station est la dernière de l'État romain. On y reprend les passeports. Ici, comme à Frosinone, la ville est loin. Il s'est trouvé un voiturier qui me promet d'aller à Sora. Cette route, qui longe la frontière dans la vallée du Liris, a été dans ces derniers temps le théâtre de nombreuses escarmouches. Aujourd'hui, elle n'est guère fréquentée. Il a fallu quelques pourparlers pour m'entendre avec mon cocher : il ne s'explique pas ce qui peut m'appeler à Sora. Le simple désir de voir le pays ne paraît guère, dans les jours où nous sommes, un motif suffisant.

Après Ceprano, on traverse encore une fois le Liris pour rentrer sur le territoire du royaume d'Italie. Des soldats s'approchent et me font subir poliment une courte visite. Ils ne se doutent pas du plaisir que me cause la présence des représentants de l'ordre.

A travers un pays fort ondulé, agreste et semé de bois, on passe devant Arce, dominé par la haute Rocca d'Arce, et bientôt après à Colle Fontana. Ici, il y a un poste militaire de quelque importance : des sentinelles éparpillées dans la campagne surveillent la ligne de la frontière, en façe du village de Monte-San-Giovanni. Un épisode des récents combats a donné à ce dernier une certaine célébrité. Nous descendons alors vers Isola. Le pays est d'un aspect assez sombre, et la nuit approche. Il faut s'arrêter à Isola.

La ville apparaît bientôt, tout au bord du Liris, près d'une cascade du fleuve. Le site est pittoresque et bien connu des voyageurs d'autrefois, alors qu'il n'existait pas de chemins de fer ni de trains rapides.

L'auberge est hors de la ville, devant un pont que ferme une porte. On dirait une sorte de fortification. Sans être en pleine campagne, mon habitation paraît exclue de ce système de défense.

La nuit venue, personne ne sort plus. Je prolonge la soirée jusqu'à dix heures, enfermé dans ma chambre, et retranché aussi dans la méfiance qui s'est emparée de tout le monde. Cependant les attaques nocturnes contre les petites villes, fréquentes dans les premiers temps de cette guerre de guérillas, deviennent heureusement plus rares, et Isola pourrait défier un coup de main. Mais, l'esprit hanté par cette préoccupation universelle du moment, on est prêt à tout événement, et si quelque chose étonne enfin, c'est précisément le silence et le calme profond de la nuit.

Dès six heures du matin, la population travailleuse de la petite ville s'agite à l'entrée des usines. Il y a ici trois ou quatre papeteries et autant de fabriques de draps que font mouvoir les cascades du Liris. C'est jour de marché à Isola. On traverse le bourg. De l'autre côté, la rivière forme de nouvelles chutes. Le jour se lève à peine, et il fait froid, quand, remonté dans ma voiture, je m'achemine vers Sora.

La route est en plaine, et très fréquentée. Elle traverse un pays richement cultivé. D'Isola à Sora, on compte trois milles, qui se font en une demi-heure. Le château de Sora s'aperçoit de loin : la ville est au bord du Liris, qu'on passe avant d'y entrer. Les maisons se pressent au pied d'un rocher abrupt, couronné d'une citadelle.

Sora est le chef-lieu et l'entrepôt de toute une région des Abruzzes. Elle a joué un rôle dans les derniers événements. Son rocher fait pointe dans la vallée du Liris et la commande. Longtemps, cette position stratégique fut le point de mire des attaques d'un chef connu, Chiavone. Une longue vallée conduit, plus loin, vers le lac Fucino, au cœur de l'Abruzze.

A Sora, des papeteries encore emploient les eaux de la rivière. Je passe devant la *cartiera del Liri*, et la *cartiera del Fibreno*. Ces industries utiles, mais prosaïques, contrastent avec les souvenirs du pays. Je me dirige maintenant vers Arpino, la patrie de Cicéron, et, dans la vallée même, j'ai traversé le Fibreno, l'antique Fibrenus, sur les bords duquel s'élevait la villa du père de l'orateur. On se rappelle la noble page mise au début du IIe livre des *Lois*, cette description si poétique, et dont il faut reconnaître aussi la scrupuleuse vérité. Tel est le tableau que nous avons sous les yeux : les rivières bondissantes au milieu des prés, à travers les bois de grands chênes ; la fraîche retraite assise sur les bords ; les contours, qui n'ont pas changé, des montagnes voisines. Enfin, après une longue montée, voici Arpino sur deux collines renfermée dans l'indestructible enceinte de ses murs pélasgiques.

Cette ville eut jadis une importance considérable, comme le prouve le circuit étendu de ses murailles. Une acropole, nommée aujourd'hui Civita-Vecchia, occupe le sommet le plus élevé. Les murs pélasgiques portent ici des tours du moyen âge, servent là de fondements aux maisons. C'est du côté de Sora qu'on en peut admirer la plus belle partie. Je franchis deux portes remarquables. La première, Porta dell'Arco, est un arc romain élevé sur des pieds-droits pélasgiques. La seconde forme une ogive composée de blocs superposés ; elle s'appelle Porta Romana (1). Sur la place principale, centre de cette petite ville aujourd'hui bien abandonnée, je m'arrête dans un café, et les passants, les femmes surtout, belles et avenantes, fournissent encore matière à d'intéressantes observations.

Enfin, je sors d'Arpino pour aller reprendre le chemin de fer. Du sommet élevé où la ville est assise, on redescend vers la route d'Arce à Isola. A Colle-Fontana, toujours des soldats. Un officier se joint à nous. Il est tout occupé du brigandage. On le fait lever toutes les

(1) Rectification d'une erreur légère du *Manuel* de M. Du Pays.

nuits. Les brigands franchissent la frontière romaine dans un endroit où le Liris a fort peu de largeur; ils se glissent derrière la Rocca d'Arce, passent à Belmonte et gagnent la Meta, haute cime entre Atina et Isernia. Notre interlocuteur a lui-même saisi dernièrement dans la montagne des provisions indubitablement envoyées aux brigands. On donne aux soldats ce qu'ils peuvent emporter; le reste est brûlé.

Il y a cinq milles d'Arce à la Melfa, station du chemin de fer. Une nouvelle étape doit me conduire à San-Germano. La route passe devant Rocca Secca et Palazzuolo, villages perchés sur des hauteurs arides, et devant Piedimonte, au pied d'une cime couverte de nuées. On aperçoit San-Germano, pittoresquement groupé autour d'un château démantelé. En arrière paraît, bien haut sur un sommet, la masse carrée de l'abbaye du mont Cassin.

III

A l'auberge de San-Germano, dite *della Villa Varrone*, la police locale vient me demander mon passeport. J'exhibe ce précieux papier avec complaisance, mais ceux qui l'examinent n'y reconnaissent pas les laisser-passer délivrés d'ordinaire aux habitants du pays. Heureusement, l'autorité se déclare bientôt satisfaite.

San-Germano, ville assez grande, a des rues étroites pavées de gros blocs, avec des portiques, *sotto-portici*, voûtes sombres qui mènent à des escaliers raides. Les maisons silencieuses semblent renfermer on ne sait quels mystères. Les femmes ont pour coiffure une sorte de turban qui couronne le front.

Pour aller au mont Cassin, un chemin rocailleux gravit la montagne en écharpe, au milieu de chênes verts et d'oliviers clairsemés. Au travers de cette verdure, on aperçoit la plaine du Liris et l'horizon azuré des montagnes volsques. Le pays, aux environs de San-Germano, est d'un bel aspect et soigneusement cultivé. Chaque ville préside aux destinées d'une petite plaine qu'elle commande; les montagnes, sauvages et incultes, n'ont que de rares villages. C'est le domaine du brigandage. Peut-être, un jour, verra-t-on renaître sur ces hauteurs dénudées les belles forêts qui les paraient naguère.

L'ascension dure une heure et demie environ. Des prêtres, des paysans, des mendiants, montent et descendent en assez grand nombre. Le monastère paraît enfin; c'est un long rectangle de bâtiments de formidable apparence. Pendant de longs siècles, l'abbaye, isolée sur cette hauteur, vécut en état de siège, et ne chercha guère de secours véritable que dans la solidité de ses murailles. Elle traversa ainsi tout le moyen âge, comptée, jusqu'à nos jours, parmi le petit nombre de celles dont le renom, en Italie, est resté populaire.

Deux tours et une modeste coupole dominent tout l'ensemble. La porte extérieure donne accès dans un long corridor voûté. Une deuxième porte m'est ouverte par un moine, qui me conduit jusque devant l'église. On me laisse toute liberté de me promener en attendant l'heure où celle-ci doit s'ouvrir. L'intérieur du monastère contraste absolument avec la sévérité de l'extérieur. Trois cours voisines sont reliées par de grands portiques où l'air se joue librement, et dont les colonnades forment une imposante perspective. Au milieu de la cour centrale est une fontaine. Au fond, un grand escalier mène à l'église. Celle-ci est encore précédée d'un bel atrium. L'architecture en est toute moderne, dans le style de Naples, c'est-à-dire qu'elle s'unit à une profusion de mosaïques de marbres aux couleurs éclatantes. Au-dessus de la porte est une fresque de Luca Giordano, pleine de mouvement et d'une couleur agréable : la Consécration de l'église par le pape Alexandre II, en 1071. Rien n'y rappelle l'ancien monument. Le peintre a habillé ses figures à l'espagnole. Au premier plan, au centre de la fresque, un soldat repousse de sa hallebarde le peuple empressé ; figure célèbre au milieu de cette brillante composition.

Au fond de l'église, l'autel est exhaussé de quelques marches. Une chapelle souterraine s'ouvre au-dessous. Le plafond est décoré de *grotteschi*, stucs et peintures un peu profanes imités des tombes romaines.

Un religieux est venu m'aborder. Il est étranger aussi ; Wurtembergeois de naissance, il a passé quinze ans en Amérique, et c'est de la langue anglaise que nous nous servons. Il me montre obligeamment le réfectoire, la bibliothèque et un petit musée formé dans l'une des tours. Cette dernière, dit-on, remonte au temps de saint Benoît.

La route n'est pas moins agréable à la descente.

Le vieux château ruiné de San-Germano apparaît au milieu des chênes. Je passe une soirée et une nuit encore dans la petite ville, pour gagner Naples le lendemain matin. Ainsi s'achève cette excursion dans un pays si peu connu. Pas n'est besoin, pour fuir les sentiers battus, d'aller chercher au loin une région sauvage. De tant de visiteurs qui encombrent Rome, combien en est-il qui s'arrêtent seulement au mont Cassin ?

IV

Le gouvernement italien s'est appliqué avec un soin louable, il faut l'avouer, aussitôt après la création du nouveau royaume, à ouvrir les voies de communication qui faisaient défaut à la Péninsule. Ce fut un trait de génie que de décréter, dès 1859, la ligne du chemin de fer qui unit Turin à Brindisi. Elle devait porter l'action de l'État jusqu'aux provinces les plus reculées. C'était là, au double point de vue politique et économique, une œuvre capitale dont l'Italie avait le plus pressant intérêt à voir hâter l'achèvement.

Le chemin de fer atteignit bientôt Ancône ; il allait jusqu'à Pescara en 1863 ; l'année suivante, il fut poussé jusqu'à Foggia, et bientôt, de là à Brindisi. Des lignes de voitures, partant de Naples, allèrent le rejoindre sur les bords de l'Adriatique. J'explorai, pendant plusieurs années, ces routes nouvelles. En novembre 1863, un service combiné était établi pour relier la ligne de Naples à Rome à la station de Pescara. La voiture traversait l'Abruzze, passait à Sulmone et à Popoli. Nul itinéraire n'était plus fait pour me tenter. Après quelques jours passés à Naples, l'heure étant venue de remonter vers le nord, mon départ fut fixé au 26 novembre, à six heures du matin.

C'est une heure indue pour quitter une grande capitale. La lune éclaire encore, à mon lever, le golfe et le Vésuve, que je vais quitter une fois de plus. La ville est profondément endormie. Mais, dès cinq heures, la *carrozzelle* que j'ai pris la précaution de retenir la veille au soir est à son poste. Des gens de la maison, personne ne bouge ; je sors seul, inaperçu.

Naples est solitaire et silencieux, à cette heure, comme Pompéi. On n'est guère accoutumé à le voir sous cet aspect. Je traverse rapidement les rues désertes, illuminées par le gaz que prodigue l'administration nouvelle. Aux environs du chemin de fer, il y a quelques symptômes de ce mouvement qui va naître bientôt, et qui, dès le lever du soleil, remplira la ville. On part à six heures précises. La plaine d'Acerra et de Cancello est couverte d'un brouillard épais et froid ; néanmoins, on aperçoit longtemps le Vésuve, à la clarté de la lune. Le jour paraît avant Capoue, et je descends à la station de Cajaniello.

Là se trouvent réunis, autour du courrier, les voyageurs de la diligence. Je m'étonne d'abord de ne pas voir d'escorte à la voiture.

La route est belle et suit une vallée assez large, celle du Vulturne. La campagne étale une riche verdure. Des bois d'oliviers couvrent les montagnes. Sur les bords du fleuve s'étendent les grands massifs d'une chasse royale. Le temps est magnifique. L'azur du ciel rappelle encore la lumière éclatante des horizons napolitains.

A onze heures, on arrive à Venafro, située sur le penchant d'une colline, d'où la ville domine toute cette plaine opulente. Tout à l'entour, d'immenses plantations d'oliviers : *Viridique certat bacca Venafro*, dit Horace [1]. Je fais un déjeuner frugal avec mes compagnons de route, et le repas commun achève d'établir entre nous cette familiarité d'un jour qui fait l'agrément des longs voyages en diligence.

Mon voisin a déjà noué avec moi une conversation à laquelle je trouve le plus grand intérêt. M. M***, qui, né à Teramo, habite Naples, a passé neuf ans en Orient, dont trois en Égypte, au delà de Khartoum. Occupé du commerce des œufs de vers à soie, d'opérations financières et aussi de la rédaction de journaux avancés de Naples, il appartient à ce parti radical dont les dissidences avec le gouvernement commencent à s'accuser si vivement. Pris sur les barricades du 15 mai 1848, au sortir du collège, M. M*** a passé trois années aux galères et douze dans l'exil, avec tant d'hommes illustres des provinces méridionales. De ses deux frères, l'un a été tué, à 17 ans, devant Santa Maria di Capua, en 1860; l'autre a perdu une jambe. Quel gouvernement pourrait reconnaître de tels sacrifices? Aussi, bien des dévouements sont-ils

[1] Le fruit de l'olivier, à Tibur, d'après le poète, le dispute à la verte olive de Vénafre. — *Od.*, II, 6.

demeurés sans récompense, et des plaintes amères se font entendre, dans ces provinces surtout, où il est resté çà et là quelque peu de vieux levain insurrectionnel.

Avec ce révolutionnaire à chevrons voyage un abbé, élève du séminaire de Chieti. Le jour de la prise de Gaëte, les 250 séminaristes de Chieti ont crié : Vive l'Italie! vivent Victor-Emmanuel et Garibaldi! L'évêque a fermé le séminaire, a quitté la ville et fera sans doute longtemps attendre l'ordination aux séminaristes si peu prudents.

Le troisième voyageur est un jeune homme, si jeune, à son grand regret, qu'il n'a pas l'âge pour être garde national. Il habite, près de Castel di Sangro, un village où il vit en maitre et seigneur. M. M*** est sévère pour ces rentiers, qui, avec leurs trois mille ducats de revenu, dit-il, vivent dans l'abondance, ont de belles maisons, des chevaux, des femmes, et se rient des affaires du monde et de la liberté.

Après Venafro, on traverse la vallée du Vulturne, et le fleuve lui-même sur un pont long et étroit. La route s'élève sur des hauteurs boisées pour gagner Isernia. Ici, des soldats parcourent le pays par petits pelotons, que nous rencontrons de distance en distance depuis Venafro. C'est une des directions les plus fréquentées par les brigands qui, de la frontière romaine, cherchent à gagner la Basilicate.

Dans cette dernière province, les partis ont conservé tout leur acharnement. Les insurgés y trouvent plus de secours chez les partisans de l'ancienne dynastie, et l'on fait encore une guerre active au nouvel ordre de choses.

Isernia est précédé de plusieurs couvents, isolés sur des éminences, comme de petites citadelles. De la hauteur, la ville domine une vaste et riche vallée, et commande un horizon de montagnes élevées, mais couvertes de plantations et de bois. L'aspect de ce pays est magnifique.

Lors de la guerre de 1860, Isernia a été l'un des points d'appui des forces bourbonniennes. On montre à l'entrée de la ville une maison de belle architecture, entièrement saccagée, et demeurée en ruine. A chaque étage, les balcons arrachés pendent aux ferrailles tordues. C'était la demeure d'un notable d'Isernia, qui la laisse en cet état, comme un terrible exemple de ce que peuvent les haines de parti. A l'une des fenêtres, on lit l'inscription : 5 octobre 1860 [1].

[1] Les événements d'Isernia eurent leur écho en cour d'assises. L'affaire fut portée devant la cour de Santa-Maria, par translation de celle de Campobasso.

A l'entrée de Garibaldi à Naples, le municipe lui avait envoyé une adresse. L'évêque, partisan de la monarchie déchue, fut arrêté. Mais, quelques jours après, la situation changea de face. Une garnison napolitaine tenait Venafro : des correspondances s'établirent avec elle et avec Gaëte. Le 30 septembre, Isernia était plein de paysans armés. Cette foule désarme sans coup férir le poste de la garde nationale et attaque le palais du gouvernement. Elle relève l'écusson des lis. Bientôt on envahit certaines maisons. Plusieurs citoyens sont égorgés, notamment un adolescent, fils du syndic Jadopi. Le jeune Jadopi n'avait pas vingt ans. Son agonie dura vingt-quatre heures. Son grand-père refuse de le recevoir, l'évêque de l'absoudre. Un certain Falciari est déchiré, assommé, avant d'être pendu. Le 4 octobre, le gouverneur de Luca approche de la ville, et la prend au pas de charge. Mais le 5 au matin, les troupes bourbonniennes reviennent en

La ville est occupée par des forces considérables. Un bataillon entier manœuvre sur une sorte de place d'armes. Au-dessus, il y a des ouvrages palissadés où les troupes peuvent se retrancher.

V

Il est plus de deux heures lorsque nous quittons Isernia. Après cette ville, commence une longue montée. On franchit un col désolé, sauvage, d'où la vue s'étend au delà d'une vallée immense, dans la direction du sud, sur un massif de montagnes couvertes de neige. Le sommet est stérile. Nous redescendons jusqu'au bord d'un torrent, que l'on passe au coucher du soleil. Le ciel s'est couvert; l'aspect du pays est sévère et triste. Le torrent coule solitairement au milieu de rochers dénudés. A l'entour, les montagnes s'entassent en massifs solides, aux contours simples et puissants. Cette chaîne centrale forme l'arête de la Péninsule. L'Apennin ressemble ici à l'Atlas algérien.

Rionero est le seul village rencontré depuis Isernia.

force et rentrent triomphantes. Le palais de M. Jadopi est saccagé. Alors recommencent les pillages, les assassinats, le massacre. L'évêque se sauve à Venafro le 6 octobre.

Isernia demeura quinze jours au pouvoir d'une populace sans frein. La victoire du Vulturne rendit la prééminence au parti italien. Les troupes piémontaises arrivèrent le 20 octobre devant la ville. Leur présence détermina une prompte capitulation.

Ces faits entraînèrent un long procès criminel, qui fut jugé au commencement de l'année 1864.

(*Journal des Débats*, 24 mai 1864.)

Il fait nuit à peine; déjà toutes les maisons sont fermées et les habitants retirés. On dirait d'un pays en état de guerre. Sur toute la route, les pelotons de soldats se sont succédé sans interruption. Un peu avant Castel di Sangro, un détachement de cavalerie a suivi la voiture. Nous avons rencontré une charrette emportant un certain nombre de paysans, escortés de deux carabiniers. Ce sont des suspects tout au moins, des *manutengoli*, comme dit la loi Pica, loi sévère, mais qui n'a pas laissé de porter des coups efficaces au brigandage.

Un peu après sept heures, nous arrivons à Castel di Sangro, petite ville de l'Abruzze. Ici encore, partout, solitude et ténèbres. On envahit l'hôtel, mais il ne s'y trouve, en guise de cuisinier, qu'un sergent d'infanterie qui prépare le repas de ses officiers. Nous ne dînerons pas ce soir.

Deux heures après Castel di Sangro, voici la station suivante, Roccarasa. La nuit est claire et permet de voir ce pauvre village, désert, silencieux, sinistre. A minuit, nous traversons un défilé sauvage, où la route descend rapidement, bordée de part et d'autre de hauteurs escarpées. Une heure après, on entre dans une ville; c'est Sulmone.

Les rues sont bordées de petites maisons basses, presque sans fenêtres, dont la porte se cache sous une lourde arcade, et dont le toit surplombant fait une ombre épaisse. Sulmone m'apparaît sous des dehors fantastiques. Pas un bruit, pas une lumière. Pas un réverbère qui indique au moins que l'autorité veille.

Chaque maison est hermétiquement fermée ; l'habitant dort dans une forteresse. Nous voyons des places, puis une église dont le portail gothique s'élève au sommet d'un grand escalier, et produit une perspective théâtrale. La voiture s'arrête près d'un palais, celui de la Commune, sans doute. La lune éclaire les façades ; il semble qu'il soit jour, et le silence universel n'en est que plus frappant.

Nous avons pris à Sulmone un voyageur pour Popoli. En arrivant dans cette dernière localité, il trouve la poste d'Aquila déjà partie, et doit s'en retourner à Sulmone pour y attendre une autre occasion. Un voyage, dans ce pays, coûte ainsi, bien souvent, deux fois le temps et l'argent qu'on y destinait. Les voyageurs supportent ces contre-temps avec beaucoup de philosophie, ignorants encore des exigences que permettent les chemins de fer.

Après Popoli, la route tourne brusquement à l'est, pour suivre le cours de la Pescara, et nous traversons les montagnes qui bordent de ce côté la grande vallée des Abruzzes. De Sulmone à Aquila, on est au pied du Gran Sasso d'Italia, la plus haute chaîne de la Péninsule, que je n'ai du reste pas entrevue.

Rien d'intéressant jusqu'à Chieti. On n'entre pas dans cette ville, dont les maisons et les églises s'aperçoivent au loin, dominées par une grande tour carrée. Toutes les villes de la contrée perchent ainsi sur des hauteurs ; la promenade publique en fait le tour, et l'on y jouit, comme à Chieti, d'un magnifique panorama.

Maintenant, l'Adriatique est à peu de distance. Nous approchons de Pescara. Je n'en ai vu que les bastions et les murs, sur la rive droite de la rivière. La voiture s'arrête à la station du chemin de fer. Au delà commence le nouveau tronçon qui a conduit le roi d'Italie à Foggia, et, depuis, demeure fermé au public, désappointé de cette inauguration anticipée (1).

La voie ferrée longe la mer de si près qu'il semble impossible que, dans les bourrasques de l'hiver, les vagues ne viennent pas souvent l'endommager. La plage est basse et morne. Du côté de la terre, c'est une suite de collines uniformes, où les villages sont rares. Il y avait autrefois peu de sûreté à vivre sur ce rivage, infesté par les corsaires turcs. On traverse un grand nombre de fleuves torrentueux, dont le lit s'élargit démesurément à la moindre crue, aux dépens des propriétés riveraines.

M. M*** me quitte à Giulia Nova pour aller à Teramo. Je reste seul avec un prêtre et deux femmes. Le premier ne fait pas non plus mystère de ses opinions. Au passage du Tronto, il se dit entré dans l'État romain. Il va jusqu'à Fermo, que l'on voit à une certaine distance sur une hauteur, avec une grande église. Civita Nova et Recanati sont aussi assez loin du rivage pour être à l'abri d'une surprise; leurs petits ports sont devenus les stations du chemin de fer. Je descends à celle de Lorette.

(1) Novembre 1863.

Lorette, *Loreto*, est entouré de murs flanqués de bastions. L'église elle-même semble une forteresse. Les trois absides, comme des tours féodales, sont garnies de créneaux et de mâchicoulis. Au-dessus s'élèvent une coupole assez grande et un clocher de mauvais goût.

Devant l'église s'étend une place oblongue, ornée d'un beau portique à deux étages, dorique, de ce style romain que les architectes empruntèrent au Colisée. Une fontaine de bronze porte la statue de Sixte-Quint, érigée à ce pape « pour avoir purgé le pays des brigands », *ab improbis*, comme la chose y est en bon latin. Dans l'intérieur, d'un style pauvre, on voit sous la coupole le petit monument rendu si fameux par la bizarre légende de ses pérégrinations merveilleuses, la *Santa Casa*.

Il se compose d'une salle oblongue, divisée en deux portions inégales par un autel, et dont les parois intérieures, demeurées sans décoration, sans crépi d'aucune espèce, présentent de chaque côté plusieurs enfoncements semblables à des niches. L'appareil est en briques d'apparence grossière. A l'extérieur, la Santa Casa est ornée d'un revêtement de sculpture comparable aux plus beaux ouvrages de ce genre en Italie. C'est une série de bas-reliefs séparés par des niches qui contiennent des figures de prophètes et de sibylles. Cette décoration rappelle le mausolée de Jules II, commencé par Michel-Ange, et un Moïse de Giac. Della Porta n'est pas sans quelques rapports avec le chef-d'œuvre de S. Pietro in Vincoli. On visite encore le Trésor, commencé dans ce siècle, après la spoliation de l'ancien, et qui contient quantité d'objets d'or et d'argent, moins dignes de remarque par la beauté du travail que par leur valeur intrinsèque. Cette dernière paraît ici la plus hautement prisée, car le sacristain ne manque guère, à chaque objet, d'en dire le poids exact en livres d'or ou d'argent massif.

L'église était pleine de mendiants, de pénitents et de prêtres. Lorette est l'un des centres les plus vivants de cette religion propre à certaines classes de croyants, avides d'une thaumaturgie populaire. Par une singulière coïncidence, c'est sous ses murs que les troupes pontificales, en 1860, ont vu échouer le seul effort qu'elles aient sérieusement tenté pour sauver le trône des papes. Des hauteurs de Lorette, on domine le champ de bataille de Castelfidardo.

Lorsque, de la montagne où s'élève la ville, on regarde vers le nord, la vue s'étend sur une grande et belle vallée où coule le Musone. Une chaîne de collines descend vers la mer ; c'est là, au confluent du Musone et de l'Aspio, que l'armée pontificale attaqua les Piémontais : Castelfidardo est sur la hauteur.

Le sort de la bataille n'était guère douteux. Seize mille Romains voyaient devant eux vingt-cinq mille Piémontais, bien organisés, et soutenus par l'esprit des populations. Les étrangers de l'armée pontificale, les volontaires, les zouaves, pleins de l'ardeur qu'ils apportaient dans cette lutte, se firent tuer en défendant le terrain pied à pied. Sans la mort du général de Pimodan, il n'en réchappait pas un seul. M. de Lamoricière mit fin au combat, et ramena les débris de cette armée, où l'on voyait des soldats de tous les pays de l'Europe, unis par une même passion et par les mêmes aspirations politiques.

Ce panorama de Lorette est une admirable chose. D'une hauteur, sur la route de Rome, je crois, on voit plusieurs des villes voisines, Osimo et Recanati, la modeste patrie d'un poète, le grand et malheureux Leopardi.

Le soir, à huit heures, j'arrivais à la gare d'Ancône.

VI

Le nom grec d'Ancône en résume tout l'histoire. La nature avait créé ce port en forme de coude (ἀγκών), refuge d'autant plus précieux que les abris sont rares sur la côte de l'Adriatique.

La ville est fort resserrée entre la mer et le cap où s'élève la cathédrale de Saint-Cyriaque. De ce sommet, on domine les flots sur une vaste étendue. La cathédrale est une de ces œuvres originales où s'essayaient les architectes primitifs de la Renaissance italienne; c'est le moyen âge encore, mais déjà illuminé par l'étude des anciens.

La Contrada della Loggia aboutit au port et au môle, où, tout d'abord, on aperçoit l'arc de Trajan. Il est petit, mais élégant, et d'un marbre qui a pris une belle couleur dorée.

Ancône a plusieurs théâtres, celui des Muses entre

autres, qui représentait une pièce intitulée : *Filippo Maria Visconti di Milano,* drame fort intéressant, disait l'affiche, « où l'on voit le germe de l'unification de l'Italie ». Quelle que puisse avoir été l'ambition des Visconti, je doute que leurs vues aient jamais été poussées jusque-là.

Le temps pluvieux de la saison paraît devoir continuer. Il pleut encore quand je passe, le lendemain, à Sinigaglia et à Pesaro. Je ne m'arrête ni dans la patrie de Pie IX ni dans celle de Rossini, mais bien un peu plus loin, à Rimini.

Cette ville célèbre, l'ancienne Ariminum, paraît étrangement déserte. Les rues sont tristes, et la pluie du jour achève de donner au tableau une couleur peu favorable. Rimini, avec ses 14,000 âmes, possède un vaste et beau théâtre. L'enthousiasme des habitants a chargé les murs, partout, d'inscriptions laudatives : *W Verdi, W la Medori, W Mariani,* etc. Ce goût pour l'affichage public est poussé fort loin. Je lis sur un placard les noms des conseillers municipaux qui se sont absentés de la dernière séance sans motifs légitimes.

Sur la place est un piédestal, dit de Jules César. Il est petit, et César s'y fût trouvé mal à l'aise pour haranguer ses soldats avant le passage du Rubicon. L'arc de triomphe d'Auguste, fort dégradé, avait été transformé, au moyen âge, en une porte surmontée de créneaux. Mais il a certainement inspiré l'architecte de la remarquable église de San-Francesco, Léon Battista Alberti. Sur les murs latéraux de ce temple sont exposés les sarcophages de plusieurs membres de la famille des Malatesta, maîtres de Rimini durant cette belle époque de la renaissance des arts.

Un pont antique, long et étroit comme tous ceux des Romains, franchit encore la Marecchia, fleuve jaune, capricieux, qui va droit d'ici à la mer. A quelque distance est le pont du chemin de fer. Il semble qu'à toutes les époques, cette ville ait pour destin de tenir les clefs de la route de Rome.

J'arrive à Ravenne le soir, à une heure avancée. L'hôtel de la *Spada d'Oro* a une bonne apparence provinciale. Mais il s'agit ici d'une ville illustre et fréquentée par des hôtes de haut parage. Leurs noms sont inscrits sur des plaques de marbre à l'hôtel, avec le *Qui pernottò*... traditionnel et fastueux.

Ravenne est le Versailles du Bas-Empire. Des circonstances purement politiques y amenèrent un jour la cour fugitive des empereurs romains, et les mêmes motifs y retinrent successivement, durant deux siècles, Théodoric, ses successeurs, et, après eux, les exarques qui commandaient en Italie pour les Césars de Byzance. Elle a conservé, comme un souvenir de cette importance d'un jour, assez de monuments pour orner une capitale. Par une fortune singulière, ces édifices de Ravenne font revivre à nos yeux toute une époque de l'histoire de l'art, la période de transition entre l'architecture gréco-romaine et le style roman, de même que les deux siècles de son histoire vont de Justinien à Charlemagne.

Avant même la chute de Rome, le siège du gouvernement et de la défense de l'Italie dut être reporté au nord de la Péninsule. Honorius s'établit, le premier, dans Ravenne, qu'un bon port sur l'Adriatique mettait aisément en communication avec l'Orient. Plus tard, Venise fut fondée dans une situation analogue, et profita des mêmes avantages.

Un art déchu sans doute, mais encore plein des traditions antiques, embellit cette nouvelle capitale des Romains. Chacune des grandes époques de Ravenne est représentée par quelqu'un de ses monuments principaux.

Le Ve siècle, la langueur des fils de Théodose, les misères de l'empire, les premières invasions, les Barbares appelés à Rome, tout cela se résume dans un tombeau, celui de cette célèbre Placidie, Galla Placidia, fille, femme, mère d'empereurs. Un sombre corridor conduit dans l'intérieur, qui forme une chapelle basse et de peu d'étendue, en croix grecque, surmontée d'une coupole centrale. Un autel dépouillé d'ornements occupe le milieu. Dans les bras de la croix sont trois grands sarcophages, d'une simplicité austère, et dont la masse remplit ce sanctuaire obscur. Celui du fond, dégradé, fruste, contient ou contenait, pour mieux dire, les cendres de Placidie. A droite repose son père, Honorius, empereur, descendant, comme elle, du grand Théodose ; à gauche est la tombe de son fils, Valentinien III. C'est une évocation de ces ombres impériales, que nous avons coutume d'entrevoir à travers le nuage d'une histoire semi-fabuleuse, et qui revivent à Ravenne dans les réalités de leur époque lointaine.

Après l'écroulement de l'empire, les rois barbares, Odoacre et Théodoric, héritèrent de cette capitale. Ils y laissèrent quelques édifices. On ne peut guère croire à l'authenticité des restes prétendus du palais de Théodoric, mais son tombeau appartient incontestablement à son siècle. Ce mausolée est perdu dans les jardins qui entourent la ville, bien moins grande aujourd'hui. La coupole qui le surmonte est d'un seul morceau ; on peut admirer cet effort d'un luxe barbare.

Ravenne conserve des églises du même temps. La cathédrale a été complètement modernisée, mais le baptistère, avec ses colonnettes et ses mosaïques, garde l'empreinte byzantine. L'église de S. Apollinare in Città rappelle les influences qui dominèrent le christianisme primitif. De même que les plus anciens temples de Rome, elle est en forme de basilique, à trois nefs supportées par une longue série de colonnes. Au-dessus des arcades en plein cintre court une frise dont les mosaïques, parfaitement conservées, représentent une suite de personnages sacrés et profanes. Ces derniers appartiennent au siècle et à la cour de Justinien. Cette riche décoration est postérieure à l'époque de la construction de l'église elle-même.

Après la domination passagère des Hérules et des Goths, quand Bélisaire eut reconquis l'Italie pour les Romains d'Orient, Ravenne subit plus directement encore l'influence artistique de Constantinople. Justinien y fit ériger la grande église de San-Vitale. Sainte-Sophie venait d'être achevée, et ce monument, dernier chef-d'œuvre de l'art antique, excitait avec raison l'admiration du monde romain. La nouvelle basilique de Ravenne fut élevée sur le même modèle, et l'on sait qu'elle-même exerça pareille influence, durant des siècles, sur les études des architectes de l'Occident. Elle inspira les artistes qui, par ordre de Charlemagne, construisirent, bien loin dans les solitudes du Nord, l'église d'Aix-la-Chapelle.

En approchant de San-Vitale, on reconnaît les formes extérieures de cette architecture de Byzance dont Sainte-Sophie est le sublime prototype. L'aspect imposant de l'intérieur est malheureusement gâté par les peintures absurdes de la coupole, qu'il faudrait effacer pour rendre au monument son véritable caractère. Mais les exèdres avec leurs colonnes byzantines, les chapitaux écrasés à tailloirs énormes, le chœur et ses mosaïques célèbres, les chapelles obscures, ont conservé les marques de leur vénérable antiquité. Cette décoration en mosaïque peut donner une idée de ce qu'était, au temps de sa splendeur, l'intérieur de Sainte-Sophie. Le chœur resplendit de l'or sur lequel se détachent les figures de Justinien et de Théodora.

Ravenne, véritable nécropole dont les tombeaux sont aujourd'hui le principal ornement, montre encore une sépulture illustre parmi les plus illustres de l'Italie. Les hasards de l'exil y conduisirent le Dante à la fin de sa vie; il y mourut en 1321. Mais le monument du poète n'est pas digne de lui.

En quittant Ravenne pour arriver à Bologne, le 30 novembre 1863, je pus croire que j'étais remonté au royaume des vivants. Les agitations du jour remplissaient la presse italienne, déjà fort préoccupée des événements qui s'annonçaient en Allemagne. Les journaux, avec une prescience qui ne les a pas complètement trompés, annonçaient les nouveaux destins de l'Italie. Je n'ai pas oublié un article sur l'Eider, dans une petite feuille de la Romagne. L'Eider avait fait jusque-là bien peu de bruit dans le monde. Le passage de cette petite rivière par les troupes alliées de l'Autriche et de la Prusse, le 1er février 1864, ouvrit cette succession d'événements qui a rempli les années suivantes.

L'Italie pressentait déjà qu'elle aurait un rôle à jouer, et ses politiciens se livraient à des prévisions qui paraissaient alors bien hardies. Je lus encore à la même époque, et dans la même province, un article de journal intitulé : *La Sesta Potenza* (1).

(1) *La Sixième Puissance.* — A quelques lieues de Bologne est la ville de Cento, petite, mais illustre dans l'histoire de l'art italien. Je n'ai pas manqué d'aller y visiter mon honorable ami, le commandeur B***, maire de Cento, et plus tard sénateur du royaume. Cento est la patrie du Guerchin. M. B*** m'a montré lui-même quelques œuvres du maître, qui décorent sa patrie. La statue du peintre s'élève sur une place publique, dans cette petite ville élégante, riche, et qui a son importance au milieu d'une contrée éminemment productive. Deux fois, je suis retourné dans l'hospitalière maison de Cento.

CHAPITRE IV

Promenades autour de Naples.

1862.

I

C'était par une de ces tristes journées, trop fréquentes, trop bien connues dans nos climats du Nord.

Un 15 janvier. Mauvaise saison. Il pleuvait le matin; il plut jusqu'au soir sans trêve. De tels moments abattent les courages les plus résolus. Le spleen alors pousse les uns à de fâcheuses extrémités. D'autres se résignent. Il y a peut-être mieux à faire; c'est de prendre la fuite, et de ne pas s'arrêter qu'on n'ait retrouvé le ciel bleu.

La fortune mit alors sous mes yeux une carte d'Italie. C'était, paraît-il, l'étincelle attendue. De cet incident sans importance naquit le projet le plus imprévu, et, tout au moins en apparence, le plus difficile à réaliser. Un monde de souvenirs se représente devant moi : Naples m'obsède de son image, et je me sent dévoré d'une véritable nostalgie. Le soleil, la mer, les montagnes, ne suffiraient-ils pas pour me faire de la blanche Parthénope une autre patrie? Ce nouveau projet de voyage dissimulait des plans sérieux et non encore avoués : il me semblait que cette fois, arrivé dans le Midi, je ne songerais plus qu'à habiter pour toujours ces climats bénis.

C'était folie peut-être, mais la sagesse eût parlé en personne, ce jour-là, qu'elle n'aurait pu se faire écouter. Le départ fut résolu sans tarder. Je débarquai à Naples au bout de fort peu de jours.

Malgré des événements encore bien récents, la capitale de l'Italie méridionale ne me parut pas avoir rien perdu de son joyeux éclat. On ne peut guère voir, il est vrai, que la surface des choses. Une grande révolution s'est faite ici : aucuns en profitent ; d'autres laissent échapper une sourde plainte. A l'heure qu'il est, tout semble s'incliner devant l'inéluctable destin. Naples avait conservé quelque temps une suprématie légale sur la région qui l'environne, mais le système des régions vient d'être supprimé, le 31 octobre 1861, et l'ancienne capitale n'est plus, au point de vue administratif, que le chef-lieu d'une préfecture. Il est vrai que le premier préfet n'est autre que l'illustre général de la Marmora.

Mais, plus que jamais, Naples s'ouvre aux étrangers. Ils remplissent ses hôtels, animent ses promenades, et donnent le pain quotidien à ce peuple d'officieux et d'oisifs qui a fait de la molle Parthénope son séjour de prédilection. La ville en regorge. A chaque bateau venant du Nord, c'est un flot prompt à se déverser. Qui serait insensible au bonheur d'arriver à Naples sans passeport? Pour nous, qui avons souffert autrefois de tant d'exigences bizarres, c'est une liberté dont l'usage encore nouveau paraît plein de charmes.

Çe voyage ou, pour mieux dire, ce séjour à Naples, m'offre cette fois un attrait de plus. La durée n'en est point fixée; je suis venu m'établir ici, sinon pour un temps illimité, tout au moins sans avoir marqué à l'avance le moment du retour. Je m'intéresse aux affaires locales, lis à la fois tous les journaux du cru, et forme chaque jour quantité de relations nouvelles. Il s'est même trouvé ici un de mes bons et anciens amis. Plus tard, d'autres encore arriveront du Nord, et, si loin du pays natal, je ne croirai pas avoir tout à fait quitté le patrie.

Une hospitalière maison du quai Sainte-Lucie m'offre une fois de plus, cette année, un gîte déjà connu. De chaque fenêtre, on contemple ce panorama qui est un résumé de toutes les beautés de Naples. Là se trouvent installés, sur une table étroite, les quelques livres qui font partie de mon bagage. Chaque jour, les heures de la matinée sont consacrées au travail, travail souvent interrompu par une station à cette fenêtre dont l'attrait est irrésistible, par un long coup d'œil sur le Vésuve, sur la mer et le ciel aux aspects toujours changeants.

On déjeune dans quelqu'un des restaurants de la rue de Tolède, et, à deux heures, la Villa Reale offre à ses habitués un concert excellent. Là, c'est le golfe encore, d'un autre côté, et ce tableau sans rival qui embrasse Pausilippe, Capri, le château de l'Œuf et le Vésuve.

Le soir venu, après le dîner, souvent tardif, les théâtres nous appellent à grand renfort d'affiches ; parfois, une station au café suffit à occuper des veilles que je ne prolonge jamais outre mesure. L'ancien célèbre *Café de l'Europe* n'est plus seul en possession de la faveur publique; le nombre de ces établissements a d'ailleurs fort augmenté. De huit à dix heures du soir, ils regorgent d'une foule agitée. C'est l'heure où paraissent aussi les journaux; les porteurs se précipitent sur la ville comme une avalanche. Ils ont leurs clients, et les mêmes petits drôles s'arrogent le droit de me vendre tous les soirs *Il Pungolo, Il Piccolo, Il Popolo d'Italia.* Nous ne sommes plus au temps où le public napolitain n'avait d'autre régal que le plus maigre des journaux officiels.

II

23 février.

Nous avons dépassé la limite ordinaire de la promenade à Chiaia, et tourné la pointe du Pausilippe. Que de fois déjà les avons-nous contemplés et admirés, les délicieux aspects de ce rivage enchanté ! Au cap, une mer calme, lourde, teintée par le reflet des nuages rougeâtres; Capri, glacé d'un bleu métallique, est sur les flots comme un navire à l'ancre; Naples et la côte de Sorrente s'enfoncent dans une brume orageuse. Soudain, nous découvrons le golfe de Baïa. Le soleil a disparu depuis longtemps, mais il en demeure comme une fournaise au-dessus d'Ischia. Le golfe est silencieux et à demi plongé dans l'ombre! Pouzzoles apparait au loin. Cette terre a des annales que l'on n'oubliera jamais. La vie de la Rome impériale y a laissé sa trace ineffaçable. Aujourd'hui, elle se repose du crime et de la volupté.

25 février.

J'ai repris encore ce chemin du golfe de Baïa. Vers Pouzzoles, il longe une côte dont la falaise peu élevée semble dégradée à la fois par les flots et par les hommes. Les constructions romaines qui couvraient ce rivage ont laissé leur trace à chaque pas. Le port, si animé du temps des Césars, est désert maintenant. La vie moderne s'est déplacée, et, chose étrange, c'est sur les pentes du Vésuve que les villes et les villages se multiplient aujourd'hui. Baïes, le lac Lucrin, Misène, n'offrent plus à nos regards qu'une solitude désolée.

On visite les étuves dites de Néron; elles procurent au voyageur le plaisir d'un bain de vapeur naturel. Peu après, voici Baïes, où des ruines considérables, éparses sur un rivage étendu, attestent l'ancienne importance de ce séjour de plaisance des Romains. Des voûtes subsistent, avec leurs stucs délicats; de longues files de piliers à moitié détruits soutenaient les terrasses aujourd'hui en ruine. D'imposants débris portent le nom mensonger de temples de Diane et de Mercure. Je fais rapidement une esquisse de ce site célèbre, en attendant le repas qui se prépare dans une trattoria rustique.

Le village de Bacoli est plus riant. Des habitations gracieusement ombragées de pins parasols sont semées au milieu d'une véritable forêt de citronniers. Le port de Misène était là, où nous ne voyons plus qu'une sorte d'étang solitaire, appelé *Mare Morto*. Au delà du cap Misène, les lignes de Procida se mêlent à celles de la terre ferme. Rome avait couvert ce rivage d'établissements qui témoignent encore de sa grandeur. Une citerne gigantesque est demeurée presque intacte; on en peut admirer la noble architecture. Une série de chambres souterraines, reliées par des portes étroites, s'appellent les *Cento Camerelle*. Faut-il y voir une prison du plus cruel des tyrans? A Baïes, le souvenir de Néron plane sur le pays, comme celui de Tibère à Capri.

6 mars.

Je retourne à Pouzzoles en passant par le lac d'Agnano. Un chemin creux pittoresque mène au lac, et l'on aperçoit cette nappe d'eau bleue, encadrée dans sa ceinture de montagnes verdoyantes l'été, maintenant attristées de la nudité de l'hiver. Le couvent des Camaldules occupe le fond de ce tableau gracieux, au milieu d'un ciel redevenu d'une pureté radieuse.

Un sentier tortueux et ombragé s'élève sur les collines, vers la célèbre Solfatare. Des ruines parsèment la campagne; çà et là, des piliers ont porté un aqueduc. Après bien des circuits, je me trouve enfermé dans un jardin. Une obligeante *contadina* veille sur ce lieu, mais elle m'ouvre une porte et me remet sur le chemin de la Solfatare, étroit sentier qui serpente au milieu de buissons épineux.

Du sommet de ces hauteurs se découvre une vue magnifique et singulière sur le golfe de Naples. La mer occupe un vaste espace où les îles paraissent jetées çà et là, Nisida au milieu, Capri à droite, avec la Punta Campanella. Je m'arrête encore, pour tracer dans mon album les lignes de ce tableau.

Le cratère éteint de la Solfatare, vaste entonnoir aux parois escarpées, laisse voir, au fond, la blancheur éclatante du soufre. Il s'y mêle à la terre dans une forte proportion. On traverse le cratère, dont le sol durci résonne sous les pas, et au delà se retrouve une voie romaine bien conservée, que l'on peut suivre jusqu'à Pouzzoles.

L'amphithéâtre de cette ville montre, de ce côté, des ruines imposantes. L'arène, par une singularité que je remarque ici pour la première fois, est portée sur de vastes substructions d'une belle architecture et d'une conservation parfaite (1). Le custode qui garde ce beau monument regrette le temps passé; il déplore, à son point de vue, les événements du jour et le maigre régime auquel les circonstances le condamnent.

(1) Il en est de même à Rome, au Colisée, ainsi que l'ont fait voir les fouilles pratiquées récemment dans l'arène.

J'achève cette visite de Pouzzoles au temple de Sérapis, si connu par le phénomène d'abaissement et de relèvement successif que présente le lieu où il s'élève. Aujourd'hui, l'eau couvre le pavé du temple; à d'autres époques, elle s'élevait à moitié de la hauteur des colonnes. Depuis le temps des Romains, le terrain volcanique de cette région a subi d'étranges révolutions, dont le temple de Sérapis demeure l'incontestable témoin.

III

L'existence citadine elle-même, dans les temps où nous sommes, n'est pas dépourvue d'incidents inattendus. Une nuit, mon compagnon est réveillé subitement par le fracas de coups de pistolet tirés sous ses fenêtres. Il court à son balcon. Serait-ce une attaque nocturne? Mais les voleurs ne procèdent pas d'une façon si bruyante, et ceux de Naples ont le renom d'une adresse qui les dispense de recourir à l'audace. Information prise, il s'agit d'une démonstration politique d'un caractère peu dangereux. Des pêcheurs de Chiaja ont voulu arborer sur une caserne des emblèmes réputés séditieux. Le poste de garde les a poursuivis à coups de carabine, sans blesser personne.

La grande rue de Tolède a été par deux fois déjà le théâtre d'une légère émotion populaire. Vers huit heures du soir, le 28 février, une forte détonation retentit vers la place de Saint-Ferdinand. A l'instant, il se manifeste une certaine agitation; les fiacres se sauvent, on ferme les boutiques, la foule se disperse. Une bombe vient d'éclater en pleine rue. Un groupe de cent personnes environ se forme, et se met en marche en criant : *Viva Garibaldi! viva l'Italia! abbasso gli assassini!* On regarde le cortège, sans trop s'expliquer ce qui se passe. La manifestation continue aux environs du théâtre San-Carlo, où un réverbère et quelques vitres ont été brisés par l'explosion. Des cris retentissent encore jusqu'à une heure avancée, et il règne dans le quartier une vague inquiétude.

Peu de jours après, une nouvelle bombe fut jetée au milieu de la foule, devant la boutique d'un pâtissier renommé. Nouveau prétexte à rassemblements. Un groupe parcourt la rue, avec mille cris, tandis que les fenêtres se pavoisent, et que d'innombrables lampes, placées aux balcons, forment à l'improviste une illumination pittoresque. Les manifestants portent en triomphe le buste de Garibaldi ombragé d'un grand drapeau tricolore; ils font ôter les chapeaux et crier : *Vive l'Italie!* Une foule agitée se presse sur leur passage et commente l'événement, auquel chacun donne, à sa guise, plus ou moins d'importance.

Le 14 mars est le jour de naissance du roi Victor-Emmanuel [1]. A huit heures du matin, une salve formidable ébranle mes fenêtres. Le pavillon national est hissé à tous les mâts; il flotte sur le Castello Nuovo et le Palais royal.

(1) Comme aussi de Sa Majesté le Roi régnant.

A dix heures, une assistance nombreuse, amassée sur la place du Plébiscite, attend le *Te Deum* qui doit être chanté à l'église de S. François de Paule. Les troupes arrivent. Le corps des officiers de marine, en brillant uniforme, est réuni sous le portique de l'église; les autorités et les invités y pénètrent successivement. Voici enfin le général de la Marmora, accompagné de son état-major; il traverse la foule, où l'accueillent des applaudissements. Le successeur du prince de Carignan, des Nigra, des San-Martino, des Cialdini, n'est plus entouré de l'appareil des dictateurs et des lieutenants royaux.

Le soir, la ville s'est illuminée, et la rue de Tolède offre un spectacle brillant. Tous les théâtres donneront des représentations gala. San-Carlo annonce la *quintuplicata illuminazione* des grands jours. C'est ainsi que je l'ai vu, en d'autres temps et pour d'autres fêtes. A chaque pas se retrouvent ici ces souvenirs et ces contrastes.

IV

Les jours s'écoulent d'une façon paisible. Nos excursions dans Naples et aux environs en prennent une partie; les heures disponibles appartiennent à l'étude. Le matin, je fais de fréquentes visites à la bibliothèque du Musée. Mon existence n'est pas absolument oisive; quelques lectures sérieuses se mêlent à mes loisirs. C'est l'*otium litterarium*. Délicieux et trop courts moments!

Naples peut se glorifier de posséder ce privilège que lui dispute aussi Constantinople, une variété d'aspects qui permet au promeneur, chaque jour, de se croire dans un pays nouveau. Les quatre points cardinaux l'attirent tour à tour; il peut diriger sa course à son gré, sûr de trouver sans cesse mille objets d'intérêt. Après quelques excursions aux alentours de Pouzzoles et de Baïa, nous irons chercher du côté de Sorrente et de Salerne un spectacle tout différent, qui ne rappelle en rien la nature et les souvenirs du premier. Le Vésuve même se dérobe alors aux regards.

Il est des voyageurs, et le nombre en augmente au printemps, après l'hiver de Rome, qui viennent passer à Naples deux ou trois jours. Cette hâte sacrilège ne leur permet qu'un coup d'œil sur la grande ville; parmi tant de merveilles, il faut choisir. On donne au Vésuve la première journée; la seconde à Pompéi.

Comme tout le monde, je l'ai faite, l'ascension du célèbre volcan, mais non pas une seule fois. C'est un petit voyage qui peut être accompli de plus d'une façon : en 1856, il y avait une route assez bonne jusqu'à l'ermitage de San-Salvatore; une éruption la détruisit en 1858, et elle n'avait pas été refaite en 1862. Enfin, la science de l'ingénieur moderne a installé récemment sur les pentes du cône un chemin de fer funiculaire que l'on aperçoit de Naples, comme un câble posé sur les flancs de la montagne. J'imagine que l'excursion y a perdu de sa poésie d'il y a vingt ans.

Nous partons de Naples, par une belle après-midi,

dans un corricolo modeste, mais d'une célérité exemplaire. Emportés au galop, nous traversons le pont della Maddalena, puis le long village de Portici, et arrivons à Resina sans accident. C'est ici que les guides, les ciceroni, les officieux d'espèce variée tendent leur embuscade aux visiteurs de la montagne. On franchit de son mieux ce pas difficile, non sans payer son tribut. Un guide parvient à se glisser dans la voiture, et nous repartons pour le Vésuve.

Une campagne superbe environne Resina. Le sol noir, léger, n'est autre que la cendre fertilisée du volcan. Une lave durcie couvre encore, çà et là, des champs dévastés. Des villas, des maisons champêtres, de modestes chapelles s'élèvent sur cet espace que remplissent les plus belles vignes, les plus beaux vergers. A l'entrée d'un enclos, je lis une inscription :

Hic, ubi diffisso squalebant saxa Vesevo,
Nunc hilarant ficus, vitis, oliva, locum.

Le propriétaire ajoutait :

Sit meæ sedes utinam senectæ.
HORACE (1).

Il ne se rencontre qu'une pente douce jusqu'aux hauteurs de l'Ermitage, mais, après, le paysage change d'aspect. De profonds ravins, sillonnant la campagne, semblent autant de brèches ouvertes par la lave ; de

(1) « Ces lieux, que le Vésuve entr'ouvert couvrit de ses tristes débris, l'olivier, le figuier, la vigne, les embellissent aujourd'hui.

Puissent-ils être l'asile de ma vieillesse ! »

hauts rochers apparaissent isolés et dominent les alentours. C'est d'ici qu'il faut admirer le panorama de la Campanie, de cette immense plaine émaillée de villes et de villages, que terminent l'Apennin d'un côté, et de l'autre, les monts des Champs Phlégréens, au-dessus de Naples. Le cône est encore loin, et l'on gravit, avant l'Ermitage, une montagne escarpée, prolongement de la Somma, et qui semble un mur extérieur et un ouvrage avancé du Vésuve. Nous avons laissé en arrière les champs fertiles et les vignobles où se récolte le lacrima-christi ; tout l'espace qui nous sépare du cône forme un vaste champ de lave, où les torrents liquides vomis par le volcan sont venus s'épancher, et offrent au regard, aujourd'hui, l'image de flots subitement pétrifiés. Avant 1631, cette plaine était cultivée ; maintenant, toute végétation a disparu, et, à chacune des éruptions nouvelles, le torrent empiète sur les champs voisins toujours menacés de sa fureur.

On arrive à San-Salvatore. Une petite maison proprette, une chapelle, un morceau de terre ombragé des plus beaux arbres de la montagne, voilà le domaine de l'ermite. Celui-ci porte un costume monacal, quoiqu'il appartienne souvent au monde profane, témoin cet ancien valet de chambre de Mme de Pompadour, que son destin conduisit au Vésuve. Les dernières éruptions ont menacé l'Ermitage de bien près ; la lave de 1855 s'est jetée dans le ravin au bord duquel il est construit.

D'ici au cône, il y a trois quarts d'heure de marche. Le chemin est pénible. On pourrait comparer cette plaine de lave à la mer de glace de Chamounix. Enfin, nous arrivons au pied du volcan. Le cône est devant nous, raide, escarpé, menaçant.

Qu'on se figure une pente inclinée à quarante-cinq degrés, couverte de scories qui cèdent sous les pas. Le guide marchait rapidement à l'avant-garde, s'élançant d'un roc à l'autre; je m'efforçais de l'imiter. Nous ne regardons plus en arrière. L'abime se creuse, et la Somma se dresse de l'autre côté de la vallée. Enfin, on arrive au cratère, et sans prendre aucun repos, car le jour baisse, notre impitoyable conducteur nous emmène au bord du gouffre.

Tout, en Italie, a été décrit. Les sites, les monuments nous sont plus ou moins connus à l'avance; seul, le Vésuve présente un spectacle auquel rien n'a pu me préparer.

Je compte sur le sommet quatre grands cratères, sans parler d'innombrables fissures qui livrent passage à d'épaisses vapeurs sulfureuses. Le sol est couvert de soufre; l'odeur en est forte et désagréable. Devant ces phénomènes étranges non moins que terribles, une sorte d'horreur secrète vient se mêler à notre curiosité. Partout s'ouvrent de larges crevasses; à la moindre secousse, cette terre embrasée peut s'effondrer sous nos pas.

Le premier cratère est de formation toute récente (1).

(1) Il est bon de dire que l'aspect de ce sommet varie incessamment. A chacune de mes quatre ascensions, j'en ai trouvé la physionomie sensiblement modifiée. Depuis nombre d'années, un seul grand cratère occupe le cône tout entier.

Une fumée blanche s'en échappait ; de temps en temps, elle laissait apercevoir au fond une flamme d'un rouge sombre. Plus loin est un autre cratère, plus vaste, plus escarpé que le précédent, et qui paraît être en éruption. Il en sort une immense colonne de vapeurs, dont les teintes rougeâtres dénoncent des feux ardents cachés à nos yeux. D'incessantes détonations retentissent et ébranlent le sol, tandis que des pierres brûlantes, rejetées par le volcan, s'élèvent au-dessus de nos têtes et retombent dans l'abîme.

Le Vésuve, bien mieux que l'Averne, offre à l'imagination la figure des gouffres infernaux. Au sein des brouillards dont la nuit couvrait déjà le pied de la montagne, j'ai pu me croire arrivé près des confins du monde terrestre. Il reste de ce voyage le souvenir d'une excursion faite au delà des bornes de notre univers. L'heure, les ténèbres, la nouveauté du spectacle, tout donnait à cette soirée un caractère mystérieux et presque surnaturel.

Nous redescendîmes avec la même rapidité, pour retourner à l'Ermitage. La nuit était venue ; la lune se levait dans un ciel transparent et nous montrait le sentier au milieu des laves. Je comparais notre marche dans ce désert au voyage d'Énée :

« Tous les deux, s'avançant dans ces tristes royaumes,
« Habités par le vide et peuplés de fantômes,
« Marchaient à la lueur du crépuscule obscur :
« Tel, lorsqu'un voile épais des cieux cache l'azur,
« Au jour pâle et douteux de leur lumière avare,
« Dans le fond des forêts le voyageur s'égare. »

(VIRGILE. *Traduit par Delille.*)

V

20 mars.

La belle saison n'est plus loin. La campagne nous appelle; elle revit aux approches du printemps, demeuré une vérité dans cet heureux pays. Voici le jour fixé pour le commencement d'un voyage, projeté depuis longtemps, aux lieux célèbres de ces deux golfes voisins, et rivaux d'enchantements, de Naples et de Salerne.

Les voyageurs sont au nombre de trois. L'un d'eux fait défaut, le matin, au départ; on le retrouvera bientôt. Le chemin de fer de Salerne passe à Pompéi. Plus loin, la campagne est charmante dans la fertile vallée de la Cava. Une fraîche verdure recouvre la terre; les arbres fruitiers épanouissent leurs mille fleurs; les bourgeons naissants répandent partout une teinte adoucie. Je suis heureux d'être sorti de la ville; Naples me paraissait déjà bruyant, incommode, encombré, et j'éprouve le besoin du repos et du silence.

Nocera, la Cava, Vietri, montrent successivement leurs sites agrestes. A Vietri reparaît la mer.

Salerne est adossée à une montagne escarpée. Les rues étroites sont bien disposées pour échapper au soleil, et, déjà, la chaleur est intense. La ville finit dans une gorge étroite et pittoresque, au fond de laquelle est le lit d'un torrent. Une terrasse, devant l'hôpital, *Regium Pauperum Hospitium,* jouit d'une vue magnifique sur la côte d'Amalfi et la vaste étendue de la mer. Du côté du midi, une large plaine commence tout près de Salerne ; les hauteurs reparaissent dans un lointain vague. C'est au pied de ces montagnes que demain nous irons chercher Pœstum.

On redescend par un chemin à mi-côte qui serpente au milieu de jardins d'oliviers et d'orangers. Il n'est pas une maison, jusqu'aux plus modestes, qui n'ait son arbre couvert de fruits dorés. Là se trouvent les vieux aqueducs normands, dont les cintres à demi ruinés percent au travers des jardins soigneusement clos. Enfin, on revient à la mer par une large avenue où s'élèvent des maisons neuves, moins pittoresques, mais belles et agréables. Salerne se présente de ce côté sous des dehors très avantageux. Cette ville de dix mille âmes a un théâtre d'opéra.

Je suis resté de trois à six heures à mon balcon, devant la mer. Il fait le temps le plus agréable. Je regarde les voisins et les voisines, tout en lisant avec quelque inattention un chant de la *Gerusalemme.* Nos livres nous suivent à la campagne, comme en voyage, ainsi que l'a dit Cicéron : *Nobiscum peregrinantur, rusticantur* (1). Le latin n'est-il pas un peu la langue du pays ?

(1) Plaidoyer pour Archias.

21 mars.

Nous partons pour Pœstum à huit heures, par une matinée gaiement ensoleillée. Je l'accomplis enfin, cette excursion vainement désirée en 1856, projetée et abandonnée en 1861, et qui semble aujourd'hui si périlleuse aux timorés de Naples.

La route entre dans la vaste plaine qui s'étend entre la mer et l'Apennin. Les montagnes font une courbe profonde vers l'intérieur ; la Calabre commence au delà. Cette plaine fut autrefois une plage basse et marécageuse ; elle était déserte, désolée par la malaria. Les habitants fuyaient cette campagne malsaine ; tous les villages avaient disparu. Aujourd'hui, une sorte de renaissance semble promise au pays. Des cultures superbes couvrent une terre fertile et bien arrosée. Des deux côtés de la route, on voit s'étendre à perte de vue des champs d'un aspect luxuriant, et, ce qui montre bien le retour de la vie, un village vient d'être créé tout d'une pièce à l'intersection de la route de Pœstum et de celle de la Calabre. C'est Battipaglia. On dirait d'une petite colonie, comme en certains lieux de l'Algérie. Le travail d'une population intelligente, secondé par une administration plus éclairée, changera sans doute, en peu d'années, la face du pays. On restituera à l'agriculture les Maremmes d'Italie, quand les eaux qui les empestent aujourd'hui seront mieux dirigées pour les féconder. Alors ces plaines insalubres ne le céderont pas aux marais fertilisés dont on voit s'enorgueillir certaines régions du Nord.

Les hauteurs des environs de Salerne sont couvertes d'oliviers; plus loin, l'Apennin élève des cimes pelées et blanchâtres, aux contours abrupts. Sur le Monte Palermo (l'Alburnus des anciens), on aperçoit les villages de Postiglione et d'Altavilla. La ville d'Éboli se découvre dans le lointain.

Au milieu de la plaine coule le Seie, *Silarus,* fleuve considérable et souvent torrentueux. Dans cette saison, on ne saurait le passer à gué. Quatre ou cinq voitures et autant de charrettes s'empressent autour du bac qui ne peut suffire à porter tout le monde. Il y en a bien un second qui reste inactif, mais il appartient au prince d'A***, et le public n'y passe pas.

Les bords du Silarus, couverts de saules, ont quelque chose de sauvage. Nous trouvons aussi un air quelque peu rébarbatif aux villageois des environs. Leur costume a conservé beaucoup de caractère; la coiffure est le chapeau calabrais si connu. Les femmes travaillent en foule dans les champs et sur le tracé du chemin de fer (1). Ces travaux les épuisent et les défigurent; peu d'entre elles conservent les beaux traits de leur race. Enfin, les mendiants ne sont pas rares sur cette route si fréquentée par les étrangers.

A onze heures et demie, les temples de Pœstum nous montrent, se détachant sur le ciel, leurs longues colonnades et leurs frontons ruinés. Le temple de Neptune se reconnaît, entre tous, à sa belle couleur dorée.

(1) Ligne de Naples à Eboli, Potenza, Tarente.

Sur un soubassement élevé de trois degrés est assis ce grand édifice, débris d'une ville disparue. Six colonnes en décorent la façade ; un portique majestueux se continue tout autour. Les colonnes, massives, de forme pyramidale, ont la grandeur et la force qui étaient l'apanage des monuments égyptiens ; c'est de là que semble procéder cette architecture, si simple dans ses moyens, si puissante dans ses effets.

Le temple de Neptune et la Basilique s'élèvent au milieu d'une bruyère déserte. Nous entrons dans le premier de ces édifices. Ruiné, il semble n'avoir rien perdu de son caractère sacré. Un vestibule carré précède la *cella*, où l'on arrive par quelques degrés. Celle-ci est partagée en trois nefs que sépare un double rang de colonnes ; au-dessus de l'entablement règne un second ordre de colonnes plus petites, disposition singulière et dont je ne connais pas d'autre exemple. On admire les dimensions et la beauté des matériaux : murailles, pavé, colonnes sont formés de blocs gigantesques parfaitement jointoyés, et reposant sur leur propre masse. Malgré l'action du temps et la dégradation lente de la pierre de travertin, les grandes lignes du monument ont conservé toute leur pureté.

Je parcours à loisir les portiques, à l'ombre de ces majestueuses colonnes ; je m'éloigne ensuite pour considérer dans leur ensemble ces péristyles et ces façades, modèle de grandeur et d'harmonie. L'ordre dorique est arrivé ici bien près de sa perfection ; les colonnes sont plus massives qu'à Agrigente, et affectent, d'une manière plus marquée, la forme conique.

Le grand rétrécissement du chapiteau est propre aussi aux temples de Pœstum ([1]).

Je dirai peu de chose de la Basilique et du temple de Cérès, inférieurs au temple de Neptune. La Basilique a neuf colonnes sur chacune de ses façades, véritable irrégularité qu'il faut remarquer. La cella est divisée en deux nefs égales par une rangée de colonnes. Le chapiteau de ces colonnes est lourd, et le fût, rétréci avec exagération, perd le caractère dorique.

De l'ancienne Pœstum, il reste encore quelques débris de l'amphithéâtre et de longs pans de murailles. Rien de plus. Il y a d'autres exemples, en Italie, de cette disparition complète de toutes les constructions privées, tandis que certains monuments publics paraissent impérissables. A Toscanella, deux ou trois églises du moyen âge sont debout sur l'emplacement désert d'une ville disparue.

Nous sommes revenus à Salerne le soir, sains et saufs. Mais il ne paraît pas encore que notre exemple doive entraîner beaucoup de visiteurs, ce printemps, sur le chemin de Pœstum.

22 mars.

La pluie tombe à torrents: un vent furieux pousse les vagues vers la plage. Il ne faut pas penser à quitter Salerne, et je retourne à la *Jérusalem délivrée*.

Dans l'après-midi, le ciel s'éclaircit, et l'on peut

([1]) Quelques mois plus tard, le Parthénon me révélait une beauté supérieure.

tenter le voyage d'Amalfi. La brume cache encore les hauteurs, ainsi que les horizons lointains du golfe; nous avons tort peut-être de faire par un temps incertain ce trajet que l'on indique comme l'un des plus intéressants que puissent offrir les environs de Naples.

Une série de caps aux contours pittoresques alterne avec les baies profondes où se cachent des villages, des clochers et une foule de maisons blanches et roses. Une luxuriante végétation tapisse les moindres recoins. Le paysage prend un aspect plus sévère au cap dell' Orso [1]. Le rivage se hérisse de pointes aiguës; la route traverse une bruyère déserte, et s'élève de plus en plus sur des penchants escarpés au pied desquels la mer se brise avec fureur. Dans les gorges de la montagne, la vue s'étend sur un pays sauvage; dans les rochers s'ouvrent de vastes cavernes, refuge des brigands qui longtemps infestèrent ces solitudes. De distance en distance s'élèvent des tours en pierre, bâties au temps des incursions des Algériens, et que l'on restaure aujourd'hui. La route est surveillée de près par la garde nationale. Au sommet du cap, un blockhaus s'élève sur une pointe de rocher, et l'on s'occupe à l'isoler de tous côtés; symptôme caractéristique des inquiétudes du temps présent. De tels indices étonnent au sein d'un pays qui paraît florissant et tranquille.

La pluie a recommencé au cap; la brume nous

(1) Célèbre par une bataille navale de 1528, où don Ugo de Moncada, vice-roi de Naples pour Charles-Quint, fut battu et tué. La flotte française était commandée par Filippino Doria.

dérobe l'aspect de la mer. Les vagues battent à grand bruit les rochers au-dessous de la route, qu'elles font trembler. Je ne sais si cette tempête ne donne pas un charme plus étrange à ces lieux sauvages.

Après avoir traversé un véritable désert, on arrive à Majuri, délicieux village dont les maisons blanches et les terrasses chargées de citronniers couvrent le flanc de deux hautes collines. D'autres villages, Minuri, Atrani, annoncent l'approche d'Amalfi, l'ancienne république, qui fut à une époque lointaine la capitale de tous ces rivages.

Nous y arrivons à la nuit tombante; les hauteurs voisines, le couvent des Capucins qui s'élève à mi-côte au-dessus de la ville, tout cela se confond dans l'obscurité. A l'hôtel, tout le monde s'empresse autour d'un grand feu. Deux Anglais, partis pour Pœstum, ont dû s'arrêter devant le Sele, rendu infranchissable par la pluie d'aujourd'hui. La soirée se passe à causer; d'abord, c'est la peinture qui fait les frais de l'entretien, mais on revient bientôt aux histoires de brigands.

Au-dessus d'Amalfi, les longues treilles du couvent des capucins semblent attachées à une roche escarpée. Des chemins rapides montent en zigzag. Une grotte immense, en forme de voûte, abrite à demi le monastère. Tout le monde en connait le site enchanteur. Dans cette retraite, la contemplation d'une nature incomparable devrait être la seule occupation, l'unique joie de la vie. Quel séjour pour un homme habitué à l'agitation des villes! On dirait que les anachorètes aiment à conserver la vue lointaine de leurs semblables; témoin, à Naples, la Chartreuse et les Camaldules, d'où la grande ville apparaît, s'agitant dans une ombre vague. De même, Amalfi est au pied des murs du couvent. Du reste, les habitants de cette solitude semblent préoccupés avant tout des petites affaires de leur existence claustrale.

Redescendus à la ville par un quartier ancien et irrégulier, dont les rues presque toutes voûtées forment de longs escaliers, nous nous enfonçons dans la gorge étroite qui s'ouvre derrière Amalfi. C'est la pittoresque vallée des Moulins, peuplée de fabriques de macaroni et de papier qui se pressent au bord d'un ruisseau capricieux. Dans un fouillis de constructions informes, des voûtes ogivales rappellent une ancienne splendeur; des ponts, un barrage, des ruines se groupent pêle-mêle. La roche abrupte domine les maisons; au fond de la gorge, le regard s'arrête sur des hauteurs inaccessibles, et il y a sur le sommet le plus ardu un village qui semble avoir défié tous les genres de difficultés.

Du côté opposé, en sortant de la ville, on arrive aussitôt au bourg pittoresque d'Atrani. Hier déjà, nous l'avons admiré dans sa position si caractéristique, à l'entrée d'une gorge étroite comme celle d'Amalfi, avec le rocher qui surplombe et menace les maisons. Une maisonnette blanche est au sommet d'une pointe escarpée : là naquit Masaniello, le montagnard qui souleva l'indolente Parthénope. Par un sentier pénible dans la gorge, on s'élève au-dessus d'Atrani, pour arriver à Ravello, autrefois grande ville et résidence de princes normands, aujourd'hui simple village éparpillé sur la hauteur et conservant à peine le souvenir de ce passé brillant.

Une petite cathédrale en forme de basilique, dont la nef est portée sur des colonnes antiques, possède une chaire en mosaïque d'un travail précieux. Elle est ornée de six colonnes assises sur des lions d'un bon style. Des portes de bronze et de nombreux bas-reliefs complètent la décoration de ce monument curieux de l'art des Normands.

Dans cette autre solitude est venu s'ensevelir un Anglais, acquéreur d'un palais en ruine de l'amiral Rufolo: on y voit des tours, des salles ornées de colonnettes romanes, des voûtes entrelacées. Une cour à double portique rappelle à s'y méprendre les intérieurs mauresques d'Alger.

Un jardin entoure l'habitation. Les visiteurs sont conduits sur une terrasse qu'un rideau d'arbres dissimule habilement. Là, d'un coup d'œil se découvre tout le golfe de Salerne : à nos pieds, au centre, le cap dell' Orso élève dans l'air ses pointes aiguës ; la côte, à droite et à gauche, se perd dans un lointain azuré. Plus près, les gracieux villages de Majuri et de Minuri sont couchés au milieu des orangers. Voilà ce qui a séduit, et justement, le nouveau propriétaire!

24 mars.

Suspendus entre la montagne et la mer, nous poursuivons notre voyage. Dans une barque manœuvrée par quatre rameurs, nous irons du port d'Amalfi chercher sur la côte un point plus rapproché de Sorrente, pour gagner cette ville en franchissant la chaîne du Sant' Angelo. On serre le rivage de près, longeant des roches aux formes tourmentées. Des maisons, des villages même ont trouvé à s'asseoir sur des pentes qui paraissent inaccessibles : tels sont Furore, Conca, Prajano. Nous passons au pied du Sant' Angelo, du côté le plus abrupt; il s'élève ici, à pic, à près de quatre mille cinq cents pieds au-dessus de la mer. L'important village de Positano s'abrite sous la montagne et descend en amphithéâtre jusqu'au port. On débarque enfin au Scaricatojo : avouerai-je que la traversée m'a paru pénible ?

Le Scaricatojo [1] n'est pas un village, pas même un havre. On y trouve, grâce à une anfractuosité du rocher, un point accessible. Là commence un long escalier taillé dans la pierre. Le chemin tournoie et serpente au milieu de buissons de genêts qui répandent des senteurs salutaires. A de certains détours, des oliviers ombragent ce roc brûlé, et l'on aperçoit alors, à travers leur feuillage, l'abîme azuré.

Il faut une heure de cette rude montée pour arriver au col, dit *Conti delle Fontanelle*. On y découvre, d'une part, le golfe de Salerne, de l'autre, la baie de Naples, avec la côte de Pouzzoles, dont les lignes ondoient dans le lointain. Devant nous, sur une pente verte, sont Meta, Piano et Sorrente : c'est le but. La descente commence immédiatement, par des chemins plus

[1] Littéralement : lieu de déchargement.

accessibles, mais invariablement bordés de fâcheux petits murs qui enferment tristement le promeneur. On ne lui laisse voir que la cime des arbres, bien au-dessus de sa tête.

A Sorrente, l'*Hôtel Rispoli* est situé, comme tous les autres, au bord de la mer, au fond d'un bois épais d'orangers et de citronniers. De la terrasse, la vue est incomparable; nous ne pouvons pas demeurer ailleurs que dans cette maison. Tout le golfe de Naples, depuis Ischia jusqu'à Castellammare, le Vésuve sous un aspect nouveau, la mer calme, le ciel infini, tel est le tableau. La fin du jour se passe dans une longue contemplation.

VI

26 mars.

L'île enchantée, Capri, s'étale à nos yeux. On compte d'ici ses roches aiguës et ses blanches maisons. Le bras de mer est étroit; nous le franchissons en peu d'heures, pour débarquer sur le rivage de l'île, et nous établir à l'*Hôtel Pagano,* cette retraite si connue. Il s'agit bien, cette fois, d'un véritable séjour; nous avons brûlé nos vaisseaux, c'est-à-dire que la barque est renvoyée à Sorrente, sans rendez-vous pour le retour.

J'ai revu la Grotte d'azur. La mer avait grossi; alors, l'entrée n'est pas facile. Au pied des hautes falaises, les eaux sont d'un bleu profond qui semble annoncer le phénomène de l'intérieur. Tous les voyageurs connaissent aujourd'hui cette merveille du golfe, un peu surfaite par une admiration traditionnelle. C'est le but de nombreuses excursions, facilitées par les bateaux à vapeur ; il ne faut recommander ce voyage qu'à ceux-là seulement qui peuvent défier le mal de mer.

Installés à l'*Hôtel Pagano,* qui perd chaque année quelque chose de sa rustique apparence d'autrefois, nous coulerons nos jours dans un paisible farniente. Un petit nombre de livres, un album dont les pages sont encore peu remplies, nous aideront à passer de longues heures, et la contemplation prendra le reste. On se promène au hasard dans les rues du village. L'île n'est pas grande ; les chemins y sont aisés à reconnaître. Je fais mon premier croquis dans une gorge, d'où se découvre une belle vue sur le village de Capri. Le soir, on peut descendre jusqu'à la Marine. Et, quand la nuit est venue, nous rentrons dans notre logis, pour lire à la clarté d'une lampe fumeuse.

Notre domaine sera bientôt parcouru dans tous les sens. Plusieurs des sites de Capri ne sont pas sans célébrité. J'ai trouvé sur le livre des étrangers, à l'*Hôtel Pagano,* le nom de Karl Girardet ; il a dessiné pour le *Magasin Pittoresque* le rocher de Barberousse, sorte de voûte naturelle à laquelle s'est attaché, on ne sait trop comment, le nom du terrible corsaire. Plus loin, c'est un autre souvenir, plus fameux encore, qui demeure inséparable de l'île elle-même. Au sommet du cap qui regarde la terre ferme, du côté de Sorrente, on trouve des ruines romaines considérables, le palais de Tibère pour la légende. Des voûtes étendues, des chambres encore décorées de leur pavé en mosaïque, couvrent cet emplacement; et les débris d'un édifice qui dut former une sorte de belvédère sont à l'extrémité, surplombant la mer. Du côté de Capri, la vue s'étend sur la moitié antérieure de l'île, qui forme au pied du mont Solaro une vaste conque tapissée des cultures les plus diverses. Du côté opposé, ce sont les deux golfes de Naples et de Salerne, avec le Vésuve au centre. Tel cet immense tableau se présentait aussi aux yeux des Romains. Un ermite s'est établi au milieu des restes du palais de Tibère.

28 mars.

On dirait l'île partagée en deux moitiés, et comme en deux étages; pour arriver au second, de Capri à Anacapri, il n'est guère d'autre chemin qu'un long escalier auquel on attribue 535 marches. Anacapri, le Capri d'en haut, comme le dit son nom grec, occupe le plateau supérieur, dominé lui-même par la pointe du mont Solaro.

Le temps est variable : l'équinoxe nous amène souvent du vent et de la pluie. Aujourd'hui, une brume épaisse couvre les sommets; après la rude montée dont je viens de parler, le froid nous saisit. On se réfugie dans Anacapri, village séparé du reste du monde, et dont les habitants, confinés sur leur rocher, mènent une vie toute bornée à ce qui les entoure. L'église est située sur une petite place; un escalier en pierre donne accès sur les toits, dont on peut librement faire le tour. Le village n'offre rien d'intéressant, hors son étrange situation.

Nous redescendons le grand escalier en compagnie de jeunes femmes et d'enfants qui portent sur leur tête des paniers remplis de chaux. Leurs physionomies rieuses s'assombrissent de temps en temps, quand le labeur est trop lourd. Nous les voyons ainsi tous les jours, ces filles de Capri, pliant sous un fardeau qui n'est fait ni pour leur sexe ni pour leur âge. Elles sourient à notre vue, d'un sourire qui n'est pas sans mélancolie; le « *Signor, baiocco!* » habituel s'échappe de leur bouche. Quelques-unes ne craignent pas de causer avec le promeneur étranger. Les pères et les mères apparaissent parfois inopinément, et abrègent le discours. On cite des Capriotes qui ont épousé des voyageurs opulents; cet avenir doré ne leur apparaît-il pas dans leurs rêves à toutes?

29 mars.

Nous avons passé une partie de la journée aux Faraglioni, rochers énormes, tombés dans la mer, près de la pointe Tragara. Au bord de l'eau, assis sur des pierres aiguës, nous regardons la mer se briser sur les rochers autour de nous; les vagues déferlent avec fureur, tombent avec un bruit de foudre dans les cavités de la roche, et rejaillissent en panaches d'écume. La pluie nous chasse encore au logis; la fin de mars n'est pas clémente cette année.

Près des ruines de la pointe orientale est un abîme

dont on ne voit pas le fond. C'est le saut de Tibère, le *Salto Tiberio*, dont la tradition fait le lieu du supplice des victimes immolées aux ressentiments de César. Un vieux soldat corse s'est établi au milieu de ces escarpements. Il habite l'île depuis quarante-six ans, s'est marié deux fois, et cultive un petit domaine créé de ses mains. La maladie de la vigne est venue troubler ce bonheur chèrement acheté; tel fonds qui donnait, il y a douze ans, trente tonneaux de vin, n'en fournit plus qu'un demi. Capri, comme Madère, dit-on, ne produit plus la centième partie du vin qui porte son nom, et dont la consommation ne fait qu'augmenter. Les terres du soldat sont bien tenues. Il se plaint aussi d'un mal qui, pour le moment, est sans remède : l'augmentation des impôts.

31 mars.

Le mauvais temps, les pluies fréquentes, la brume qui nous dérobe trop souvent la vue de la mer et des rivages, n'eussent pas abrégé notre séjour, sans un incident imprévu qui vint y mettre fin. Un des hôtes de la maison Pagano va s'embarquer pour Sorrente. C'est une occasion qui peut ne plus se reproduire de plusieurs jours; il faut la saisir.

Débarqués en terre ferme, nous revenons, mon compagnon et moi, à Castellammare, d'où je vais coucher à Pompéi.

Tout le monde a dîné à l'*Hôtel Diomède*, mais on pourrait compter les voyageurs qui ont passé la nuit dans cette maison, un peu lugubre quand vient le soir. Le voisinage de la ville morte est bien pour quelque chose dans cette impression. Après un dîner solitaire, je me promène sur une étroite terrasse. Le ciel est admirablement pur. On ferme les portes avec soin; cette auberge isolée se barricade comme si des brigands tenaient la campagne.

1er avril.

Je parcours les rues de Pompéi seul, sans être accompagné de personne, grâce à une lettre d'introduction pour la direction des fouilles. C'est que mon but est double : je veux examiner à loisir les monuments entrevus dans les excursions rapides d'autrefois, et prendre çà et là des croquis dans les ruines. La ruelle d'Eumachia fournit le sujet d'un premier dessin.

Une journée entière se passe ainsi. Le livre de M. Ernest Breton, *Pompéia*, me sert de guide dans cette promenade archéologique. Je revois les monuments; je pénètre dans les maisons, ouvertes et sans mystère aujourd'hui. Les sépulcres de la rue des Tombeaux, si merveilleusement conservés, dévoilent à tous les yeux leur construction ingénieuse, bien supérieure à celle des sépultures modernes. Le soir, comme la veille, on se renferme dans la *Casa di Diomede*. Ma solitude est complète; je suis seul étranger dans l'hôtel, lequel, d'ailleurs, n'a que quatre lits.

Je poursuis le lendemain cette visite attentive de Pompéi. Le ciel s'assombrit de nouveau; la pluie recommence. L'album et les crayons ne sont plus de mise. Cessant de résister à cette sorte de mauvaise fortune, je fais mes préparatifs de départ, et reprends le chemin de Naples. Mon excursion avait duré près de quinze jours, passés dans une contrée d'un intérêt unique, et, chose à remarquer dans ce climat méridional, seul le mauvais temps était venu parfois la contrarier.

VII

12 avril.

Je quitte Naples : un brusque retour m'appelle, et j'en éprouve un véritable chagrin. Dans le port, avant de lever l'ancre, on a passé plus de deux heures : des musiciens chantent les mélodies populaires du jour, des airs de ballet, et répètent à l'infini la marche des volontaires de 1860. Cette musique est bien près de m'arracher des larmes. Mon compagnon, debout sur le môle, fait des signes d'adieu, et le navire s'ébranle, tandis que je jette douloureusement un dernier coup d'œil sur ce rivage heureux. Il m'a vu couler de si beaux jours !

La semaine-sainte commençait. J'arrive à Rome le dimanche des Rameaux. La ville est pleine de visiteurs étrangers ; le mouvement de ces jours de fête contraste avec la paix ordinaire de Rome. Le jeudi-saint, j'assiste à Saint-Pierre, le matin, à la cérémonie de la Cène, et, l'après-midi, à l'office des Ténèbres dans la chapelle Sixtine.

La Sixtine est remplie d'une foule impatiente. Les vêpres ont commencé; un chandelier à quinze branches, placé près de l'autel, au pied de la sombre peinture de Michel-Ange, jette seul une clarté douteuse sur l'assemblée. Les cardinaux arrivent successivement et prennent place aux deux côtés de l'autel. A six heures, le Pape fait son entrée. Les vêpres vont finir; tous les cierges sont éteints. Le Souverain-Pontife se prosterne, et le *Miserere* commence, au milieu du silence le plus profond.

C'est l'élégie antique avec son cri douloureux. Ces chants ne trouvent rien dans la musique, tant sacrée que profane, qui puisse leur être comparé. Nos oreilles, surprises, s'étonnent plus qu'elles ne sont d'abord charmées. Mais bientôt, je suis touché du caractère si dramatique de cette mélopée funèbre. Un finale imposant excite une émotion générale, mais silencieuse. Les chants cessent, et le Pape se retire, précédé d'une nombreuse procession. La cour pontificale se rend à la chapelle Pauline à travers les salles du Vatican, au milieu d'un double rang de torches qui jettent une vive lumière sur le pompeux cortège.

20 avril.

Enfin est arrivé le dimanche de Pâques. A l'aube, le canon du château Saint-Ange salue cette journée solennelle. De bonne heure, à Saint-Pierre, les carrosses débouchent de toutes parts sur la place, amenant à la basilique cardinaux, prélats, diplomates, et une Cour exilée qui est venue chercher un refuge dans les domaines du Saint-Siège. A l'intérieur de l'église, les tribunes élevées dans le transept sont bientôt encombrées de femmes vêtues de noir. Un cordon de soldats suisses défend les abords du baldaquin. Après l'avoir franchi, ce qui est permis à tout assistant vêtu de l'habit noir, je me suis placé à quelques pas de l'autel de la Confession.

Le trône pontifical est dressé dans le chœur, dont l'enceinte se remplit d'une foule nombreuse et brillante. A droite est le trône de Tierce, où le Saint-Père s'assied durant l'office; à gauche, une tribune réservée à la famille royale de Naples.

Vers neuf heures et demie, les chants religieux, et une fanfare de trompettes sur un mode simple et majestueux, ont annoncé l'entrée du Pape. Un long cortège se déroule peu à peu : les officiers de la maison pontificale, les camériers, portant les mitres et la tiare; les dignitaires de Rome; les cardinaux, en habit épiscopal et la mitre en tête; enfin, porté sur la *sedia gestatoria,* à l'ombre d'un dais, et entouré d'une suite brillante, le Pontife, s'avançant lentement et bénissant la foule. Un grand silence régnait parmi les spectateurs, tandis que les trompettes faisaient retentir sous les voûtes immenses les sons d'une marche triomphale. Derrière le Pape s'avançaient, portées par des Suisses, les sept épées des cantons catholiques. La garde palatine et la garde noble font la haie dans le chœur; des détachements de ligne sont échelonnés dans la nef.

L'office a commencé. Après le chant de Tierce, le Saint-Père revêt les habits sacerdotaux, tandis que l'autel est disposé pour la messe. Le Pape a monté les degrés pour procéder aux premières cérémonies; il est ensuite retourné au trône. A l'élévation, la chapelle pontificale se tait. Les trompettes, placées dans la galerie de la coupole, font entendre alors ce chant solennel et doux dont l'effet est si extraordinaire. Le Pape, élevant l'hostie au-dessus de sa tête, la présente à la foule aux quatre coins de l'autel. L'office se termine bientôt après; le cortège se reforme et traverse de nouveau la nef et le portique de Saint-Pierre pour arriver par l'escalier Royal au grand balcon de la basilique.

Nous nous sommes précipités sur la place. Le coup d'œil en est indescriptible. Cet espace immense et toujours désert est aujourd'hui rempli d'une foule innombrable. Le peuple se presse sur l'escalier de Saint-Pierre; l'armée française et l'armée pontificale sont massées à droite et à gauche de l'obélisque; au fond, la multitude des voitures. Les fenêtres de la façade, garnies de tentures, regorgent d'assistants. Un grand velarium protège la Loggia centrale, où des prélats et des dignitaires attendent le Pape.

Les chants d'église annoncent son approche. Il paraît. Porté sur les épaules de ses officiers, il se montre sur le devant de la loge. Un mouvement prolongé agite la foule. De sa voix forte et distincte, Pie IX prononce les paroles du formulaire; ensuite, étendant les bras, il bénit le peuple. Le canon tonne, les cloches de Saint-Pierre se mettent en branle; l'armée est à genoux. Le Pape contemple un instant ce spectacle, tandis que des acclamations s'élèvent vers lui, et les fenêtres de la Loggia se referment aussitôt.

L'interminable cortège des cardinaux, des prélats et du corps diplomatique a repris le chemin du pont Saint-Ange. Ces équipages de la cour pontificale nous rappellent, dans leur splendeur vieillie, le Versailles et le Madrid d'autrefois. Le défilé a duré des heures, par l'unique pont du Tibre, et par les rues étroites qui mènent du Vatican dans Rome.

Le soir, à sept heures, Saint-Pierre resplendissait de mille feux. L'illumination brille dans une nuit sereine. A huit heures, la lueur vive des pots à feu remplace la douce clarté des lanternes vénitiennes; des flammes s'allument au faîte de la coupole. Après avoir jeté ce dernier éclat, l'illumination s'éteint peu à peu; la foule se disperse, en se donnant rendez-vous pour le lendemain, à un spectacle du même genre : le feu d'artifice de la Girandola.

Il est difficile de se figurer aujourd'hui l'aspect de Rome autrefois durant ces jours de fête. Jusqu'au dimanche de Pâques, l'affluence ne fait que grandir. C'est le grand jour. Mais dès le lundi, la foule des voyageurs pressés, retenue à grand'peine jusqu'à cette date obligée, encombrait le chemin de fer ou les voitures publiques. C'était un exode général vers le

Nord; huit jours après, Rome ne conservait plus qu'une faible partie de ce flot de visiteurs qui l'envahi de décembre à mars. Au mois de mai, la ville éternelle reprend son air calme et grave, et entre dans la saison morte, jusqu'à ce que les fraîcheurs d'octobre viennent lui rendre un peu de vie. Ces mois d'été ne sont pourtant pas si dépourvus de charme qu'on se plait à le dire ; j'en fis plus tard moi-même l'expérience.

CHAPITRE V

Florence; la convention du 15 septembre 1864.

I

On n'a pas oublié la surprise et l'émotion que causa la nouvelle soudaine de la conclusion d'un nouveau traité, le 15 septembre 1864, entre la France et l'Italie. Quand la convention fut connue, elle ne parut pas moins difficile à comprendre, et le monde politique vit s'ouvrir devant lui un vaste champ de conjectures. Le temps s'est chargé de résoudre ces controverses; des événements imprévus vinrent trancher, une fois de plus, cet autre nœud gordien.

Le hasard devait encore me faire assister à une péripétie nouvelle de l'histoire contemporaine de l'Italie. Le 18 septembre, j'arrivais à Gênes, ignorant des incidents que la rumeur publique commençait à répandre. Turin venait d'éprouver, à la suite de cette divulgation, une émotion profonde qui entraîna des désordres regrettables; devant cette explosion des Piémontais, le ministère Ratazzi avait cédé la place, et le choix du général della Marmora avait paru le plus propre à faire face à une situation troublée. Pour les autres grandes villes et pour l'Italie tout entière, elles ne s'inquiétaient pas seulement du transfert du gouvernement à Florence. Rome était l'objet de leur préoccupation ; il leur fallait savoir si la convention impliquait le choix définitif d'une nouvelle capitale, si le gouvernement de l'Italie renonçait aux prétentions solennellement affirmées par le vote célèbre du Parlement de 1861.

Telle fut la question que la presse et le public débattirent avec passion durant les derniers mois de 1864. Les deux gouvernements demeurèrent dans une réserve prudente, et chacune des deux nations put continuer à interpréter le traité dans le sens de ses propres aspirations.

Du côté de l'Italie, les protestations furent vives et générales. J'assistai à Naples, le 28 septembre, à un meeting convoqué par le parti *unitaire libéral*. C'est une nouveauté pour le pays qu'une solennité de ce genre ; l'annonce en avait excité une curiosité très réelle, et je me décidai à braver la foule et bien d'autres inconvénients pour y assister.

Un peu avant midi, un public nombreux, trop élégant pour une assemblée *populaire*, comme disait l'affiche, envahissait les abords du Jardin d'hiver, à la villa Nazionale. On se laisse emmener par le courant, à l'ouverture des portes, et, quoique arrivés un quart d'heure à peine à l'avance, nous sommes bien placés, au milieu de la salle.

Les assistants remplissaient le parterre et les loges,

au nombre de plusieurs milliers. La scène demeurait réservée au bureau et aux personnages plus ou moins importants qui se pressaient autour de lui.

A droite de la table présidentielle, une tribune avait été improvisée. Cette partie de l'ordonnance, seule, eût donné prise à la critique ; démesurément élevée, et tendue d'une étoffe rouge, elle faisait songer, sans qu'on pût s'en défendre, aux machines illustrées par les hauts faits de Guignol. Ceci faillit un instant me faire oublier la gravité que j'entendais conserver en pareille circonstance. L'étrange disposition de cette malencontreuse tribune ne l'empêche pas, d'ailleurs, d'être abordée par les orateurs les plus sérieux.

A l'heure dite, et je ne m'attendais pas à tant d'exactitude, un grand mouvement se fait dans l'assemblée. Le président vient d'entrer. C'est un vénérable vieillard, le général marquis Tupputi, commandant de la garde nationale, à qui ses cheveux blancs ne paraissent pas avoir rien ôté de la vivacité du Méridional et du soldat. A sa droite est le comte Ricciardi, un vétéran des luttes politiques, publiciste, littérateur, aujourd'hui député de Naples et l'un des hommes influents de cette grande capitale. Un personnage non moins connu siège à la gauche du président : c'est M. Nicotera, le célèbre député de la gauche, l'un des chefs du parti avancé, et l'un des plus actifs et des plus éloquents. Sa présence au meeting est le symbole de l'union de toutes les fractions du « parti libéral unitaire ».

Le président déclare la séance ouverte. La musique — il y a une musique; nous sommes à Naples — entonne la marche royale de Savoie. Le bureau se lève et donne le signal des applaudissements. Toute l'assemblée, debout, redouble ses bravos, et l'air national s'achève au milieu d'un vif enthousiasme. On ne fait pas moins d'accueil à l'air de Garibaldi ; tous les chapeaux sont en l'air; un immense *evviva* remplit la salle. Enfin, ces préliminaires prennent fin.

M. Nicotera lit le programme de la réunion. Le meeting n'a d'autre but que d'affirmer toujours davantage le droit de l'Italie sur Rome, sa capitale, et sur Venise ; il entend aussi déclarer au gouvernement qu'aucun intérêt municipal ne doit être pris en considération lorsqu'il s'agit du choix de la capitale provisoire. Cette dernière partie de la résolution m'a paru contenir une allusion plus ou moins déguisée aux protestations de Turin. Naples avait bien quelques titres aussi ; M. Ricciardi le proclame, ce qui lui vaut d'être rappelé à la question.

Après MM. Nicotera et Ricciardi, on entend M. Benjamin Marciano. Les orateurs commencent à se répéter, quand vient un incident.

Un assistant. — Monsieur le président, je demande la parole.

Le président. — Qui êtes-vous?

L'assistant. — Un homme du peuple. Je m'appelle Rocco Pappagallo. (*Applaudissements.*)

Le président. — Venez ici; vous parlerez tout à l'heure.

Pappagallo monte les degrés et s'assied au bureau. On l'applaudit.

Nous entendons encore M. Dall'Ongaro et M. L. Settembrini, et enfin l'orateur populaire. Le discours de celui-ci n'est pas bien long. On le couvre d'applaudissements, et l'orchestre joue l'hymne de Masaniello.

Un assistant s'écrie encore : « Au nom de Savonarola, je demande la parole ! » C'est le P. Prota, dominicain, de la Société émancipatrice du clergé catholique.

M. Prota revendique Rome au nom de l'Italie. Après son discours, M. Nicotera prononce la clôture de la discussion. Une adresse sera envoyée à la ville de Turin, un comité chargé de recueillir des offrandes pour les blessés des malheureuses journées de l'émeute. Le meeting se disperse alors tranquillement aux cris de : *Vive l'Italie! Vive Rome!* Les assistants laissent voir une satisfaction générale de cette réunion à l'anglaise et paraissent glorieux, à la sortie, de s'être trouvés à cette journée.

II

A Livourne, j'ai choisi, pour gagner Naples, une route nouvelle qui, traversant la Maremme, rejoint le chemin de fer à Civita-Vecchia. Mais je rencontre ici les pluies torrentielles de l'automne. On verra que les voyageurs auraient tort de ne pas s'inquiéter de pareils déluges. Le chemin de fer de la Maremme suit le bord de la mer, tantôt de tout près, tantôt le long d'une vallée qui court parallèlement à la côte. Les montagnes de la Toscane viennent expirer sur ce rivage; une végétation peu abondante, des taillis, des bois clairsemés couvrent les petites collines qui se succèdent uniformément à mes regards. A moitié route de Follonica, le chemin traverse le fleuve Cecina, qui vient des environs de Volterre. On aperçoit l'île d'Elbe comme un prolongement du continent. La côte toscane est basse et marécageuse. Un long étang sépare de la terre ferme le promontoire qui portait autrefois la cité étrusque de Populonia, et qui abrite encore la petite ville de Piombino.

On arrive vers midi à Follonica. Au delà, le chemin de fer a été rompu par les pluies, ce dont il ne faut pas s'étonner, et nous devons attendre une diligence, qui viendra de Civita-Vecchia pour repartir avec nous.

Mais cette diligence n'a pas paru à Follonica le matin; les bruits les plus alarmants circulent dans le village; le télégraphe demeure muet. La pluie diluvienne qui n'a pas cessé de tomber la nuit aurait-elle causé quelque nouveau désastre? Les voyageurs, parmi lesquels il y a quatre dames, sont dans le plus étrange désarroi. Follonica, il est vrai, semble un lieu médiocrement récréatif. Les uns veulent retourner à Livourne; les autres, arrêter le premier véhicule venu et repartir immédiatement. Un agent de l'entreprise, qui porte le titre un peu fastueux de *ministro*, devient l'objet de toutes les plaisanteries et de toutes les objurgations des voyageurs. Nous sommes quatorze à l'obséder. On le traine chez le brigadier de gendarmerie, qui n'en peut mais. Décidément, nous aurons à subir à Follonica les ennuis d'une attente indéfiniment prolongée.

Presque tous nos compagnons de route sont Romains ; les dames montrent bien leur sang au stoïcisme avec lequel elles attendent que leur sort se décide. Je me promène au bord de la mer, admirant un panorama singulier et pittoresque dans son étrangeté même. Follonica est au fond d'un petit golfe resserré entre deux pointes, dont l'une est celle de Piombino. La mer est semée d'une foule d'îlots plus ou moins considérables ; la grande île d'Elbe occupe le centre du tableau. Ces îlots rocheux de la côte toscane, que les alluvions de la Maremme atteindront un jour, deviendront alors des promontoires comme le mont de Piombino, le Monte-Argentaro et le Monte-Circeo, qui furent sans doute autant d'îles dans le passé.

Vers le soir, le conducteur s'est décidé à aller quérir à Grosseto une voiture de rechange. A neuf heures, en effet, une diligence se trouve prête, et nous y montons, satisfaits de n'avoir pas à passer la nuit à Follonica. Le voyage, au milieu de la nuit, à travers les marais, n'est pas sans péril. Deux fois, la voiture a manqué de verser. Chacun est descendu en toute hâte. Il y avait là une route rompue, un pont à demi emporté, et des obstacles de tout genre que l'obscurité ne permettait pas de distinguer. Deux kilomètres nous séparaient encore de Grosseto ; on n'a pas demandé mieux que de les faire à pied, pour se réfugier à la ville, en attendant que de prompts secours eussent tiré la voiture de ce mauvais pas.

Grosseto affecte à l'extérieur des airs de forteresse. Les remparts datent du XVIe siècle. Mais nous trouvâmes la porte toute grande ouverte, avec deux chiens pour toute garde. A quelques pas était une auberge.

C'est une vaste maison à trois ou quatre étages. Le feu brille dans une immense cuisine. A chaque étage s'ouvre une grande salle, et, dans toutes, on voit une table couverte, prête à être servie, comme si l'on eût tout préparé pour les convives d'un conte de fées. C'étaient trois ou quatre dîners de diligence en retard, et qui attendaient d'être expédiés. Nous nous installons dans une de ces pièces, autour de la table, à quatre heures du matin. Le conducteur est parti en reconnaissance, et l'on ne sait rien de notre sort futur. En attendant des nouvelles, je trouve dans une chambre voisine un lit inoccupé, et je ne me fais pas scrupule de m'y jeter, ce qui me vaut deux heures d'un sommeil réparateur.

Il était grand jour quand on annonça le départ. A la clarté du soleil, Grosseto n'est point déplaisante à voir. La petite ville a connu sans doute des temps meilleurs, des jours d'indépendance municipale qui lui donnèrent une certaine splendeur. La cathédrale semble un diminutif de celle de Sienne, de même que le Dôme de Florence a servi de modèle aux églises de Pistoja et de Prato.

Au sortir de la ville, une vaste plaine à l'aspect marécageux rappellerait la Hollande, si les pâturages étaient plus verts. De grands bœufs aux cornes démesurées paissent dans cette plaine, en compagnie de chevaux livrés à eux-mêmes. Les bergers, la lance à la main, caracolent autour de leurs troupeaux. C'est un tableau de la Maremme.

Nous arrivons ainsi au bord de ce fleuve dont le grossissement inattendu arrête, depuis la veille, toutes les voitures sur le bord opposé. C'est l'Ombrone, que j'ai vu autrefois, dans le val de Chiana, à l'état de fossé presque à sec et bien inoffensif. Ici, il est fort large, et le courant roule des eaux jaunes, chargées de limon et de débris. Sur l'autre rive, on aperçoit deux diligences, et toute une caravane de voyageurs a déjà franchi le passage.

Un grand bac nous passe à notre tour. Les dames continuent à ne pas sourciller. On s'émerveille de leur sang-froid (1).

La petite ville de Porto-Telamone s'élève au fond d'une anse; c'est un amas de maisons de couleur sombre, couronné d'une grosse tour. En mer, on aperçoit l'île Giglio, voisine de celle plus célèbre de Monte-Cristo. Le grand promontoire de Monte-Argentaro semble une île aussi. Porto-Santo-Stefano est assis au pied de la montagne, dans une jolie situation; ce petit port est le principal entrepôt du commerce des parties méridionales de la Toscane.

La *vendetta* n'est pas inconnue sur ce rivage d'où,

(1) Parmi ces compagnons de voyage se trouvaient deux Français, M. le vicomte de C***, et M. Castel, secrétaire général de la Compagnie de l'Ouest, mort récemment (1883) universellement regretté.

par un temps clair, on peut apercevoir les montagnes de Corse. Au bord de la route que nous suivons, on me montre la maison d'un certain S***, cultivateur aisé, dont le hasard fit un bandit.

Un jour, accusé à la légère, il vint répondre d'un meurtre devant les tribunaux. Les preuves manquaient : il fut acquitté.

Relâché, il ne tint pas quittes ceux dont la dénonciation ou le témoignage l'avaient atteint. Il jura de se venger.

Quelque temps après, un des témoins fut tué d'un coup de fusil. Un autre suivit ; bientôt, le nombre de ces assassinats épouvanta le pays.

Le meurtrier n'avait pas cherché à se dissimuler. Mais il quitta sa maison et passa sur le territoire romain.

Arrêté à Rome, et ramené en Toscane, il fut jugé pour quinze ou seize assassinats, et condamné à une détention perpétuelle. Il est mort en prison.

Orbetello, où se passèrent ces incidents, est au milieu d'une lagune. Une longue chaussée relie la ville à la terre ferme.

Vers une heure, on s'arrête au relais de la Nunziatella, près de la frontière romaine. Le chemin de fer toscan arrivait jusque-là, avant l'orage de ces derniers jours.

Le passage de la frontière est le signal d'un changement subit dans la nature et l'aspect du pays. C'est déjà la Campagne de Rome, dépourvue d'arbres, sans culture, sans maisons ; la plaine largement ondulée, aux horizons mélancoliques; les ravins profonds où coulent des torrents grossis par la pluie; au loin, la mer. Une fatalité s'étend donc autour de Rome! étrange stérilité qui commence et finit aux confins de l'État, comme un triste privilège de ce désert glorieux!

On passe au village de Montalto, au pied duquel coule la Fiora. Deux heures après apparaît Corneto, retranchée dans une forte position et couronnée d'un grand nombre de tours. C'est l'aspect formidable des villes italiennes du moyen âge.

Le soleil couchant illumine de lueurs rougeâtres Corneto et les montagnes qui s'élèvent derrière la ville.

Je passai la nuit à Civita-Vecchia. A dix heures du matin, après avoir franchi le pont en fer sur le Tibre, nous voyons se dérouler à nos yeux le panorama entier de la ville éternelle, le Janicule, Saint-Pierre, le Testaccio, le Cœlius. On longe les murs de la ville, en passant près de Saint-Jean de Latran et de Sainte-Marie-Majeure, pour arriver à la gare des Thermes de Dioclétien.

Mon voyage ne doit se terminer qu'à Naples. Je suis parvenu enfin, on l'a vu, à connaître presque entièrement la dernière partie du trajet, qui a si longtemps éveillé ma curiosité. Le voyageur qui vient de Rome à Naples en un jour peut nier de bonne foi les beautés du paysage. Il n'entrevoit ni Genzano, ni Palestrina, ni Nemi; il ne peut pas deviner Olevano et Subiaco. C'est à peine s'il entrevoit, à San-Germano, l'abbaye du mont Cassin sur sa montagne escarpée, et, plus loin, Caserte, le Versailles de la monarchie napolitaine, non moins pompeux, non moins triste aujourd'hui que celui de Louis XIV.

III

Seule sur ces rivages, Ischia n'a jamais eu ma visite. Cette année, je veux faire ce voyage. Il est décidé pour le 6 octobre. Le matin, un premier coup d'œil jeté sur l'horizon me replonge dans de singulières perplexités. Une brume épaisse cache le Vésuve et le mont Santangelo, et de rares éclaircies de soleil ne font qu'annoncer un prochain déchaînement de tempêtes.

Naples ne possède pas de port vraiment digne de ce nom. Elle ne peut guère se contenter de la plage basse et ouverte à tous les vents où les navires se pressent aujourd'hui, et débarquent comme ils peuvent leurs marchandises et leurs passagers. Il y a beaucoup à faire encore, d'autant plus que l'importance commerciale de la ville ne fait que s'accroître incontestablement.

Les bateaux d'Ischia sont amarrés près du quai. Il doit s'écouler deux heures encore avant le départ. Je les emploie à parcourir les alentours. Comment décrire cette grande rue qui longe la baie, depuis le môle jusqu'au chemin de fer? A la fois port, quai et grand'route, elle absorbe tout le mouvement qui se produit de Portici et de tous les environs vers le centre de Naples. A certaines heures de la journée, elle est le théâtre d'un mouvement d'émigration dans les deux sens opposés, de la campagne à la ville, de la ville à la campagne. Alors, de Torre del Greco, de Portici, de Barra, on s'empresse, on s'étouffe sur le pont du Sebeto, dans les défilés étroits de la place del Mercato, sur la chaussée boueuse de la Marinella. Depuis les dernières révolutions, une police nouvelle a cherché à mettre une barrière à ce débordement pittoresque. Le quartier du Marché n'avait guère changé de physionomie depuis les temps de la dynastie aragonaise, et nous le voyons encore tel, à peu de chose près, que le montre, au Musée, un tableau intéressant du XVIIe siècle.

On n'a pas manqué de faire ressortir souvent la différence qui existe, du nord au midi de l'Italie, dans les mœurs, dans les habitudes, dans l'aspect même des localités. C'est le mouvement politique qui a donné ce caractère si divers aux deux grandes fractions de la Péninsule. On se tromperait si l'on en cherchait l'origine dans la variété des races; elle n'est sensible que dans un petit nombre d'antiques colonies grecques. Mais les institutions ont suivi, depuis le commencement du moyen âge, une marche tout opposée dans les divers États italiens. Le Toscan et le Lombard ont fait un sérieux apprentissage dans le cours de leur longue existence communale. Le nord de l'Italie était couvert de grandes villes à peu près indépendantes;

le midi en resta dépourvu. Le nord s'enrichissait par le commerce et l'industrie; le sud ne connut que l'agriculture. La situation particulière des provinces napolitaines s'explique dès lors d'un mot. Le système féodal survit à Naples jusqu'au XVIe siècle, alors qu'il disparaît dès le XIIe dans la haute Italie. Quand la fière indépendance des barons dut céder devant la monarchie aragonaise, ce fut pour faire place au système centralisateur de Charles-Quint. Après cette nouvelle conquête, le gouvernement des vice-rois espagnols dura deux siècles, pendant lesquels de nombreuses invasions étrangères firent leur proie du peuple napolitain. Tel est le secret de bien des misères de ce pays, dont on a fait état dans les discussions de ce temps pour mettre en doute, bien à tort, les chances d'avenir réservées à ces belles provinces.

L'église voisine del Carmine a une statue du jeune Conradin, mélancolique souvenir de ces horribles guerres qui durent presque sans trêve du XIIIe au XVIIe siècle. Ce monument fut érigé par le roi de Bavière Maximilien II.

Le quartier du Marché, bruyant, encombré, est une fourmilière où s'est réfugiée la vie populaire, loin des étrangers et de l'administration. Là, point de mélange exotique. Le commerce de l'endroit traite la Pouille, la Calabre et les Abruzzes de pays d'outre-mer. A côté, la Strada Porto conserve ses éventaires en plein vent. Les montagnes de figues exposées en vente sont ornées de roses et de branches d'aubépine; jamais, chez ce peuple, au milieu des soins de la vie matérielle, on ne voit s'effacer entièrement la préoccupation de la beauté.

Enfin, le bateau d'Ischia lève l'ancre. La mer est paisible. C'est ainsi qu'il faut parcourir le golfe pour admirer à loisir les aspects de la ville et de la côte. Le bateau s'écarte du bord; il passe devant le port militaire; ensuite, devant le palais royal, dont la situation avait été si heureusement choisie, et dont les arsenaux et les chantiers de la marine ont malheureusement gâté la perspective. Sainte-Lucie paraît s'arrondir comme un petit port. On aperçoit Chiaja et le Pausilippe; enfin, la pointe doublée, voici Nisida, Pouzzoles, Baïa et Misène. Misène n'est encore qu'à moitié chemin de Casamicciola (1).

On relâche à Procida, le joli village grec. L'île ne paraît qu'un prolongement du rivage de Misène; elle s'est élevée au-dessus des eaux par des soulèvements volcaniques analogues à ceux qui ont créé tous ces rivages (2). Depuis Pouzzoles, on dirait une succession de petites îles réunies à la côte par des alluvions.

Nous approchons d'Ischia. Le cône imposant de l'Épomée se découvre de la base au sommet; à gauche,

(1) Je prononce pour la première fois le nom de ce village, voué à une si triste célébrité. Dans ces jours heureux dont je retrace ici le souvenir, qui eût osé prévoir la catastrophe du 28 juillet 1883?

(2) On ne pensait encore, en écrivant ces lignes, qu'aux désastres dont le passé nous a laissé la mémoire. Sans parler du Vésuve et de ses éruptions, l'histoire relate les bouleversements de la côte, près du lac Lucrin, et les anciennes éruptions de l'Épomée, le volcan éteint d'Ischia. Ne verrons-nous pas dans cette dernière île un phénomène analogue à celui de l'an 79, quand, après de violents tremblements de terre, le Vésuve rentra en pleine activité?

la ville d'Ischia s'étale à ses pieds ; vers la droite, on aperçoit déjà le petit port de Lacco, et Casamicciola sur une éminence verdoyante. L'autre reine du golfe de Naples, Capri, ne présente au regard, à l'approche, que les rochers ardus qui lui font une ceinture infranchissable ; Ischia s'abaisse doucement vers la mer par de longues pentes couvertes de figuiers, d'orangers, de vignes surtout, qui tapissent jusqu'au moindre recoin de cette terre féconde. Au milieu de cette verdure sont disséminés de nombreux et florissants villages, des maisons du caractère le plus varié, depuis l'opulente villa jusqu'à la demeure modeste, mais riante, du vigneron.

Un ami commun m'a enseigné la maison hospitalière de M. F. D***, où je trouve l'accueil que me promettait une cordiale recommandation [1].

L'*Hôtel de la Petite Sentinelle* est célèbre par l'agrément de sa situation. On connaît ces galeries pittoresques, où le hasard s'est montré plein de gracieuse fantaisie ; ces tonnelles où s'ouvrent, sous la verdure, les chambres des hôtes ; les terrasses d'où se découvre un si vaste panorama.

Le mois d'octobre a jeté sur l'île verdoyante une teinte dorée. Les baigneurs et les touristes se font rares, et je suis à peu près seul à la table de M. D***.

[1] M. Frédéric Dombré, l'hôte bien connu de la *Petite Sentinelle*, fut appelé dans la suite aux fonctions de syndic ou maire de Casamicciola ; il a eu la douleur d'être témoin des désastres de 1883, qui n'ont pas épargné la *Petite Sentinelle*, aujourd'hui déplorable ruine voilée d'un funèbre souvenir.

Nous fîmes ensemble, le lendemain, à pied, le tour presque entier d'Ischia, ou, pour parler plus exactement, le tour de l'Épomée qui en occupe le centre. On s'élève sur la montagne par des ravins pleins d'ombre; des villages, Panza, Fontana, regardent la haute mer. Après quelques heures de marche, mon aimable guide me fait entrer dans une vigne; cette halte est agréable, et, pour toucher aux rafraîchissements, il suffit d'étendre la main vers les grappes dorées. On rentre par Foria et Lacco; ce dernier village possède, comme Casamicciola elle-même, des sources chaudes renommées. La réputation de ces eaux bienfaisantes ne fait que grandir; inconnues il y a peu d'années, elles commencent à attirer la foule, et l'on me fait voir au centre du village de Casamicciola un établissement de bains qui peut rivaliser avec les thermes de France et d'Allemagne. C'est un monument de l'intelligente activité de la famille Manzi [1].

Les insulaires n'ont pas négligé la navigation, et ils possèdent, à Casamicciola, un bateau à vapeur qui fait concurrence à celui de la compagnie napolitaine. Je ne manque pas de m'embarquer, pour revenir à Naples, sur ce bateau, nommé le *Tifeo*. Je me sépare de mes hôtes obligeants, emportant le souvenir de leur hospitalité et formant des vœux qu'un sort cruel, hélas! bien des années après, est venu démentir.

[1] J'y vins moi-même, plusieurs années après, chercher une guérison qui ne me fut pas refusée. L'action du climat vint se joindre, je pense, à celle des eaux, pour accélérer mon retour à la santé, après un séjour de deux mois, en 1870.

IV

Le 28 avril 1865, le Parlement italien, en clôturant sa session, fit ses adieux à la ville de Turin. Dans le courant du mois de mai suivant, le gouvernement se trouva établi à Florence. C'était le premier effet des stipulations du 15 septembre.

J'arrivai à Florence le 22 mars.

Le printemps de 1865 est le premier, depuis la dernière révolution, qui n'ait pas vu se réveiller les aspirations belliqueuses de l'Italie. Les années précédentes, avril ne manquait pas de faire luire à ses yeux la perspective d'une crise profitable. En 1864, l'expédition du Danemark paraissait devoir amener la guerre générale tant de fois annoncée. En 1865, un souffle pacifique règne sur l'Italie ; on ne voit plus en Europe rien qui bouge, et, chose à laquelle il n'eût pas été possible de croire quelques mois auparavant, un ministre italien s'est trouvé assez hardi pour oser toucher à l'effectif de l'armée, et assez heureux pour n'être pas accusé de haute trahison.

C'est à l'incident imprévu du 15 septembre qu'il faut attribuer un changement si frappant. Les esprits se sont jetés dans une nouvelle direction. Des deux grandes questions qui les préoccupaient, l'une est venue faire oublier l'autre. L'Italie, tout anxieuse, attend que s'écoulent les deux années qui la séparent de la péripétie nouvelle promise par la convention.

Qu'arrivera-t-il quand, le 15 décembre 1866, les troupes françaises laisseront Rome à elle-même?

En attendant cette échéance, les questions intérieures prennent le pas sur toutes celles qui n'ont trait qu'à des intérêts lointains. Le Parlement, au lieu de demander la guerre à grands cris, s'occupe de régler les détails d'organisation dont le soin vient s'imposer à tout État régulier. L'unification des lois civiles, la restauration des finances, tel est l'objet principal de ses travaux actuels. La Chambre ne témoigne pas trop de bon vouloir au ministère du général della Marmora. M. Sella [1], ministre des finances, élabore, à l'exemple de ses prédécesseurs, un plan destiné à rétablir l'équilibre budgétaire. Le déficit formidable des premières années est déjà réduit de moitié : de la somme de 505 millions, chiffre de 1861, il tombe à 202 millions pour 1865.

V

Florence, qui redevient, au moins pour quelque temps, la capitale de l'Italie, fut au moyen âge, durant les trois siècles de sa liberté, le centre le plus vivant de la Péninsule.

La démocratie florentine, au milieu de ses orages, voyait grandir sa puissance et sa richesse. Elle sut en

(1) Mort au mois de mars 1884.

faire un noble usage. Dès le XIIIe siècle, elle prenait solennellement la résolution d'embellir la cité d'édifices destinés à donner une haute idée de sa grandeur (1). L'art italien allait renaître sur les bords de l'Arno, où la seconde Renaissance, celle de l'antiquité classique, devait avoir aussi son berceau.

Il importe de distinguer bien nettement les deux périodes de l'art florentin. A la première appartiennent ces monuments d'un caractère si profondément original, où l'artiste italien a montré que, sans vouloir les imiter, il connaissait les ouvrages des maîtres gothiques d'Allemagne et de France : Arnolfo di Lapo, Orcagna, Giotto, sont les architectes du moyen âge. Brunelleschi, Alberti, Michelozzo, en revenant aux préceptes et au style de Vitruve, ouvrent les temps modernes. La peinture et la sculpture offrent le tableau d'un développement analogue. Avec Giotto, Masaccio, les Lippi et Ghirlandajo, avec Nicolas et Jean de Pise, Donatello et Ghiberti, elles parcourent l'une et l'autre une longue carrière. Chose unique dans l'histoire, il était réservé à un homme, à un Florentin, de résumer en lui seul la rénovation dernière des trois arts plastiques : architecte, peintre et sculpteur, Michel-Ange Buonarroti personnifie la Renaissance du XVIe siècle ; il règne, ce n'est pas trop dire, durant quarante ans, et son influence domine l'époque

(1) Voir le célèbre décret de 1294, confiant à Arnolfo di Lapo la reconstruction de l'église de S. Reparata, dite aujourd'hui S. Maria del Fiore.

moderne tout entière. Michel-Ange se transporte à Rome; de là, il s'impose à l'Italie; la diversité des écoles de Florence, de Venise, de la Lombardie, s'efface devant lui; les Bolonais, qui seuls sont postérieurs, l'imitent et procèdent de lui.

Ainsi que nous l'avons dit à propos de Pise [1], le développement de l'art est le miroir de l'état social. Dès le XIIIe siècle, Florence devient la métropole de la Toscane; elle commence à élever ses grands monuments; les artistes de l'Italie centrale accourent pour les décorer.

Après avoir fondé sa célèbre basilique, la Commune songea à bâtir un palais public. Ainsi les villes de Flandre élevaient leurs hôtels de ville et leurs beffrois. Le même Arnolfo di Lapo, l'architecte officiel, *Maestro del Comune*, fut appelé à construire une demeure pour la Seigneurie. A l'aspect seul de ce palais, l'histoire de la cité revit à nos yeux, avec ses discordes civiles, ses émeutes où le gouvernement et la foule luttaient corps à corps; telle devait être la résidence des magistrats, pour que l'autorité légale pût au besoin affronter un coup de main. Dans cette turbulente république, la vie du simple citoyen n'était pas moins agitée. Le palais public devint un modèle d'architecture civile. A l'exemple des seigneurs féodaux, les bourgeois puissants se construisirent des demeures dont les murailles et les portes massives fussent un refuge assuré. Des tours élevées domi-

(1) Voir page 34.

naient les maisons, comme les donjons dans la campagne; elles furent rasées plus d'une fois, mais il en reste bien des vestiges au milieu de la ville. Après le XVe siècle, quand un ordre régulier se fut établi sous un gouvernement plus stable, ces palais n'en conservèrent pas moins leur apparence de forteresses; tels sont encore ceux que nous admirons, bâtis pour les Strozzi, les Medici, les Pitti.

La peinture moderne, à laquelle l'antiquité n'avait laissé ni leçons ni modèles, naquit sur le sol florentin. Si les mosaïstes de Byzance ont pu influer sur les premiers essais des peintres primitifs, on voit bientôt le maître du XIVe siècle, Giotto, entrer dans une voie qu'il découvre seul, et où vont marcher à sa suite, pendant deux cents ans, les artistes qui ont porté si haut la gloire de l'école florentine. Alors commence dans la capitale de la Toscane ce merveilleux épanouissement de l'art, qui devait aboutir, après de longs et persévérants efforts, aux triomphes du XVIe siècle. L'histoire de la peinture est écrite sur les murs de la ville; on peut suivre aussi, au Musée des Offices, ce long et prodigieux développement, attesté par une série non interrompue d'ouvrages qui semblent procéder les uns des autres, comme si une flamme sacrée avait passé de main en main.

La célèbre Madone de Cimabue, à S. Maria Novella, doit être la première dans cette visite aux chefs-d'œuvre de Florence. Elle offre encore le type hiératique et le fond d'or du mosaïste byzantin. A Santa-Croce, Giotto a décoré de fresques intéressantes les chapelles du chœur ; essai de peinture murale qu'il faut compter parmi les plus anciens. Ce genre de décoration était appelé à un haut degré de perfection. Il faut retourner à S. Maria Novella pour admirer, à la chapelle des Espagnols, l'œuvre de Simon Memmi et de Taddeo Gaddi, deux grands artistes dont les conceptions ont sans doute inspiré, à deux siècles de distance, les créateurs du Vatican. Tous ces peintres, avec Orcagna et le célèbre dominicain Fra Giovanni da Fiesole (Beato Angelico), appartiennent au XIVe siècle par l'époque de leur naissance, et par leur fidélité au style, que l'on pourrait appeler mystique, de la première époque du moyen âge. Les ouvrages de Fra Beato remplissent encore le Musée et le couvent de Saint Marc. Avec lui disparaît la dernière trace du byzantinisme.

Il y a dans l'église del Carmine, au milieu d'un quartier lointain, une chapelle de médiocre grandeur, où quelques pieds carrés de muraille peinte attirent depuis des siècles les admirateurs de l'art ancien. Sur les parois de cette chapelle, quatre grands tableaux retracent l'histoire de saint Pierre et de saint Paul ; six panneaux plus petits les accompagnent. Telle est l'œuvre la plus complète, et à peu près la seule authentique, d'un peintre qui ouvrit, à l'entrée du XVe siècle, des voies nouvelles à son art. Créateur, après Giotto, de la peinture italienne, Masaccio, mort jeune, méconnu de son vivant, longtemps ignoré, cherche ses modèles plus près de la nature, et entraîne après lui dans cette étude féconde Filippo Lippi, Filippino Lippi, qui achève ses fresques du Carmine, Benozzo Gozzoli, le maître du Campo-Santo de Pise, et enfin Ghirlandajo (Dominique Corradi), de qui son illustre élève, Michel-Ange, put tenir directement le génie de la fresque. Nous revenons à Santa-Maria Novella pour admirer, dans le chœur, l'œuvre capitale de Ghirlandajo, l'histoire de la Vierge et du Précurseur, en quatorze grands tableaux. Là finit l'histoire de la peinture du moyen âge. L'art moderne va naître, à l'aurore du XVIe siècle, mais c'est à Rome que nous irons admirer les œuvres capitales des maîtres de la Renaissance.

De Raphaël, Florence ne possède guère qu'un petit nombre de tableaux de chevalet, illustres, du reste, parmi tous ceux des Musées des Offices et de Pitti. Je ne vois plus à citer, parmi les peintres, que le délicat et noble Andrea del Sarto, qui représente excellemment, au XVIe siècle, l'école florentine, prête à finir avec lui. C'est l'élégante église de l'Annunziata qui renferme les plus beaux ouvrages de ce maître charmant, les fresques célèbres de l'atrium, et, à l'entrée du cloître, la Madone del Sacco, composition si grande dans sa simple ordonnance. Parmi les tableaux de chevalet de cet artiste essentiellement florentin, sa ville natale, heureusement, a conservé l'un de ses plus remarquables ouvrages, la Madone de la Tribune.

La sculpture fut appelée de bonne heure à concourir à la décoration des églises et des palais. L'école de Pise avait laissé des modèles. Orcagna, peintre et architecte, fit l'autel d'Orsanmichele. Les aptitudes les plus diverses se confondirent encore une fois dans un seul homme, comme il est arrivé souvent aux artistes de cette première époque.

Au siècle suivant, Ghiberti crée un chef-d'œuvre : la porte du Baptistère, où la grandeur du style rachète la petitesse des dimensions. Luca della Robbia, dans le même temps, ornait les églises de ses merveilleuses terres-cuites ; tous deux se montrèrent sculpteurs de premier ordre sans avoir fait de la sculpture l'objet de leur étude principale.

Donatello, leur émule, peut être regardé, au moyen âge, comme le premier dans cet art. Ses ouvrages, nombreux et considérables, sont à Orsanmichele, à la Loggia del' Lanzi, au Musée d'archéologie. On a recueilli plusieurs de ses précieux petits bronzes dans ce dernier édifice, qui n'est autre que le palais du Podestà, autrefois palais public, plus ancien que celui de la Seigneurie lui-même, et dont l'intérieur offre un aspect si saisissant.

Ce palais du Podestà est devenu depuis peu d'années le Musée dit *national*, et quel nom est plus mérité? C'est ici que l'histoire locale revit en d'innombrables souvenirs : monuments, inscriptions, écussons, fragments divers encastrés dans les murailles ; sculptures et peintures sauvées de la destruction d'une foule d'édifices ; meubles, armes, objets d'art de toute nature ; monuments glorieux d'un passé incomparable. La décoration même du Musée est singulièrement d'accord avec sa destination actuelle ; la peinture des murailles reproduit de nombreux restes de fresques anciennes qui rappellent les événements des XIIIe et XIVe siècles. Une salle entière est ornée des insignes de ce Gautier, duc d'Athènes, dont le règne éphémère et la chute profonde se succédèrent en moins d'une année.

Le Palais du Podestà conserve, parmi des morceaux de sculpture en très grand nombre, quelques ouvrages remarquables de Donatello, de Verocchio, son contemporain, et enfin, de Cellini. Ces deux derniers furent orfèvres comme Ghiberti, et ne s'élevèrent pas moins haut que lui. Ici est le modèle du célèbre Persée, l'œuvre capitale de Benvenuto Cellini, qui fait toujours l'ornement de la place de la Seigneurie.

Pour achever cette revue des âges écoulés, il ne reste plus au voyageur qu'à faire une sorte de pèlerinage funéraire.

Florence a gardé les cendres de la plupart de ses grands hommes; à beaucoup d'entre eux, elle a élevé de somptueux monuments. Nous n'y trouverons pas la tombe de Dante, mais son souvenir est partout; à la place de Santa-Croce, où se dresse la statue colossale du poète, inaugurée en mai 1865 ; au Dôme, où son portrait est peint à fresque sur la muraille de la nef. J'ai vu à l'Annunziata la pierre sépulcrale des Villani ; là reposent les trois historiens, Jean, Mathieu et Philippe; à Santa-Croce, leur continuateur, Léonard Bruni, l'Arétin, et dans la même église, le premier de tous, le philosophe politique, Machiavel. Près d'eux, dans ce Panthéon de l'Italie, comme on l'a dit justement, dorment aussi Michel-Ange, Galilée, Alfieri. Le pavé de Santa-Croce est formé tout entier de pierres sépulcrales, datant pour la plupart du XIVe siècle, et l'on peut y lire les noms des citoyens de l'ancienne commune, de ces marchands industrieux devenus les fondateurs du plus puissant État de l'Italie centrale.

Selon la coutume du temps, beaucoup de familles illustres ont érigé ou acquis une chapelle dans les diverses églises.

Quand les Médicis se virent approcher de la toute-puissance, ils firent plus encore. Côme l'Ancien, après son retour triomphal, commença la reconstruction de l'église Saint-Laurent, voisine du palais de sa famille. Une grande dalle de pierre couvre son tombeau; elle ne porte qu'un seul titre, celui de Père de la patrie. Deux chapelles, jointes à cette église, renferment la sépulture de ses descendants des XVIe et XVIIe siècles, devenus souverains. La première est celle que le génie de Michel-Ange, bien plus que le renom de Julien et de Laurent de Médicis (1), a dotée d'une célébrité universelle. Dans la seconde, la chapelle des Princes, monument d'un faste prodigieux, reposent leurs successeurs, désormais grands-ducs de Toscane. Le premier d'entre eux, Côme, se montra un politique digne de ses ancêtres; après avoir traversé avec beaucoup d'habileté et de bonheur les crises qui menacèrent son pouvoir naissant, il vit ce dernier s'affermir peu à peu, et le laissa, désormais incontesté, à ses descendants.

(1) Ils jouèrent néanmoins un rôle de quelque importance et administrèrent Florence pour Léon X, jusqu'en 1519. Laurent fut duc d'Urbin.

Ils le conservèrent jusqu'à l'extinction de leur race, et l'histoire de Florence finit avec celle de cette famille.

VI

Au nord de la ville s'élèvent les montagnes de Pistoie, séjour d'été des Florentins. Qui ne connaît les bains de Lucques, situés dans ces vallées? Aujourd'hui, on trouve épars sur les hauteurs des maisons, des hôtels même, où se réfugient durant l'été les étrangers qui ont hiverné à Florence et à Rome. Il y en a à Cutigliano, sur la route de Modène; plus haut encore, à l'Abettona; enfin, à Gavinana, un peu plus près de Pistoie, village pittoresque, auquel s'attache un grand souvenir historique.

C'est dans cette vallée solitaire, au pied d'un rameau détaché de l'Apennin, que vint succomber la liberté florentine (1). On peut s'étonner, en lisant l'histoire de la dernière guerre de la République, qu'une seule ville eût osé lutter contre la puissance de Charles-Quint. Au XVIe siècle, les princes ne disposaient pas de toutès les forces des États centralisés de l'époque actuelle, et les ressources militaires de Florence n'étaient pas trop inférieures à celles de l'empereur. La ville soutenait le siège avec quelque avantage. Une armée de secours tenait la campagne.

(1) Écrit à Gavinana, le 27 septembre 1883.

Au commencement du mois d'août 1530, c'était de ces derniers bataillons que dépendait le sort de la république. Ferruccio, leur général, marchait vers Florence ; s'il fût parvenu jusque sous les murs de la ville, le siège eût peut-être été levé, événement dont les conséquences auraient été sérieuses pour l'empereur et ses alliés.

Le prince d'Orange, commandant impérial, montre, dans cette occurrence, de grandes qualités de général. Il marche au-devant de l'armée florentine, et la rejoint à la hauteur de Pistoie. Le plan de Ferruccio se comprend à l'inspection des lieux. Il sait les Impériaux dans la vallée ; le chemin direct est coupé, mais le général florentin peut tourner l'ennemi en s'engageant plus haut dans la montagne, pour gagner la ville du côté de Prato. Il eût passé vers Pracchia et peut-être dérobé sa marche au prince d'Orange, si ce dernier était demeuré trop longtemps aux environs de Pistoja.

Malheureusement pour Ferruccio, il fut deviné, et d'ailleurs perdit du temps. Les Impériaux marchèrent à sa rencontre et le rejoignirent près de San-Marcello, à l'entrée de la vallée secondaire où voulait pénétrer l'armée de Florence. La bataille fut livrée entre San-Marcello et Gavinana, sur la route qui suit encore le fond d'un ravin. Elle se termina à Gavinana, où la résistance cesse, et où Ferruccio lui-même, tombé au pouvoir des Impériaux, est mis à mort d'une façon barbare, traité en rebelle plutôt qu'en ennemi.

Gavinana est dans le haut de la vallée, fort au-dessus de San-Marcello, et non loin du col qui mène dans la direction de Pracchia. A la fin de la bataille, le village vit entrer pêle-mêle les combattants des deux armées. Une petite place qui longe le mur latéral de l'église fut le théâtre de l'épisode sanglant de la mort de Ferruccio ; le capitaine napolitain Fabrice Maramaldo fit amener là le vaincu, couvert de blessures, et l'égorgea de sa main. Une plaque de marbre scellée dans ce mur consacre la mémoire de l'événement ; elle porte l'inscription suivante :

QUI
COMBATTENDO PER LA PATRIA MORI
FRANCESCO FERRUCCI
A DI 3 AGOSTO 1530
M. A. F. 1840

Le souvenir de Ferruccio s'est vu ravivé, à notre époque, par les aspirations contemporaines. C'est de 1840 à 1850 que la Toscane a consacré des monuments au héros oublié. L'opposition du jour cherchait des aliments dans l'étude de cette histoire si longtemps négligée. Des annalistes du XVIe siècle, Varchi, Nardi, Segni, que les érudits de notre temps ont remis en lumière, ont longuement raconté cette épopée de trois années. De 1527 à 1530, Florence, après avoir pour la troisième fois secoué le joug des Médicis, s'épuise en efforts surhumains pour maintenir sa liberté reconquise. Malheureusement, cette lutte n'était qu'un épisode de la guerre bien autrement importante que se faisaient la France et l'Autriche, et dont l'enjeu n'était autre que la domination de l'Italie. Florence, comme toutes les puissances italiennes, prit parti pour l'un des belligérants, et sa fortune, attachée à celle de la France, ne put survivre aux défaites de François Ier. Abandonnée par son allié, la république tenta de poursuivre la guerre avec ses seules forces. C'est cette lutte désespérée qui vient finir sur les hauteurs de Gavinana. La bataille se donna le 3 août; le 12, la ville ouvrit ses portes à l'armée impériale. Là se termine l'histoire de la démocratie florentine (1).

(1) Inscription du tombeau de François Ferruccio, à la façade de l'église de Gavinana :

Franciscus jacet hic Ferruccius
Hospes, avito
Si caruit tumulo, sufficit ipse sibi.
Procubuit patriæ pro libertate suprema,
Clarus ut absumpta magna favilla face.
Hostis ab imperio contra juratus utroque,
Fortem animum optavit vincere nec potuit.
Nec tremefacta diu voluit dediscere nomen
Posteritas civi denique justa suo.
Dec. IIII-N-AVG.A.MDXXX-A-N-XXXX-M-XI-D-XX
Alois Chrysostomus Ferruccius Patr. flor. nob.
Prætermissum a majoribus officium
Curatori Reip. et Duci postremo copiar. ejus
Ornamento ætatis et agnationis suæ
Persolvebat. anno MDCCCXXXX.

CHAPITRE VI

Rome.

1867 - 1870.

I

L'illustre Massimo d'Azeglio a écrit deux volumes de souvenirs où Rome tient une grande place. Soldat, écrivain et artiste, il avait eu des années de jeunesse et de liberté. C'est dans cette Campagne romaine, aux lieux que nous avons décrits plus haut, qu'il les vint passer. Bien des pages de ses *Ricordi* sont remplies de la mémoire de ce séjour, qui paraît avoir laissé dans sa vie une trace ineffaçable. Je venais d'achever la lecture de cette intéressante autobiographie, lorsqu'un hasard imprévu vint m'appeler moi-même à me fixer pour quelque temps dans la ville éternelle.

On l'a vu, ce n'était pas mon premier voyage à Rome. Combien elle nous apparaît différente, la cité reine, lorsqu'il faut y établir ses pénates ; que de choses encore à y découvrir ! C'est à dater de ce moment que j'ai cru commencer à la connaître, lorsqu'une année entière de séjour m'eut permis, non plus seulement d'embrasser d'un coup d'œil rapide les mille objets qu'elle offre au voyageur, mais de l'étudier à loisir, comme une patrie d'élection. Rome m'était assignée pour résidence; c'était l'accomplissement d'un de mes vœux les plus anciens.

Ainsi qu'il m'est arrivé souvent dans ma carrière de voyageur, des événements, plus ou moins prévus, semblaient devoir contrarier ma route. Je partais pour Rome à la fin d'octobre 1867. La convention du 15 septembre 1864 venait de produire des conséquences éloignées, mais qu'il était permis néanmoins de lui attribuer. Après la retraite des troupes françaises, le gouvernement romain avait bientôt vu naître, au sein des États de l'Église, une agitation qui aboutissait enfin à une nouvelle expédition du général Garibaldi. Les provinces de Rome et de Viterbe tombaient presque entières aux mains de l'insurrection. C'est alors qu'une nouvelle occupation française fut décidée; un corps d'armée, débarqué à Civita-Vecchia, vint couvrir la capitale et arrêter la marche des volontaires garibaldiens.

La nouvelle du combat décisif du 3 novembre me trouva à Naples. Il fallut se disposer à gagner Rome, où le désordre causé par les derniers événements commençait à se calmer. L'armée française y demeura, comme on ne l'a pas oublié. Rien ne permettait plus maintenant de prévoir, après l'échec des combinaisons de septembre, quel terme pourrait être assigné à l'occupation.

La ville était paisible, mais triste, lorsque j'y rentrai. Je la retrouvais telle qu'elle m'était bien connue; rien ne rappelait, en apparence, les péripéties dangereuses des derniers jours. Ceux qui en avaient été les spectateurs, plus ou moins intéressés, demeuraient sous l'empire des impressions profondes qu'ils avaient éprouvées durant ces heures rapides et critiques. Échappés au danger, ils apercevaient encore dans l'avenir des perspectives incertaines; dans l'attitude de chacun se trahissaient les craintes secrètes, les espérances refoulées; tout marquait la trace de cette lutte terrible qui venait d'agiter l'opinion, et qu'une seule victoire n'avait pas pu éteindre au fond des cœurs.

La grande ville achevait de reprendre son aspect habituel. Dans ces vastes agglomérations d'hommes, comme on peut l'avoir remarqué, les commotions de la politique n'interrompent que passagèrement le cours de la vie ordinaire. Peu de jours après la crise, on n'eût pas imaginé que Rome venait de courir le danger d'un assaut; seules, quelques précautions militaires, prises le soir, rappelaient les rigueurs de l'état de siège. Des patrouilles parcouraient le Corso d'un pas lent. D'ailleurs, nulle entrave à la libre circulation des étrangers, nulle interruption des plaisirs habituels: l'hiver allait commencer, et, comme chaque année, la population romaine se préparait à recevoir ses hôtes ordinaires, et à récolter la fructueuse moisson qui lui fait rarement défaut.

J'habitais l'entre-sol d'une vieille maison de la Via della Croce. C'est le quartier des étrangers; ils y vivent et s'y retrouvent. Il s'en faut que cette partie de

Rome soit la plus intéressante. La Via della Croce n'offre d'autre avantage que celui de sa situation centrale. De mes fenêtres, nulle vue, nul objet d'intérêt. D'ailleurs, le petit salon où j'allais passer la meilleure partie de mon temps prenait jour sur une cour intérieure et sur des jardinets voisins, où foisonnaient de grands orangers toujours verts. Tout était tranquille et silencieux de ce côté. Une fontaine laissait tomber jour et nuit, avec un murmure incessant, un mince filet de l'excellente eau de Trévi, et à des heures toujours les mêmes, la cloche d'un couvent voisin tintait mélancoliquement. Rien de paisible comme cet intérieur. Bientôt, la maladie vint m'y renfermer pour de longues semaines, et j'eus à passer un hiver presque entier dans cet horizon borné.

Après les événements dramatiques et les angoisses de 1867, les premiers mois de l'année 1868 n'offrirent plus d'incidents dignes de remarque. Comme d'habitude, le carnaval et les fêtes de la semaine-sainte attirèrent les visiteurs en foule. J'attendais la fin de l'hiver avec impatience; il me tardait d'aller chercher une guérison promise aux eaux de Stigliano, que l'on m'avait choisies parce que, les premières, elles reçoivent les baigneurs dès l'approche des beaux jours. Hors cet avantage, leur réputation ne s'est guère étendue au loin, mais il ne me déplaisait pas d'aller découvrir, dans la campagne de Civita-Vecchia, ces thermes nouveaux pour un étranger.

II

Je connaissais assez le pays pour me figurer la solitude de cette retraite. Mon attente, il faut le dire, fut dépassée. Stigliano n'est pas même un village. Une grande maison isolée, deux torrents sauvages, quelques champs maigres le long d'une route déserte, voilà pour le paysage. Mais les rares habitants de ce lieu se rapprochent volontiers, et je ne crains pas de passer là trois semaines, à condition de me contenter de cette vie paisible et rustique.

J'ai quitté Rome à quatre heures du matin, le 21 mai. Le canon du château Saint-Ange annonçait l'aube du jour solennel de l'Ascension. Après quelques heures de voyage dans la campagne, brûlée des feux d'un soleil éblouissant, on arrive à Bracciano. Il ne manque pas, à l'entour de Rome, de ces petites villes du moyen âge, pareilles à celle-ci, oubliées hors des grand'routes. Un énorme château s'élève sur une éminence, au milieu de la ville qu'il domine et protège à la fois; son enceinte est flanquée de tours à créneaux et à mâchicoulis, comme une autre Bastille. Ce château appartient à la maison Odescalchi. L'intérieur n'offre de remarquable que la belle vue des fenêtres, qui s'ouvrent sur le lac bleu de Bracciano. Au loin, on aperçoit encore le mont Soracte, s'effaçant devant les montagnes plus hautes de l'Abruzze.

Le voyage est combiné de telle façon que l'on

s'arrête plus de six heures à Bracciano. Une grasse et avenante auberge profite de cette longue station : le repas est plantureux, et l'hôte recommande un vin rouge du pays dont le goût muscat est des plus agréables.

Dans un fond de ravin, au milieu du site sévère que j'ai dit, on aperçoit l'établissement de Stigliano. Ce premier aspect n'a rien de séduisant. La maison est grande, mais paraît délabrée, et la raison de cet abandon n'est autre que la présence de brigands, qui, depuis deux années, ont tenu les baigneurs éloignés de ces parages. Autour du bâtiment principal, il y a des restes d'anciennes constructions et une petite chapelle; plus loin, une sorte de maison à peu près ruinée, dite le *Bagnarello*, où se trouve une source plus chaude et plus efficace, dit-on, que celle de l'établissement lui-même.

A l'intérieur, c'est un couvent. Un corridor immense règne à chacun des étages ; il donne entrée à toutes les chambres. Notre régime aussi est tout monacal. On se baigne le matin ; le dîner est à une heure et le souper à huit. Après ce dernier repas, les portes sont fermées solidement ; nul ne sort; l'air de la nuit n'est pas sain, et la promenade ne serait pas sûre.

En plein jour, on peut arpenter la route, ou s'égarer dans les sentiers qui vont aux bois d'alentour. Après un petit nombre de bains, mes promenades peuvent être plus longues. On est allé un jour au village de Canale, près de l'ancien Monterano, abandonné aujourd'hui à cause du mauvais air. Nous rendons visite au prêtre D. Pietro C***, qui est encore maître d'école. Il a aussi un fort bon petit vin rouge. De l'autre côté des bains, la route de Civita-Vecchia suit la vallée du Mignone, modeste fleuve qui coule dans un encaissement profond; les bords paraissent s'être creusés à la suite d'effondrements souterrains. Faute de voitures, on ne peut guère explorer le pays plus avant.

Au commencement de juin, ma solitude n'est plus aussi complète. Un certain nombre de baigneurs sont venus se joindre aux premiers, et il s'est formé peu à peu une véritable société. Le défaut de distractions rapproche tout le monde, et l'on vit à peu près en commun. Par un mystère qui semble d'abord inexplicable, le temps paraît ici moins long qu'il n'était dans plus d'une ville d'eaux de bien autre importance. Le bain, la table et le jeu prennent toute la journée; il ne reste rien pour lire et pour écrire.

Un dimanche, l'après-midi, a lieu une fête rustique. Des jeunes femmes de Canale, installées au Bagnarello, sont venues danser devant la grande maison. Un cercle se forme autour d'elles, et bientôt, aux sons d'un tambour malheureusement déjà crevé, les danseuses forment leurs figures.

Les petites paysannes se succédaient, et mettaient tour à tour sur les dents les garçons de l'hôtel. Quant à la musique, elle faisait songer à la mélodie uniforme, mais séduisante, des danses arabes.

La saison n'était point absolument belle cette année. Le 11 juin, il a plu tristement toute la journée. On croirait voir un été du Nord mal réussi. Le 12, de la pluie encore, avec des coups de tonnerre dans le lointain. La chaleur n'a rien d'incommode.

On ne peut pas conseiller Stigliano aux personnes qui ne sauraient se passer des recherches de la vie civilisée. Les chambres sont presque toutes laides et petites, à l'exception peut-être de la mienne. La cuisine est primitive, souvent insuffisante. Quant au service, en 1868, il n'existait qu'à l'état rudimentaire. L'établissement ne possédait pas de thermomètre ; on ne peut guère se passer de ce meuble. La même négligence avait abandonné les eaux à leur cours naturel. Il faudra donc que les promesses du prospectus affiché à Rome soient mieux remplies. Le médecin est arrivé plus de quinze jours après l'ouverture de l'établissement. Il y aurait encore à améliorer les moyens de communication ; la poste est rare et le télégraphe inconnu.

Si les hommes ont peu fait pour Stigliano, ce lieu est plus favorisé de la nature. Le pays est beau, accidenté, largement boisé ; de vastes horizons s'offrent à la vue, quand on est sorti des bas-fonds de la Lenta. Le fleuve de ce nom paraît naître au sein d'une forêt immense, qui s'étend sur les montagnes de Ceri ; devant l'établissement même, il reçoit le torrent appelé les *Sette Cannelle*, ruisseau charmant, qui descend d'un ravin pittoresque, au milieu d'arbres et de rochers semés sur son cours. Il faudrait bien peu d'efforts pour créer une promenade délicieuse dans ce ravin des Sette Cannelle. Mais aujourd'hui, il ne s'y trouve qu'un étroit sentier difficile à suivre à travers mille obstacles. Tel qu'il est, le site est charmant, c'est la campagne libre, un peu sauvage, sans bornes pour l'œil. Sur le penchant de montagne qui fait face à l'établissement, des chevaux et des vaches errent librement tout le jour; la présence de ce troupeau anime le paysage. Les vaches portent une clochette dont le son retentit à travers le silence du désert, et fait songer à ces hauts pâturages, solitaires aussi, des Alpes helvétiques.

III

Je rentrai à Rome le 14 juin. C'est l'époque où commence l'été de la ville éternelle, saison redoutée qui met en fuite les étrangers; comme partout, il est convenu que tout le monde a émigré :

Rome n'est plus dans Rome.

Pour moi, je revis avec plaisir la Via della Croce, mon modeste logis, mes livres et mes voisins. Je repris le cours de ma vie ordinaire, et je pus constater, chose nouvelle et à peine espérée, que le séjour de Stigliano m'avait rendu à la santé. Il restait peut-être quelque chose à faire; on me conseilla, le mois suivant, de faire un nouveau voyage hygiénique, et de choisir cette fois les eaux de Viterbe.

Ces deux excursions successives eurent l'avantage de me faire pénétrer plus avant dans ce beau pays.

On trouvera peut-être mes descriptions minutieuses, mais il n'y a rien ici d'insignifiant. La campagne, à Viterbe, est belle, bien cultivée, habitée par une population suffisamment nombreuse. Il faut venir jusque-là pour se délasser de la monotonie solennelle de la lande romaine.

Le jeudi 15 juillet, j'ai quitté Rome encore une fois, et par le chemin de fer, nouveau pour moi du côté de Florence. Le Tibre coule encaissé entre des collines qui ne sont guère que des ondulations de terrain ; on suit le fleuve à travers un désert. Les villages sont plus loin dans la campagne ; on entrevoit à peine un instant Monte-Rotondo, bâti sur une hauteur autour du château des Piombino. La route s'est rapprochée maintenant de la grande chaîne des Apennins, qui s'élève sur la droite ; à gauche est le Tibre, avec des hauteurs où l'on voit Fiano. Enfin vient le mont S. Oreste, le Soracte, point culminant de toute cette contrée.

A Corese est maintenant la frontière de l'Italie, frontière mobile s'il en fut, et que j'ai vue établie en tant de lieux divers. Nous traversons un petit fleuve, dont le pont est fermé par deux portes. La présence de militaires et de douaniers italiens m'avertit que je suis passé sur le territoire du nouveau royaume.

Ce n'est pas, il est vrai, pour longtemps. Après Stimigliano, le chemin franchit le Tibre pour se donner carrière dans la vallée, plus large sur la rive droite. Le Tibre forme la frontière militaire, mais, au point de vue administratif, la séparation n'a pas pu se faire si facilement. Beaucoup de communes se trouvent partagées de fait entre les deux gouvernements.

A la station de Borghetto, je retrouve le souvenir de mon voyage de 1859. Il s'est écoulé bien du temps, mais rien n'a changé dans ce site remarquable. Voici la route qui vient de Civita-Castellana, et qui franchit le Tibre au Ponte Felice. Au delà du fleuve, je reconnais Otricoli sur les hauteurs. Plus loin, c'est Narni et Terni, où le chemin de fer arrive par une voie différente.

A Gallese, il n'y a qu'une espèce de cabane isolée au milieu d'un pâturage immense. On arrive enfin à la station d'Orte. Je quitte le chemin de fer pour monter dans la voiture de Viterbe.

Orte apparaît à trois milles de distance. Comme toutes les villes de ce pays, celle-ci est bâtie sur un rocher qui paraît d'abord inaccessible. L'escarpement tient lieu d'enceinte et de fossés. Sur un plateau assez étroit, les maisons s'entassent à qui mieux mieux. Un grand aqueduc fort ancien se lie au rocher d'Orte d'une façon pittoresque ; le site est charmant et la vue superbe.

Viterbe, vieille ville, a quelques monuments, une place d'un décor théâtral, et, surtout, des fontaines renommées, ouvrages élégants d'époques diverses. Le groupe de montagnes auxquelles s'adosse la ville est d'origine volcanique, et des eaux thermales y attirent aussi un certain nombre de baigneurs. L'établissement est à quelque distance dans la campagne ; on n'y réside point d'habitude. Tout près aussi se trouve une source chaude puissante, comparable aux *geysers* de l'Islande, d'où l'eau sort avec force en bouillonnant : c'est le Bulicame, curiosité naturelle que l'on ne manquera pas de faire voir aux baigneurs.

Le séjour de Viterbe n'est pas dépourvu d'agrément. On a bientôt fait de connaître la petite ville, mais ses environs offrent encore un choix d'excursions fort varié. Le Monte-Cimino s'élève au-dessus de Viterbe à 1,500 mètres ; ses pentes, en grande partie, sont couvertes de forêts. Aux environs de la ville, il y a nombre de maisons de campagne, dont quelques-unes appartiennent à des habitants de Rome.

C'est ainsi que j'ai retrouvé près d'ici, à Bagnaja, les hôtes distingués de la villa Lante. Cette élégante demeure date du XVIe siècle ; elle est l'œuvre d'un cardinal, comme beaucoup des résidences princières qui existent encore dans la Campagne romaine. Deux pavillons d'une noble et simple architecture composent tout l'édifice ; ce serait peu de chose, sans le bois épais qui s'ouvre tout près, et qui ombrage une sorte de ruisseau en étages, véritable cascatelle qui descend de la montagne dans un large bassin. Je n'ai vu du parc de la villa que cet endroit charmant, et n'en ai pas demandé davantage. Du côté de la plaine, la vue s'étend au nord jusqu'à Montefiascone, située aussi sur une hauteur volcanique et près d'un lac, le lac de Bolsène.

Viterbe a également le sien, celui de Vico, nappe d'eau assez étendue qui occupe le fond d'un cratère.

La route de Rome longe la crête de celui-ci. Un chemin de traverse conduit, par une forêt, au village de Caprarola. Ce nom est demeuré célèbre dans l'histoire de l'art. Un prince de l'Église encore, un neveu de Paul III, de la maison Farnèse, choisit cette solitude pour s'y faire élever par Vignole une maison. La villa du cardinal Farnèse, dans un pays isolé, conserva quelque chose des apparences d'un château fort. Ce chef-d'œuvre abandonné, près de tomber en ruine, n'est plus que rarement visité; presque seul des voyageurs modernes, le consciencieux Valery lui consacre quelques lignes. Je donnai à cette excursion toute une grande journée, journée dont, selon l'usage romain, une longue sieste occupa l'après-midi. Quand le soleil baisse sur l'horizon, nous remontons les pentes du Cimino; il reste du temps encore; je me baigne dans les eaux tièdes du lac, et enfin il est à peu près nuit close quand nous franchissons les portes de Viterbe.

Ces courses dans le pays romain ne sauraient me lasser. Le moment de rentrer dans la capitale est venu, et je cherche un itinéraire nouveau pour le retour. A peu de distance est Toscanella, d'où l'on peut gagner Corneto, et enfin Civita-Vecchia. Une visite aux tombeaux de l'ancienne Étrurie doit clore dignement ce petit voyage.

Toscanella, isolée au milieu d'un pays aujourd'hui désert, malsain et peu sûr, fut autrefois une grande ville. En dehors des murs de l'enceinte, trois églises importantes sont demeurées debout, alors qu'autour d'elles tout vestige d'édifices a disparu. La piété des habitants conserve ces sanctuaires antiques et leur assure une durée indéfinie : c'est ainsi sans doute qu'à Pœstum, les temples ont échappé au sort de la cité.

Le lendemain, 31 juillet, je poursuis ma route vers Corneto dans une *sediola*, cette voiture champêtre qui trouve accès dans les chemins les plus étroits et les plus raboteux. Le pays est encore plus désert, s'il se peut. L'agriculture y paraît à l'état rudimentaire, ou plutôt, la terre est uniquement livrée au pâturage. Je suis rentré dans l'*agro romano*.

Le bel aspect de Corneto m'est connu. La ville, bâtie au moyen âge, conserve un grand nombre de tours, qui couronnent le sommet où elle s'élève. L'ancienne *Tarquinii*, qui fut une des principales cités de l'Étrurie, occupait, dans le voisinage, un emplacement aujourd'hui désert. C'est là que furent découvertes, en grand nombre, les tombes étrusques si célèbres de nos jours. Je parcourus l'espace immense de la nécropole, m'arrêtant aux sépulcres les plus importants, lesquels sont fermés et confiés à la garde d'un employé municipal. Le plus intéressant est la *grotta del Triclinio*.

Ainsi s'écoulèrent les mois de cet été, et sauf les deux voyages de Stigliano et de Viterbe, je ne sortis plus de la ville éternelle, sans m'en trouver plus mal, en dépit des fâcheux pronostics dont on effraye l'étranger assez hardi pour s'y exposer aux ardeurs de la canicule. Ma solitude, dans Rome, était complète. Au mois d'août, les hôtels et les cafés sont fermés à moitié ; on y chercherait vainement leurs hôtes habituels. De midi à cinq heures, les maisons et les boutiques demeurent closes. Le soir même, je ne trouve plus personne aux rendez-vous d'usage : le Corso est vide, le Pincio oublié; seule, la musique attire sur la place Colonne quelques auditeurs attardés et honteux. Ces concerts du soir furent alors notre seule distraction, et ils offraient, quoi qu'on pût dire, un véritable charme.

Un livre étrange, œuvre unique de l'époque troublée qui lui donna le jour, occupait mes loisirs durant cet été solitaire. Les *Mémoires de Benvenuto Cellini* furent l'ouvrage original, et très littéraire, d'un homme qui n'exerçait pas la profession des lettres. On a pu les comparer à ceux d'Alfieri, qui ne fut pas, lui non plus, un littérateur, dans le sens que nous donnons le plus ordinairement à ce mot. De l'un à l'autre de ces deux grands hommes, durant l'espace de deux siècles, la spontanéité littéraire paraît s'éteindre en Italie. Si les lettres fleurissent, c'est à l'abri des pouvoirs établis, et à la condition de ne pas sortir du champ étroit qui leur est imposé. Le concile de Trente venait de promulguer la règle des esprits, à l'époque même où Charles-Quint étouffait les dernières résistances matérielles. Alors disparaissent, avec les débris de l'organisation politique du moyen âge, la liberté de penser, qui n'avait pas laissé de faire certains progrès à la faveur de la renaissance classique, et aussi la facilité de mœurs qui semblait le privilège d'une nation plus policée. Cellini fut l'un des derniers représentants de cette indépendance un peu indisciplinée. Avec Paul III et Charles-Quint, l'ordre régna, mais ce fut aux dépens du vieux génie de l'Italie. Quelque grand poète que fût le Tasse, notre époque ne le met plus à côté du Dante, et nous voyons ses successeurs, les académiciens du XVIIe siècle, relégués dans un outrageux oubli.

IV

Ce repos absolu de l'été prêtait une occasion favorable à l'étude plus approfondie des monuments et des musées de Rome. Les galeries des palais, si inhospitalières l'hiver, offrent alors leur fraîcheur et leur clarté tranquille. J'y passai de longues heures dans le silence d'une contemplation attentive ; il ne fallait pas moins pour visiter une à une des collections toutes dignes d'être connues, mais dont le nombre et l'étendue ont bientôt lassé l'attention du voyageur qui ne fait que passer.

L'art italien atteignit à Rome son apogée; il y reçut, de la fusion de toutes les écoles, son expression définitive, et la ville éternelle en conserva le sceptre jusqu'aux temps modernes. C'est que Rome, avec Jules II et Léon X, était devenue la véritable capitale de l'Italie : Florence et Naples s'éclipsent devant elle. Venise conserve une existence à part. Les pontifes du XVIe siècle restaurent leur capitale, ou, pour mieux dire, la rebâtissent ; les plus grands génies de la Renaissance accourent, en quelque sorte, à leur voix, et la ville des papes se remplit, en peu d'années, d'ouvrages immortels. Alors, pendant plus de trois siècles, Rome demeure pour l'Italie et pour l'Europe entière l'école de tous les arts. Elle semble dicter les arrêts du goût, et lors même que vient la décadence, elle impose jusqu'à ses exagérations et ses erreurs. Un siècle après Michel-Ange, le Bernin héritait d'une célébrité presque égale à celle du grand Florentin ; la France l'appelait pour recevoir de lui des leçons et des modèles.

Le sol romain cachait lui-même des trésors. Il a suffi, après les désordres et les ruines du moyen âge, d'écarter les cendres des anciens édifices, pour faire reparaître au jour le peuple de statues qui ornait l'ancienne Rome, et qui remplit aujourd'hui les galeries du Vatican et du Capitole. Ces deux musées n'ont point et ne sauraient avoir de rivaux. Sans cesse augmentés et enrichis, ils reçoivent encore aujourd'hui les précieux débris que le hasard des fouilles fait retrouver chaque jour. Un Hercule de bronze fut découvert, en 1868, dans le quartier du théâtre de Pompée, lors de la reconstruction d'une maison ; il est au Vatican, près de ce Belvédère où sont déposés, comme dans un sanctuaire, les chefs-d'œuvre de la sculpture antique.

Une Rome nouvelle s'édifia sur les ruines de l'ancienne, quand le pouvoir de la papauté se trouva définitivement constitué avec Nicolas V, et surtout avec Sixte IV. C'est la ville de Jules II et de Léon X ; leur œuvre est presque entière au Vatican, que Bramante, Raphaël et Michel-Ange sont appelés successivement à bâtir et à décorer. Les murs du palais et de la basilique répètent partout les mêmes noms : c'est Raphaël aux portiques de la cour S. Damase, et dans les vastes pièces de la résidence pontificale ; Michel-Ange à la chapelle Sixtine. Là se trouvèrent fixées les bornes de l'art ; le XVIe siècle termine et achève la Renaissance. Une légion d'artistes naîtra de l'exemple de ces grands hommes, mais ils se contenteront de suivre leurs traces et s'estimeront heureux du titre de disciples. Pendant deux siècles encore, Rome s'embellit d'églises et de palais ; des esprits ingénieux, des talents brillants y déployèrent leurs ressources, sans arriver jamais au rang des trois ou quatre grands génies dont la gloire est celle du siècle de Léon X.

L'exemple des souverains-pontifes fut imité par la noblesse romaine. Cette aristocratie se recrutait, au commencement de chaque règne, de familles nouvelles, et, chaque fois, s'élevaient un nouveau palais, une nouvelle villa. Un luxe royal se montrait dans ces demeures, et ce luxe intelligent croyait ne pouvoir mieux faire que de les remplir de chefs-d'œuvre. L'histoire de la succession pontificale nous apparaît écrite, pour les trois derniers siècles, sur les monuments élevés par les neveux des papes. Il suffit ici de citer quelques noms : Borghèse, Ludovisi, Barberini, Pamphili, Chigi, Rospigliosi, Altieri, Albani, Corsini. Chacun d'eux rappelle aux visiteurs de Rome quelqu'un de ces palais, de ces jardins dont la splendeur n'a point d'égale dans les autres capitales de l'Europe.

Ces maisons princières ont, pour la plupart, subsisté jusqu'à nos jours, et elles conservent encore le dépôt artistique qu'elles tiennent de la grandeur de leurs ancêtres. Un musée comme celui des Borghèse et des Doria ferait la gloire d'une grande ville, et Rome ne possède pas moins de seize de ces galeries à nulle desquelles il ne manque une œuvre de premier ordre. Toutes les écoles italiennes, tous les grands maîtres, sont représentés au palais Borghèse, au palais Doria, au palais Corsini; ailleurs, il suffit d'un tableau, d'une fresque, pour faire le renom d'une grande demeure. L'*Aurore* du Guide décore un modeste casin des Rospigliosi; une simple maison de campagne, la Farnésine, est illustrée par le pinceau de Raphaël, et le palais Farnèse conserve l'ouvrage capital d'Annibal Carrache. C'est ainsi que la nouvelle Rome, héritière de l'antiquité, devint la merveille des temps modernes, et qu'elle est tout entière, de nos jours encore, l'auguste musée auquel le monde apporte journellement le tribut de sa vénération.

V

Le jour de la Saint-Pierre 1868, le public eut connaissance de la convocation d'un concile général au Vatican pour le 8 décembre 1869. Cette nouvelle avait été accueillie d'abord avec une sorte d'incrédulité, mais elle se confirma d'une manière solennelle, le 29 juin, par la publication d'une bulle pontificale.

Le concile s'ouvrit effectivement, à la date indiquée, dans la basilique de Saint-Pierre. On a pu voir, pendant plusieurs années, la salle immense construite pour le recevoir, dans le transept de gauche. Des gradins superposés offraient des sièges pour les membres de l'assemblée, au nombre d'environ six cents; le trône du Pape était au fond, et des tribunes avaient été pratiquées sous les voûtes avoisinantes pour des assistants choisis, pour les princes et le corps diplomatique.

Je revins à Rome en avril 1870. A ce moment, le concile du Vatican demeurait encore l'un des objets principaux de l'attention de l'Europe; nul ne pouvait prévoir les graves événements qui éclatèrent peu après d'une manière si imprévue, et dont les conséquences devaient se faire sentir si directement à Rome même.

J'assistai dans Saint-Pierre à une séance solennelle, celle où fut proclamée la décision par laquelle l'Église assemblée remettait aux mains du Souverain-Pontife l'autorité suprême que tant d'autres conciles avaient disputée à la papauté. Ainsi se trouvait tranché ce débat qui avait duré de longs siècles au sein du monde théologique. Les pères du Vatican, bien différents de ceux de Bâle et de Constance, reconnurent à la suprématie pontificale le privilège, nommé d'une façon incorrecte, de l'infaillibilité.

Quelques jours après, la semaine-sainte s'ouvrit, au milieu d'un affluence plus nombreuse que jamais d'étrangers. Ce fut en présence du concile que le Pape

Pie IX accomplit encore une fois les rites solennels de ces jours consacrés ; ce devait être la dernière. Jamais la messe de Pâques n'avait été plus imposante; au fond de la nef de Saint-Pierre, autour du trône pontifical, six cents évêques avaient pris place, et ils assistèrent à cette cérémonie triomphale, qui pouvait être appelée l'exaltation d'une nouvelle monarchie. Quand les jours saints furent passés, et que Rome eut retrouvé sa paix ordinaire, le concile reprit ses travaux. On sait quelle catastrophe vint peu après y mettre fin.

Je passai les mois de mai et de juin à Casamicciola, paisiblement établi à la *Petite Sentinelle*, et fréquentant assidûment les bains Manzi. Une tranquillité profonde régnait alors en Italie. Le séjour enchanteur d'Ischia avait attiré de nombreux étrangers, parmi lesquels, outre les Napolitains, il en était venu de Corfou et même d'Athènes.

Naples n'est pas, en plein été, comme Rome, déserte et abandonnée. Les bains de mer y attirent en foule les habitants des provinces de l'intérieur. Jamais la Villa Reale ne m'avait semblé plus animée, plus riante, que dans ces soirées de juillet, où la musique voyait se grouper autour de son kiosque illuminé les nombreux promeneurs avides de la fraîcheur de la nuit.

Ce fut le soir du 14, au milieu de cette scène de fête, qu'une foudroyante nouvelle fut jetée dans la foule, où elle sema une profonde agitation. La guerre était déclarée entre la France et l'Allemagne. Nul d'entre nous ne pouvait demeurer indifférent à l'annonce d'un tel événement. Je la reçus avec une tristesse sincère; les amis de la paix, depuis quatre ans, s'épuisaient en efforts pour éloigner cette funeste éventualité, et il avait suffi, pour anéantir leur travail, de quelques heures d'imprudence et d'erreur.

Florence, où je retournai immédiatement, était en proie à la même émotion, aux mêmes anxiétés. Nous y passâmes quinze jours dans une attente fiévreuse; ces quinze jours furent vides d'événements, mais, le mois d'août à peine commencé, de graves nouvelles nous parvinrent coup sur coup.

L'Italie commençait à s'agiter. On voyait, le soir, des rassemblements se former dans les rues; des cortèges improvisés allaient, sous les fenêtres des ministres et des ambassadeurs, pousser des cris divers et troubler la paix ordinaire de la capitale. Un incident facile à prévoir vint allumer une véritable fièvre au sein du public italien : Rome, à la fin d'août, fut évacuée par les troupes françaises.

On sait ce qui se passa après le 4 septembre. La question romaine était rouverte; le cabinet de Florence se décida à intervenir.

Le 19 septembre, les journaux nous annonçaient que les troupes italiennes étaient arrivées sous les murs de Rome; les portes de la ville devant leur être fermées, l'attaque avait été ordonnée.

Il y eut encore un sursis de vingt-quatre heures. Ce dernier n'ayant pas amené de résultat, l'action décisive était attendue pour le lendemain.

Le 20 septembre au matin, un calme solennel régnait dans la capitale italienne. L'émotion de chacun était contenue, jusqu'au moment où arriveraient des nouvelles de Rome. La matinée se passa, sans nul signe d'agitation. Il était près de midi, quand j'aperçus le drapeau tricolore, le premier, arboré sur le palais municipal, au pont Santa-Trinita. Peu après, il flottait au palais de la Seigneurie, alors siège du Parlement, et la ville commençait à se pavoiser.

Les événements de Rome avaient suivi leur cours. A cinq heures du matin, le général italien s'était présenté devant les murs, à la Porta Pia, et il avait été répondu négativement à ses sommations. L'attaque commençait aussitôt par un feu d'artillerie auquel ripostaient vivement les troupes pontificales.

Aussitôt les premiers coups de canon, le Souverain-Pontife fit prier le corps diplomatique de se rendre auprès de lui au Vatican.

Les ministres étrangers, accompagnés chacun d'un secrétaire, traversèrent les rues désertes, où les balles commençaient à pleuvoir. Ils furent introduits dans une grande salle, où se tenait le Pape, entouré de sa cour.

Le silence régnait dans cette assemblée. Le grondement du canon se faisait entendre distinctement. Chacun écoutait, immobile et anxieux. Cette scène se prolongea jusque vers sept heures. A ce moment, le Pape reçut un nouvel émissaire : il prononça avec émotion quelques paroles, et parut donner un ordre. Un instant après, le drapeau blanc était arboré à Saint-Pierre.

La lutte était terminée. Dès avant midi, l'armée italienne faisait son entrée dans Rome, et occupait la ville, à l'exception de la cité Léonine. Tel était l'événement que nous apprenions à Florence, vers la même heure.

Le soir venu, il se manifesta quelques symptômes d'émotion populaire. Des groupes remplissaient la place de la Seigneurie. Vers huit heures, la foule parut se former en cortège; des drapeaux ouvraient la marche; quelques torches jetaient leur lumière dans les rues paisibles et peu éclairées du vieux Florence. Je suivis la *démonstration* par le Ponte-Vecchio et la via Guicciardini jusqu'à la place de Pitti.

Le Roi était au palais. Du sein de la multitude assemblée sur la place, une longue acclamation s'éleva vers lui. On vit alors s'éclairer le premier étage de Pitti : les fenêtres s'ouvrirent; des candélabres furent apportés sur le balcon. Un instant après, le roi Victor-Emmanuel apparut dans cette clarté.

Un cri immense l'accueillit, et l'applaudissement populaire durait encore, lorsque le roi rentra dans l'intérieur. La foule reprit alors le chemin de la ville, et le quartier d'Outre-Arno retomba dans son calme habituel.

Quelques jours après, Florence vit une émouvante cérémonie funèbre. Trois officiers avaient succombé à l'attaque de Rome, et parmi eux il y avait un Florentin, le lieutenant Paoletti. Ses restes mortels furent rapportés dans sa ville natale. Un cimetière entoure encore l'église de Sainte-Marie-Nouvelle;

on y déposa le corps de Paoletti, qu'un nombreux cortège conduisit à sa dernière demeure.

Je quittai Florence pour arriver à Rome le 5 octobre. Le hasard me réservait d'assister à une scène nouvelle de cette révolution imprévue.

Après le 20 septembre, la ville éternelle avait repris son impassibilité. Mais, à chaque pas, le drapeau italien, flottant au vent, ne permettait pas d'oublier que tout un ordre de choses venait de s'écrouler. Je ne pouvais le voir sans étonnement aux fenêtres du Corso. Ces drapeaux immenses couvraient les façades et interceptaient le jour. Quel contraste avec mes souvenirs! Qu'étaient devenus tant d'hommes avec qui, hier, je parcourais ces rues, alors que ces événements, dont j'étais le spectateur ému et presque épouvanté, paraissaient encore si loin dans les prévisions les plus timorées?

Le 5 octobre, au soir, peu avant la tombée de la nuit, la cloche du Capitole convoquait la population romaine au pied du palais municipal, pour entendre la lecture des résultats du plébiscite. Ce dernier acte avait eu lieu le 2, dans toute l'étendue de la province de Rome. A l'heure indiquée, une grande foule remplissait tout l'espace entre les trois palais si connus. Je m'étais placé à peu de distance du bronze de Marc-Aurèle. Le vieux duc de Sermoneta, don Michel-Ange Caetani (1), fit la proclamation du plébiscite du haut du balcon. Après cette courte cérémonie, le

(1) Mort en 1882, à l'âge de 78 ans.

bruit des cloches municipales se joignit aux acclamations de la foule. Pendant ce temps, du haut de l'escalier du Capitole, je contemplais encore une fois le panorama de cette Rome qu'il me fallait quitter le lendemain, et je considérais, au-dessus des monuments et des collines, la coupole du Vatican, si voisine du lieu où s'accomplissait l'étrange événement dont j'étais le témoin oculaire.

CHAPITRE VII

Un hiver dans le Midi.

I

J'ai passé deux années dans la péninsule ibérique. C'est assez dire quels souvenirs me laissent les capitales des deux royaumes, quels liens d'hospitalité me rattachent à beaucoup de leurs habitants. L'Espagne et le Portugal, depuis le jour où commença pour notre continent l'ère des chemins de fer, sont sortis de leur ancien et traditionnel éloignement. Ce n'est pas, il s'en faut de beaucoup, et le voyageur ne peut que s'en féliciter, qu'on ait vu disparaître toute trace de l'originalité propre du pays de Cervantès. Mais, dans l'espace d'une vingtaine d'années, il s'est produit une incontestable révolution. La capitale des Espagnes s'est transformée, et j'irai jusqu'à dire rebâtie, pour un bon tiers, dans le goût le plus conforme à nos exigences d'aujourd'hui. Il n'est pas de grande ville d'un aspect plus imposant, dotée d'une police plus régulière, ornée de plus de jardins et de fleurs, et enfin, mieux arrosée l'été, détail auquel il faut accorder de l'importance. Ce bienfait est dû à l'ouverture du canal du Lozoya, le plus considérable, le plus utile des embellissements.

A l'entrée de Madrid, les rues, les édifices, rappellent Paris, plus encore Naples, peut-être, et l'on n'oubliera pas que les provinces napolitaines demeurèrent longtemps possession espagnole. Ces palais aux longues façades, aux innombrables fenêtres, aux balcons massifs, on croit les avoir vus dans la rue de Tolède et à Chiaia. Les architectes en furent peut-être les mêmes. L'Espagne du XVIe et du XVIIe siècle subit, comme l'Europe entière, l'ascendant de l'Italie, mais non sans laisser dans les ouvrages de ses artistes la marque d'un génie vigoureux et national. Même après l'Italie, on admirera à Tolède, à Grenade, à l'Escurial, les chefs-d'œuvre de la Renaissance espagnole.

Madrid, par vingt rues presque droites, arrive de toutes parts à la Puerta del Sol, centre unique de la vie madrilène. C'est là que bat le cœur de l'Espagne. Plaisirs, affaires, nouvelles, tout est à la portée de cette foule qui emplit incessamment les cafés et les boutiques, qui circule sans s'écouler, et semble ne pouvoir s'arracher d'un lieu dont l'étranger ne comprend pas, le premier jour, l'attrait irrésistible. Mais il ne faut pas demeurer bien longtemps à Madrid pour le subir. Le théâtre, le Parlement, le Palais avoisinent la grande place, élargie, vers 1860, à la suite de travaux qui lui ont donné une régularité parfaite.

Il va sans dire que tout cela est dans le génie de notre époque utilitaire.

Le palais royal, incontestablement le premier et le plus bel édifice de Madrid, ne me semble pas suffisamment apprécié. Dans l'ordonnance de cette architecture pompeuse sans excès, dont une belle situation rehausse la majesté, l'artiste, Juvara, se montra supérieur à son siècle. La façade qui donne sur le Manzanarès compose, avec les rampes et les jardins étagés jusqu'au fleuve, un ensemble imposant et magnifique. Madrid se termine là de ce côté; des terrasses du palais, la vue s'étend sans obstacle jusqu'aux montagnes du Guadarrama. Dès les derniers jours de septembre, les sommets parfois se couvrent de neige. Près de la ville, le Manzanarès se devine au milieu des plantations qui couvrent ses bords. L'été, les lavandières se disputent le mince filet qui coule dans le sable du fleuve, et l'on s'y baigne dans une eau parcimonieusement mesurée. Mais j'ai vu le Manzanarès se venger des plaisanteries qne l'on fait courir sur son compte, et devenir en quelques heures un torrent furieux qui balayait tout sur ses rives. Ses inondations sont redoutables, et l'une d'elles, vers 1700, coûta la vie au prince Pio, général d'origine milanaise, au service d'Espagne.

Il fut un temps où l'Europe presque entière était tributaire de la monarchie espagnole. Bruxelles et Gand lui obéissaient comme Naples et Milan. Les palais et les musées de Madrid offrent à tous les peuples des monuments de leur histoire. Dans la célèbre galerie des armures, l'Armeria Real, se conservent les armes de Charles-Quint et de ses successeurs, et de cette foule de princes italiens et allemands, alors leurs lieutenants ou leurs vice-rois dans ces possessions où le soleil ne se couchait pas. Une telle collection est comme le symbole de cette monarchie universelle dont on prêta le dessein à l'héritier d'Autriche et de Bourgogne.

Le musée royal de peinture offre le même caractère. Maîtresse de l'Italie et de la Flandre, à l'époque où brillaient dans tout leur lustre les deux grandes écoles du Nord et du Midi, l'Espagne recueillit leurs œuvres les plus précieuses : Titien, Véronèse, Rubens, Van Dyck, ont travaillé successivement pour les mêmes souverains. Leurs ouvrages, longtemps ensevelis dans les palais et dans les châteaux solitaires de la couronne d'Espagne, reparurent au grand jour quand le musée du Prado fut créé sous le roi Ferdinand VII. L'école espagnole y tient une place brillante à côté des maîtres étrangers.

La collection de Madrid est presque uniquement composée de tableaux de prix. On ne peut pas y faire, comme au Louvre, une étude suivie de l'histoire de l'art : les diverses écoles et les différents maîtres y sont moins complètement représentés. Mais nul musée ne montre une plus grande quantité de productions capitales ; les princes de la peinture y paraissent dans un incomparable éclat, avec une série de chefs-d'œuvre dont le nombre et la valeur n'ont rien d'égal dans les autres galeries de l'Europe.

Le salon d'Isabelle, au centre, offre aux yeux un choix des productions les plus distinguées des diverses écoles, réunies comme on l'a fait à Paris au salon carré du Louvre. Une immense galerie rassemble les œuvres principales de l'école italienne et de l'école espagnole, tandis que de vastes salles, ouvertes dans les ailes de l'édifice, abritent le restant de la collection.

Titien, le Tintoret et Paul Véronèse reçurent les commandes de Charles-Quint; c'est l'école de Venise qui l'emporte par le nombre au Musée royal. Il s'y trouve, du Titien, un portrait de Charles-Quint et une *Vierge douloureuse*, sans compter des portraits. La *Vénus* de Paul Véronèse le dispute à une autre du Titien. Il faut citer encore les noms de Bellini, de Giorgione et de Sébastien del Piombo.

Une figure de Léonard de Vinci rappelle la *Joconde* du Louvre, dont elle semble le pendant. Un autre portrait, d'Andrea del Sarto, est celui de sa femme, cette Lucrezia Fede, qui exerça une influence si funeste sur la vie entière du grand et faible artiste.

Le célèbre *Spasimo*, de Raphaël, fut ôté d'une église de Palerme par un vice-roi de la Sicile. Ce tableau, considéré comme le joyau du Musée, occupe la place d'honneur dans le salon d'Isabelle. Il parait d'un ton rouge à l'excès, avec les teintes crues qui abondent dans les premiers ouvrages du Sanzio.

Les écoles de Parme et de Bologne sont moins richement représentées, de même que celle de Naples : l'Espagne déclinait quand elles atteignirent leur apogée.

Mais déjà la péninsule ibérique avait vu naître, sur son propre sol, la riche floraison de l'art national. Ici se présentent les deux grands maîtres espagnols, Velasquez, le peintre de cour, dont on ne saurait ailleurs mieux apprécier le mérite, et Murillo, qui a laissé à Séville, sa patrie, des œuvres plus nombreuses et plus importantes encore. Velasquez a soixante-quatre tableaux au Musée de Madrid. Citons les Buveurs, *los Borrachos;* les *Meninas,* qui font voir le peintre faisant le portrait du roi Philippe IV; la *Forge de Vulcain,* tableau curieux et d'une singulière vérité; une œuvre capitale, la *Reddition de Bréda,* et la remarquable peinture des *Filandières.* Murillo sera peut-être mieux apprécié dans une autre galerie de Madrid, à l'académie de San-Fernando, où se trouvent de lui deux grands panneaux que je mets sans hésiter au premier rang de ses ouvrages.

Après ces deux grands hommes, Ribera, Zurbaran et Alonso Cano occupent glorieusement la seconde place, et le maître espagnol de ce siècle, Goya, montre aussi quelques œuvres originales et fort admirées de ses compatriotes.

L'école de Flandre brille à Madrid de tout son éclat. Rubens compte au Musée soixante-deux tableaux, non pas une suite un peu banale de compositions décoratives, mais un choix de ses œuvres les plus consciencieuses. Je ne veux citer que le *Rodolphe de Habsbourg* cédant son cheval au prêtre porteur du viatique, magnifique et pittoresque composition.

Van Dyck est représenté, dans le salon d'Isabelle,

par un *Jésus au Jardin des Oliviers*, l'un des plus beaux morceaux du Musée et de l'œuvre de ce grand peintre. C'est une scène nocturne, pleine de confusion et de terreur, et d'un effet saisissant. Dans ses portraits, nombreux aussi, Van Dyck, comme toujours, se montre sans rival.

Viennent ensuite Jordaens, Breughel et Teniers; les cinquante-trois tableaux de ce dernier soutiennent à Madrid sa joyeuse et populaire renommée.

Les ouvrages de l'école française ne sont pas nombreux; il ne faut pas oublier cependant le *Parnasse*, de Poussin, de beaux paysages de Guaspre Duguet, dans le goût propre à cet intelligent et poétique artiste; enfin, quatre panneaux admirables de Claude Lorrain, et un paysage que je ne me lassais pas d'admirer dans le salon d'Isabelle. Les Allemands et les Hollandais ne comptent aussi qu'un petit nombre de productions : les révoltés des Provinces-Unies ne travaillèrent point pour l'Espagne.

La promenade du Prado, où s'élève le Musée, sépare la ville, en quelque sorte, du vaste parc du Buen Retiro, le Bois de Madrid. Ce beau parc est généralement paisible et solitaire, sauf aux heures du soir où les promeneurs en voiture parcourent ses allées. Les bosquets du Buen Retiro couvrent le sommet d'une colline d'où l'on découvre tout Madrid, vaste panorama où se distinguent quelques grands monuments.

Je visitai dans tous ses détails le beau théâtre del Oriente, dont je devais plus tard, lors d'un plus long séjour, suivre assidûment les représentations, durant tout un hiver. On nous montra les coulisses, les ateliers, et jusqu'au magasin des costumes, ce qui ne parut pas le moins intéressant. Nous fûmes introduits dans une salle où travaillaient activement une vingtaine de jeunes filles : il n'est guère possible que sur pareil nombre d'Espagnoles de cet âge, il ne s'en trouve pas de fort aimables à voir.

La juste renommée des spectacles de Madrid semble pâlir devant la gloire bruyante des combats de taureaux. Ceux-ci n'ont rien perdu de leur ancienne faveur auprès du public. C'est le lundi, dans l'après-midi, que la ville entière s'achemine par la rue d'Alcala vers le nouvel et vaste amphithéâtre, véritable Colisée, où tout aussi bien qu'à Rome peut trouver place un peuple entier. Pour nous, étrangers, le spectacle est d'abord hors de l'arène, mais bientôt l'intérêt poignant de la lutte nous saisit à notre tour, et, après avoir assisté à quelques scènes de ce genre, nous ne pouvons manquer d'en subir, comme les indigènes, l'étrange et indéfinissable attrait. Souvent, dans les occasions solennelles, l'aspect du cirque est d'une incomparable grandeur ; on n'oubliera de longtemps, sans doute, la course qui eut lieu en janvier 1878, devant le roi Alphonse XII. Seule, l'Espagne pouvait offrir un tel spectacle. L'année précédente avait vu faire cependant une nouvelle et sérieuse tentative pour mettre fin à ces jeux sanglants.

II

Il fallait, avant l'ouverture du chemin de fer, près de cinq heures pour franchir les huit lieues qui séparent Madrid de l'Escurial. Nous partîmes, le 19 septembre, par une température hivernale, grâce au vent glacé qui venait tout droit du Guadarrama.

Après avoir franchi le Manzanarès, la route s'enfonce dans une plaine uniformément aride qui devient un désert à quelque distance de Madrid. Le coucher de soleil est d'une grande beauté. Vers neuf heures, j'ai vu dans l'ombre de longues façades noires, des tours et un dôme. Des cloches au timbre grave tintaient près de nous quand nous descendîmes à San-Lorenzo. C'est le village qui s'est établi à côté du palais des rois. On y séjournait, l'été, pour y trouver une température plus fraîche : villégiature étrange, sans eau, sans arbres, sans cultures. Aujourd'hui, les Madrilènes vont plus loin.

Le palais-monastère de Philippe II s'élève sur une sorte de terrasse ; il domine les environs et la plaine de Madrid. Quatre façades, longues et monotones, des pavillons aux angles, un fronton au devant de l'église, des tours, une coupole, le tout d'une pierre grise et triste, voilà ce que l'Escurial offre d'abord aux yeux. Personne sur la place et dans les cours ; le silence est à peine interrompu, de temps en temps, par une sonnerie austère. Tout l'intérieur est d'une architecture dont la grandeur et la sévérité constituent la seule beauté. L'église même, vaste et imposante, frappe et attriste par sa nudité.

Un service funèbre s'achevait dans le chœur : c'était le jour anniversaire de la mort de Charles-Quint. L'histoire est vivante ici, et des mains pieuses entretiennent ce souvenir si lointain.

On montre le coin du chœur où Philippe II reçut, sans sourciller, la nouvelle du désastre de l'Armada. Mais, de tous ces lieux divers de l'Escurial, nul, que je sache, n'efface l'intérêt de la crypte souterraine qui s'ouvre au milieu du chœur, et qui recueille, depuis trois siècles, la dépouille mortelle des souverains. On l'appelle le Panthéon des Rois, *Panthcon de los Reyes*. Là sont rangés, dans des niches dépourvues de tout ornement, les cercueils des princes de la dynastie autrichienne, avec cette simple inscription : REX HISPANIARUM. J'ai contemplé les sarcophages qui contiennent les restes de Charles-Quint et de Philippe II. Après Charles II commence la série des rois de la maison de Bourbon jusqu'à Ferdinand VII.

J'irai de l'Escurial à Ségovie en passant à la Granja, résidence d'été de la famille royale. Ce voyage doit se faire à cheval; on part à huit heures du soir pour n'arriver que le matin. Nous n'en sommes plus à craindre la fatigue, mais traverser la nuit les sommets trop fameux du Guadarrama, n'est-ce pas s'exposer à y trouver quelques détrousseurs de grand'route? Les gens que l'on interroge hochent la tête; beaucoup paraissent peu disposés à se risquer. Mais il y a de l'attrait à cette expédition romanesque, et notre prudence n'y tient pas.

Huit heures sonnaient à l'Escurial : nous quittâmes le village de San-Lorenzo, silencieux mais confiants. Le conducteur semblait un fort brave homme. Une demi-heure après avoir perdu de vue l'Escurial, nous sommes dans une campagne déserte, un vrai site à brigands. On s'étonne de n'en voir sortir aucun des taillis qui bordent la route. Bientôt, malheureusement, la lune se couche; les ténèbres sont épaisses, comme nous arrivons aux premières montées de la chaîne du Guadarrama. Alors tout prend à l'entour des apparences fantastiques. Les montagnes se dressent à des hauteurs fabuleuses, et se confondent dans l'obscurité du ciel. La route semble bordée d'abîmes sans fond, et, dans ces noires profondeurs, on entend rouler des pierres et parfois mugir un torrent.

A minuit, nous arrivâmes au col de Navacerrada. Il y a là une *venta* isolée et plongée dans un profond silence. Une chaîne barrait le chemin : il fallut réveiller un homme, qui vint, dans un costume étrange, recevoir le péage. De l'autre côté, la descente commence à travers l'impénétrable forêt. Nous avancions toujours au petit trot des chevaux, flottant entre le sommeil et la veille, tandis que la réalité prenait de plus en plus l'apparence d'un songe.

Vers deux heures du matin, le guide manifesta l'intention de prendre un chemin de traverse. Cela parut suspect. Nous marchons seuls dans le bois, laissant aux chevaux la bride sur le cou. Après une grande heure, j'aperçois à travers les arbres la lueur rouge d'un feu, et des formes étranges voltigeant tout autour. Au même instant, un homme couché au bord de la route se lève et se jette brusquement à la tête des chevaux. Je vais m'éloigner au galop pour lui échapper; c'est notre guide qui nous attendait là, auprès d'un feu de bûcherons.

A cinq heures, la nuit étant toujours noire, on s'arrêta aux portes du village de San-Ildefonso de la Granja. Il fallut parlementer pour se faire ouvrir. Le guide nous conduisit dans une posada que nous ne prîmes pas la peine d'examiner; il se trouvait dans une chambre deux chaises; chacun de nous se laissa tomber sur l'une d'elles, et s'endormit incontinent.

Le village de la Granja s'est formé autour du château royal de Saint-Ildephonse, bâti par Philippe V, et qui est à tout prendre d'un plus riant aspect que l'Escurial.

Tout rappelait au monarque, dans le château et les jardins, le souvenir de Versailles. Nous parcourûmes rapidement les allées principales du parc, par une température dont la fraîcheur inusitée nous remet de la fatigue de la nuit.

Il y a cinq ou six kilomètres de San-Ildefonso à Ségovie. Mais cette lieue paraît longue, à travers une campagne peu ombragée, où rien n'annonce une ville : il est dix heures, et le soleil brûle. Soudain, la plaine se déchire; un profond ravin s'ouvre sous nos pieds, et, tout au fond, nos yeux charmés découvrent Ségovie.

La ville descend une des pentes du ravin, et remonte de l'autre côté ; le grand aqueduc, vestige de la splendeur de l'époque romaine, unit les deux sommets. Située sur une colline presque inaccessible, Ségovie jouissait de l'avantage d'une belle position stratégique ; tout comme Numance, elle a brillé d'un vif éclat durant la période romaine et au moyen âge. Aujourd'hui, le voisinage de la capitale achève de l'effacer.

Il lui est resté de son ancienne grandeur de magnifiques débris, et cette ville de sept mille âmes offre à l'archéologue et à l'artiste un puissant intérêt. L'aqueduc attire le premier l'attention : il commence dès le faubourg, près d'un cirque ruiné ; un ruisseau au courant limpide et précipité s'engage dans son canal de pierre, et, porté sur des arcades dont le cintre s'élève rapidement, il va porter à la ville une eau abondante. Voilà quinze siècles que l'œuvre des Romains rend ce service ; leur admirable ouvrage est debout. Au plus profond du ravin, il y a deux rangs d'arcades superposées, et les maisons se haussent pour arriver à peine à la voûte la moins élevée.

Ségovie, perdue dans son désert, presque inaccessible aux voyageurs, a conservé l'empreinte du passé, et une physionomie castillane qui nous remet dans l'esprit les galantes aventures de Gil Blas. Le lieu est bien choisi pour y penser : ce héros, qui nous plaît tant par un fonds d'honnêteté, survivant chez lui à toutes ses peccadilles, expia longtemps je ne sais quelle algarade dans le château de Ségovie.

On connaît la grosse tour flanquée de huit clochetons, donjon de cet Alcazar. Palais, citadelle et prison, ce dernier s'élève sur une pointe de rocher qu'entourent de trois côtés les méandres d'une rivière. A ce curieux édifice se rattache, comme je viens de le dire, un souvenir littéraire, chose rare pour une citadelle : Lesage ne pouvait mieux choisir pour renfermer Gil Blas que cette prison aux dehors poétiques.

Le soir, la lune éclaire à demi tous ces monuments. L'aqueduc semble plus gigantesque encore. A quelques pas de là, des muletiers et des *muchachas* dansaient à grand bruit dans une posada. Ainsi passent, insouciantes, les générations humaines, devant cet ouvrage indestructible d'une grande nation disparue, insensible témoin des vicissitudes de Ségovie.

III

Une haute montagne toute couverte d'édifices sévères, des remparts mauresques, des tours, un beau fleuve contournant l'enceinte, et, au sommet de cet amphithéâtre, un château royal bâti par Charles-Quint avant que la royauté allât s'établir à Madrid, voilà, au milieu de la plaine castillane, Tolède, la cité des rois goths, la capitale de Rodrigue. Ici, l'on attend de la grandeur et de la poésie, et cet espoir n'est pas déçu. C'est

Tolède au loin qui brille,
Et qui, le casque en tête et l'épée au côté,
Toujours veille sur la Castille.

Le Tage fait le tour de la ville, qu'il enceint de trois côtés : il coule dans un lit profond, bordé de rocs inaccessibles. On arrive à Tolède par une longue rampe, en franchissant le pont d'Alcantara et sa tour mauresque. L'intérieur offre un dédale de rues étroites où il faut renoncer à s'orienter : c'est la marque ineffaçable du séjour des Arabes. Tolède est triste et morne en cette année; le choléra s'est appesanti sur elle, et, à la porte des maisons, des inscriptions pieuses invoquent la compassion du ciel pour les habitants. Depuis quatre mois (septembre 1860), il n'est plus tombé une goutte de pluie sur ce sol brûlé des rayons du soleil, et la contagion étend ses ravages à la faveur de cette température africaine.

Une petite place, le Zocodover, ou Plaza de la Constitucion, est le centre où viennent s'assembler chaque soir un nombre restreint d'oisifs. Le Zocodover est aussi moins animé que de coutume; on s'y entretient des progrès ou de la décroissance du fléau, et quantité de cierges, allumés devant une grande image de la Madone, témoignent des inquiétudes et des vœux de la population.

L'Alcazar s'élève au-dessus de la place, dans un site qui fut d'abord celui d'une citadelle. C'est un des beaux ouvrages de la Renaissance en Espagne; bâti au XVIe siècle, brûlé au XVIIIe, il ne s'est pas relevé de ses ruines.

A l'instant où le soleil couchant illumine d'un sombre éclat le tableau mélancolique qu'offre Tolède aujourd'hui, nous revenons au Paseo de Miraderos, étroite esplanade ménagée sur un point élevé. De là, on domine le Tage et ses gorges sévères, le pont d'Alcantara, et le vaste faubourg qui s'avance sur la route de Madrid. L'amas des édifices noircit dans l'ombre croissante ; des tours, des clochers, se détachent sur un ciel enflammé. Une musique militaire joue dans le lointain ; quelques accords nous arrivent mêlés au bruit des clochettes de longues files de mulets qui gravissent la montagne. Le ciel orageux, l'atmosphère lourde pèsent sur cette population que décime l'épidémie. Quand le soleil est couché, on rentre dans la ville, déserte à huit heures du soir. Çà et là, dans les boutiques, nous entendons un chant lent et mélancolique, et les trois notes monotones de la guitare. A l'auberge, le silence aussi et la solitude : c'est l'avenante et simple *Fonda di Lino.*

La cathédrale de Tolède, vaste et majestueux édifice dont la splendeur s'accroît avec les âges, apparaît comme le centre et le boulevard du catholicisme espagnol. Seule debout au milieu de tant de ruines, elle règne sans partage sur l'ancienne capitale de l'Espagne ; c'est à la fois l'église, le palais et la citadelle, et elle tient un peu de tout cela.

Une chapelle de la cathédrale est restée consacrée au rite *muzarabe.* La tolérance des khalifes avait conservé aux chrétiens des églises dans les villes soumises à la domination mauresque. Ces chrétiens d'Espagne demeurèrent cinq siècles à peu près séparés de leurs coreligionnaires du Nord ; le temps leur avait donné des rites particuliers, et, lors de la conquête castillane, ils refusèrent de les abandonner. On eut la sagesse de ne pas leur ôter leurs vieilles coutumes ; les chrétiens muzarabes conservent à Tolède deux églises et leur chapelle dans la cathédrale.

Il est un coin de la ville où le voyageur s'arrête longuement, pour s'asseoir sur quelques débris, dans les alentours solitaires du pont Saint-Martin. Ces lieux, il y a dix siècles, étaient couverts des plus beaux palais de la capitale espagnole. Aujourd'hui, dans un désert, on voit, à cent pieds au-dessous du pont Saint-Martin, une tour ruinée au bord du Tage : c'est tout ce qui reste des bains de la Cava, où la belle Florinde, pour son malheur et celui de l'Espagne, attira les regards du roi Rodrigue. Telle fut l'origine de la catastrophe légendaire où finit la monarchie des Goths ; peu d'années après, Tolède elle-même s'ouvrait devant le flot de l'invasion arabe.

L'art mauresque a laissé dans le même quartier comme une dernière marque de cette puissance disparue. L'église de Santa-Maria *la Blanca* fait songer aux mosquées d'Orient, n'était la disposition de ses cinq nefs, dont les voûtes offrent partout la courbure du style arabe. Trois salles qui appartinrent à un palais mauresque, le Taller del Moro, émerveillent le visiteur par l'élégance et la variété de leurs ornements et de leurs moulures.

A la fin du moyen âge, après la conquête de Grenade, les rois catholiques élevèrent le couvent et l'église de San-Juan de los Reyes pour consacrer le souvenir de l'union de la Péninsule sous leur sceptre.

C'est une œuvre admirable du style gothique des derniers temps. Mais le temps et la négligence des contemporains la menacent d'une ruine prochaine. Les sculptures tombent en poudre ; des statues s'affaissent hors de leurs niches croulantes ; le cloître voit ses voûtes s'effondrer. C'est, pour l'art, un malheur irréparable.

Tolède, isolée au milieu d'un pays désert, est au terme d'une longue et glorieuse carrière. L'avenir n'a rien à promettre à cette cité : ses souvenirs et ses ruines ne sauraient retenir dans ses murs une population qu'attire Madrid. Il lui reste son importance stratégique, avantage stérile jusqu'au jour où, ce qu'à Dieu ne plaise, le pays verrait une nouvelle invasion. Seuls, les voyageurs hanteront cette montagne illustre : l'archéologue y recherchera la trace de trois civilisations diverses ; l'historien y verra le théâtre des événements les plus marquants de l'histoire de l'Espagne ; le philosophe y trouvera matière à de chagrines méditations.

IV

La route d'Andalousie mène à Cordoue à travers la Manche. Cet aride pays de la Manche, avec le mérite assez vulgaire d'être le grenier de l'Espagne, conserve toujours des noms qu'immortalisa par hasard la fantaisie de Cervantès. On connaît assez le Toboso, patrie de Dulcinée : le chemin de fer passe tout près, mais s'est bien gardé de toucher à ce village mythologique. Au Puerto Lapiche, théâtre des premiers exploits du fameux chevalier, on trouve encore une *venta*, comparable peut-être au *château* qui eut l'honneur d'héberger Don Quichotte. A défaut de plus grands sujets d'intérêt, on peut se nourrir durant le voyage de ces joyeux souvenirs.

Le Guadalquivir apparaît à Andujar. C'est un fleuve très ordinaire, bordé non point de bosquets en fleurs, mais de fort vilains roseaux, quand ses rives ne sont point d'une aridité complète. Ce premier aspect de l'Andalousie ne répond pas à mon attente; le ciel était gris, le pays monotone, et un vent violent faisait sentir un froid inattendu. On traverse ainsi, jusqu'à Cordoue, des plaines largement ondulées, plantées d'oliviers, et dépourvues d'attrait pittoresque.

L'ancienne capitale des khalifes est paresseusement assise au bord du Guadalquivir; cette ville, que l'on croirait déserte au premier coup d'œil, n'est pas sans offrir un séjour agréable. J'y passai une semaine entière au mois de juillet. Les modernes habitants ont emprunté aux Arabes le secret de se procurer, dans leur intérieur, une fraîcheur bien nécessaire. Des jardinets et des fontaines embellissent la cour des maisons, le traditionnel *patio*, que l'on retrouve dans toute demeure orientale, depuis la Syrie jusqu'au Maroc. L'air circule dans les galeries, qu'une grille à jour sépare seule de la rue. Notre œil curieux y pénètre, et nous voyons, sous les arbustes en fleurs, le piano, les livres, le fauteuil des maîtres de la maison.

Non loin du fleuve s'élève l'antique mosquée, aujourd'hui cathédrale. Elle reproduit exactement le type des monuments primitifs de l'islamisme : les mosquées du Caire lui servirent de modèle. Une large enceinte découverte y donne entrée ; c'est le Patio des Orangers, entouré d'un portique aux ogives mauresques : abri de tout un peuple d'oisifs, de même qu'à Constantinople le pourtour extérieur des mosquées offre un toit aux pauvres et même aux voyageurs. Le temple lui-même s'ouvre au fond. L'œil s'y perd dans une forêt de colonnes, au milieu de nefs qui s'entre-croisent à l'infini. Quel spectacle autrefois que ces profondeurs de la mosquée, illuminées de lampes innombrables, et que l'on apercevait du dehors par dix-neuf portes s'ouvrant sur chacune des galeries ! Les portes, maintenant, sont murées, et de fâcheux restaurateurs ont renversé nombre de colonnes, au centre de l'édifice, pour bâtir un chœur vulgairement décoré.

Séville, cité arabe aussi, offre le plan confus des villes mauresques. Mais elle n'est plus endormie et morne : la vivacité andalouse y reprend ses droits. Les rues, étroites toujours, fourmillent de passants ; c'est un incessant murmure de robes de soie qui frôlent les murailles, et d'éventails qu'agitent des mains impatientes. La Calle de las Sierpes, longue et tortueuse, est le vrai centre de la ville ; c'est là que se voient les grandes boutiques, les cafés et les *confiterics*, et qu'on peut admirer, dans leur élégant et pittoresque costume, les belles Sévillanes. La mantille et l'éventail y règnent sans partage.

Après le retour de Séville à la domination chrétienne, le chapitre de la cathédrale résolut d'élever une basilique qui laissât loin derrière elle toutes celles de la Péninsule. On commença par jeter bas l'ancienne mosquée. Il ne fallait pas moins qu'une merveille pour faire oublier cet acte de vandalisme. Mais on était aux plus beaux temps de l'art gothique : l'église s'éleva, et Séville possède la plus vaste, la plus imposante et la plus belle de toutes les métropoles de l'Espagne.

Il n'est resté des Arabes que l'élégante et poétique Giralda, qui s'aperçoit de si loin dans le ciel éternellement bleu. C'est l'antique et populaire palladium de la cité. Du haut des galeries, l'œil plane sur l'amas des maisons blanches de Séville, mêlées de dômes élégants et de clochers tous faits sur le modèle, plus ou moins, de l'immortelle Giralda.

Dans une chapelle de la cathédrale est l'ouvrage capital de Murillo, le plus grand et peut-être le plus précieux du maître, le *Saint Antoine de Padoue*. Le peintre sévillan brille aussi presque seul au Musée de la Merced, vieux couvent qui regorge de richesses mal rangées. Dans le salon principal, restauré avec soin, nous admirons une collection de dix-huit tableaux de Murillo. De ces dix-huit ouvrages, tous éclatants de fraîcheur et de coloris, pleins du charme suave des créations du maître, je n'en citerai que deux. Murillo lui-même considérait comme son chef-d'œuvre le *Saint Thomas de Villanueva* donnant l'aumône aux pauvres. On ne pourrait pas moins dire du *Christ* se détachant de la croix pour embrasser S. Francisco.

L'art et la fantaisie des Maures ont laissé à Séville leurs vestiges charmants dans l'Alcazar, le palais féerique brillant de mille couleurs sous l'azur du firmament, et à la Casa de Pilatos, la célèbre demeure des Medina Celi. L'Orient ne peut offrir rien de plus étincelant : son ciel même n'a pas plus d'éclat que celui de Séville.

Après nos longues courses dans les rues ensoleillées, nous trouvons le repos et l'ombre à la *Cristina*, dont le rond-point orné de bancs de marbre est défendu contre la chaleur et la poussière par un épais rideau de verdure. Le dimanche, il y a des promeneurs au *Salon* de la Cristina, mais, la semaine, on ne peut rien voir de plus paisible et de plus solitaire. J'y porte mes livres, et l'aguador du coin nous offre ses chaises, en préparant le verre d'eau sucrée d'un *azucarillo*, modeste et hygiénique rafraîchissement.

Les beaux ombrages des jardins de S. Telmo, la résidence de Mgr le duc de Montpensier, font suite à ceux de la Cristina. Le Guadalquivir est tout près, et le port avoisine le grand pont. Là fut bâtie la Tour de l'Or, autre édifice mauresque ; enfin, au-dessus des maisons qui bordent le fleuve, on voit s'élever encore, dans sa grandeur majestueuse, la haute cathédrale. A côté, la Giralda s'élance dans les airs, et la Vierge dorée luit au soleil. Le jour du départ, nons la verrons longtemps ainsi, nous rappelant de loin la cité aux aimables souvenirs, et nous dirons adieu à Séville quand elle disparaîtra à l'horizon parmi les clartés de la terre et du ciel.

V

Après une longue nuit de voiture, j'ai vu, au lever du jour, les trois collines de Grenade, et la ville étagée sur leurs penchants : à gauche, l'Albaycin avec ses tours antiques; au milieu, l'Alhambra, son bois ombreux, et l'amas de murailles et de ruines qui cache dans son sein le palais des rois maures; enfin, les hautes futaies de la promenade du Xénil, et, au delà de la ville, la Sierra Nevada dépouillée par l'été de sa couronne neigeuse. Au coucher du soleil, les croupes arides de la montagne revêtent une teinte étrange, métallique : la Sierra semble d'or et de pourpre, et brille encore au ciel bleu quand la vallée plonge dans l'ombre du soir.

Autant et plus que Séville, Grenade a conservé la mémoire de ses maîtres arabes. Quatre siècles n'ont pas effacé leur souvenir, et sans parler de l'Alhambra, nombre de rues, de maisons, remontent authentiquement à l'époque des rois maures. L'étroite rue du Zacatin rappelle le bazar des villes d'Orient. Çà et là, l'ogive mauresque apparaît dans l'ombre des ruelles, où elle marque la place d'un palais dégradé. Mais on ne s'arrête guère à ces débris, non plus qu'aux édifices qu'a laissés la Renaissance; nous courons à l'Alhambra.

C'est sur la colline de ce nom, dans une position forte, et à l'abri d'une enceinte restée debout jusqu'à nos jours, que les sultans de Grenade avaient caché leur voluptueuse résidence. Sous un ciel de feu, à l'extrémité de la vallée brûlée par le soleil, l'Alhambra recueillait les premières brises de la montagne; des sources abondantes répandaient la vie dans ses jardins; une sorte de forêt, au dehors de l'enceinte, y entretenait une fraîcheur perpétuelle. Aujourd'hui, un bon hôtel, établi sous ces ombrages, offre au cœur même de l'été une résidence où l'on peut braver la canicule. J'y séjournai en juillet 1877; les nuits étaient presque froides.

L'histoire et la légende ont poétisé l'Alhambra: l'invention de la photographie l'a fait connaître au monde dans tous ses détails. On a vu partout, avec leurs reliefs et leurs arabesques, la salle des Ambassadeurs, celle des Deux-Sœurs, et celle des Abencerrages. M. de Chateaubriand a placé dans cette dernière le meurtre de la famille de ce nom; la génération dont je fais partie a lu *Le Dernier des Abencerrages;* ce roman célèbre sera peut-être ignoré de nos neveux. On a souvent imité les palais maures de l'Espagne : à Grenade, ce n'est plus un pastiche, une fantaisie sortie du cerveau d'un architecte; la réalité vit sous nos yeux; les maîtres de ce palais sont sortis d'hier, et lorsque je promène mes pas errants le long de ces colonnades, dans ces salles, parmi les détours de ces corridors, je crois entendre, au moindre bruit, le pas léger du serviteur arabe, troublant seul le silence de cette maison orientale, qui n'est pas plus muette et mieux close qu'un palais du Bosphore.

A la Cour des Lions, je m'enfonce sous les galeries, pour contempler de loin, à travers le rideau d'une élégante colonnade, le *patio* inondé du soleil de Grenade. A l'entour, les salles voisines sont pleines d'ombre et de fraîcheur. Un filet d'eau court à travers les marbres, mais les fontaines ont cessé leur murmure ; c'est, dans ce palais vide, la seule marque de décadence et de ruine.

L'Alhambra, chef-d'œuvre d'une pensée riante et sensuelle, réalisait un songe de l'Orient, et ses merveilles fragiles semblent prêtes à disparaître comme les rêves. On ne sait quel hasard a sauvé la moitié du palais mauresque : le roi Boabdil parti, ses murs tombèrent en ruine, et Charles-Quint, pour se bâtir une résidence, ordonna une vaste et irrémédiable destruction. Aujourd'hui, l'Espagne veille avec soin sur ce reste précieux d'une civilisation disparue ; elle en a sauvé ce qui pouvait l'être. De longues générations pourront encore jouir de ce legs du passé.

A la cathédrale de Grenade, j'ai vu, dans une vaste chapelle, les tombeaux de Ferdinand V d'Aragon et d'Isabelle de Castille, les conquérants de la ville ; à côté d'eux est la mère de Charles-Quint, Jeanne, leur fille, avec son époux, l'archiduc d'Autriche. Philippe le Beau, fils de Marie de Bourgogne. Ici se trouvent comme résumés les faits capitaux d'où sortirent la toute-puissance de la maison d'Autriche et le triomphe du système patrimonial, qui transportait dans le régime des grandes monarchies modernes la loi féodale du contrat et de l'héritage. Ainsi se virent réunies dans la même main ces vastes possessions d'Allemagne, et l'Espagne et la Flandre, que tout séparait, et qu'un mariage politique allait, pour si longtemps, faire vivre sous le même sceptre.

J'ai fait à Grenade, par deux fois, un séjour plus long que dans aucune autre ville d'Espagne. L'agrément des promenades, la beauté du site, ne contribuent pas moins que tant de monuments et de souvenirs à retenir l'étranger. L'Andalousie est si loin, qu'on ne peut guère espérer de voir plus d'une fois son aimable capitale. Il me fut donné néanmoins d'y revenir, après dix-sept ans écoulés.

L'Espagne n'avait encore, à mon premier voyage, que des lignes peu étendues de chemin de fer. Déjà, nous connaissions la diligence espagnole. Mais il n'y a pas même de diligence entre Grenade et Murcie, et ce trajet de soixante lieues, nous le ferons en *galera*. Nous passerons une semaine entière dans un pays rude, dépourvu d'auberges, de routes; nous vivrons avec les compagnons que nous donnera le hasard, et comme eux. On n'a pas manqué de nous déconseiller, dès Madrid, un pareil voyage, mais, bien décidés à l'entreprendre, nous avons cessé de chercher des conseils, et nous courons d'un cœur intrépide à notre sort.

La *galera* est un grand et tout simple chariot, comme ceux de nos rouliers, et tout aussi peu suspendu. Il est rempli de caisses de bois dont le contenu demeure pour nous un mystère; dessus, des sacs de paille hachée sont destinés à la nourriture des six mules, et, en attendant, servent aussi de siège aux voyageurs. Au début, c'était quelque chose, mais, les mules mangeant toujours, nous avons fini par nous trouver couchés sur la dure. Les six bêtes, traînant la voiture d'un pas égal, lui font faire à peu près dix lieues par jour.

Nous partons à trois heures du matin, et, pendant six jours, il en sera de même. Le chariot est dans la rue, devant la posada de la Espada, calle de la Alhondiga.

Grenade dormait, et, dans l'ombre, nous ne revîmes plus la colline de l'Alhambra.

Quand le jour parut, nous étions loin de la ville des Maures, mais on voyait toujours le pic du Veleta au-dessus des montagnes voisines. Des rochers noirs, aux formes abruptes, des taillis, de rares torrents coulant parcimonieusement dans un lit desséché; çà et là, une tache neigeuse parmi les sommets calcinés; tel est le paysage de la Sierra Nevada, région longtemps abandonnée aux bohémiens et aux brigands, dont le souvenir emplit encore ces lieux lugubres. Tel est invariablement l'aspect du pays durant la première journée.

Le chef suprême de la caravane, c'est le *mayoral,* le conducteur de la galère; il est assisté du *zagal,* Pedro, qui a vingt-deux ans, à peu près comme nous. Le pauvre jeune homme court tout le jour à côté des mules, grondant celle-ci, interpellant celle-là, sans trêve ni relâche. Pedro n'a que la peau sur les os : on n'engraisse guère dans son métier. Nous nous sommes bientôt fait des amis du mayoral et du zagal. Ils ne se sont jamais départis de la politesse et de l'obligeance qu'ils avaient montrées tout d'abord, et qui distinguent en général, dans ce pays, les hommes de leur profession. Le chien du mayoral, bel animal au pòil noir et blanc, trotte à côté des mules; nous lui donnons parfois l'hospitalité.

L'heure du premier repas étant arrivée, nous comptons déjeuner à la venta de los Molinillos. C'est à tort: cette auberge offre aux passants l'abri de ses quatre murs, et tout au plus un peu de miel. Heureusement, il reste des provisions emportées de Grenade; le lendemain, nous n'aurons plus, jusqu'au soir, qu'un peu de pain sec et de chocolat.

A la couchée, à Guadix, c'est autre chose. La posada de Ochoa est un grand caravansérail : il y a une vaste cour, d'immenses écuries, nombre de muletiers, de garçons et de filles d'auberge. Nous nous arrêtons à contempler ce tableau d'hôtellerie. Personne ne songe à nous. Il faut gravir un étroit escalier et présenter requête à une affreuse maritorne. Alors, nous sommes conduits à notre chambre. L'aspect n'en prévient pas : rien que les quatre murs encore. Mais aussitôt on apporte lit, chaises, lumière; le souper vient après, et le gîte de Guadix se trouve valoir mieux qu'on n'avait pensé.

Durant toute cette semaine de voyage, nous serons nourris et logés comme le premier jour. Notre principal et presque unique repas se composera d'un plat de viande hachée au riz. Le vin du pays n'est guère potable. Les lits donnent lieu à quelques embarras avec lesquels il faut se familiariser. A Baza, le second jour, on demande si nous voulons un lit ou un demi-lit, *cama o medio-cama :* un demi-lit est un lit sans couvertures. On devine la réponse dans cette saison où les nuits sont déjà fraîches. A Cullar, plus loin, on veut savoir si nous désirons que nos lits soient *in alto,* en haut : sans rien comprendre à la question, nous répondons affirmativement. Alors on apporte des tréteaux avec des planches, et les matelas sont précieusement déposés au sommet de l'édifice. Qu'est-ce donc qu'un lit *en bas?* Un simple grabat, sans doute, étendu sur la terre.

Le cinquième jour, nous entrâmes à Lorca, grande ville dominée par un donjon qui s'aperçoit au bout de la plaine, quatre heures avant d'y arriver. Nous montons dans une nouvelle voiture, suspendue cette fois, pour y passer la nuit entière et gagner Murcie. L'opulente vallée de la Segura apparaît, au sortir de l'aride désert de la Sierra Nevada, comme un paradis terrestre : une végétation africaine, et le costume oriental des paysans, font songer déjà à l'Algérie, où je vais me rendre. De beaux palmiers sont épars dans la plaine ; des haies de cactus et d'aloès bordent les champs.

On entre dans Murcie par une belle avenue où des palmiers s'entremêlent aux arbres du Nord. Cette grande ville de quatre-vingt mille âmes est fort animée aux abords du fleuve, assez morte partout ailleurs. Nous y passons une journée. La cathédrale ne paraît pas mériter sa grande réputation. Les principales rues sont celles de la Traperia et de la Plateria, consacrées, comme leur nom l'indique, aux drapiers et aux bijoutiers. De même qu'à Grenade, d'adorables physionomies féminines surgissent du fond des boutiques obscures : c'est l'attrait d'une promenade dans les rues embrouillées du centre de la ville.

A quelques lieues de Murcie est Elche, si connue par ses plantations. Le désert la précède; bientôt apparaissent quelques bouquets de palmiers; ils se multiplient à vue d'œil; enfin, c'est une forêt immense et impénétrable, une oasis au milieu de laquelle se cache une ville de vingt mille âmes. Les palmes se vendent dans toute l'Espagne le jour des Rameaux. Il faut pousser jusqu'au Sahara pour trouver rien de comparable, même en Afrique, à cette ville d'Elche et à sa forêt fantastique.

VI

A l'autre extrémité de la Péninsule, Lisbonne, la grande ville, semble toute tournée vers le nouveau monde. Ici, ce ne sont plus les doux rivages de la Méditerranée : l'Océan s'ouvre devant un peuple hardi et conquérant; les quais du Tage ont vu partir ces expéditions auxquelles l'Europe moderne a dû la découverte de l'Afrique, de l'Inde et du Brésil. Le Portugal a plus que doublé le domaine de notre civilisation.

Aujourd'hui, un chemin de fer relie au pays voisin la capitale portugaise, si longtemps isolée et lointaine. Lisbonne ne ressemble point aux villes espagnoles; ses relations maritimes avec l'Angleterre, voire avec la Hollande, ont dû influer sur l'aspect de cette cité, grand et superbe port de mer, où se retrouvent nombre de souvenirs exotiques.

Le Tage, largement épanché vers la mer, forme devant la ville un lac tranquille : au nord, des collines se succèdent, chargées des monuments et des maisons de Lisbonne ; au sud, des plages étendues sont couvertes de forêts renaissantes. Quelques villages émaillent ce pays assez solitaire : il faut citer Seixal, Alfeite et Cacilhas, qui fait face au port.

J'arrivai dans Lisbonne un matin d'hiver : la ville et le fleuve étaient d'une couleur terne ; ici encore, il faut le soleil de l'été pour donner au tableau sa véritable couleur.

La grande ville se partage en deux moitiés distinctes, et chacune d'elles offre une physionomie bien tranchée. Sur le rivage du fleuve, auprès de la vaste place do Comercio, les maisons se pressent, hautes de plusieurs étages, bordant des rues rectilignes d'une architecture uniforme ; c'est le cœur de la cité, le centre de l'activité commerciale, très grande d'ailleurs et digne de l'ancienne renommée du Portugal. Mais, dans ce climat, sous ce beau ciel, ces habitations étroites ne sauraient suffire. Une série d'interminables faubourgs entoure toute la ville ; là, l'espace abonde ; des jardins séparent les maisons ; une végétation luxuriante peut se donner carrière. Il est telle de ces demeures qui enferme dans ses murs des vignes, des champs d'oliviers, toute une campagne. On ne saurait, dans ce pays, entendre mieux un luxe utile : un peu de travail et un filet d'eau font de ces jardins un Éden frais et vert en toute saison. Les habitants les plus riches et les étrangers choisissent de préférence ces quartiers reculés, mais cette coutume offre l'inconvénient que la société lisbonnine est dispersée à des distances excessives, et qu'une simple visite prend les proportions d'un voyage.

La famille royale, la première, a dû s'établir loin du centre de la ville. Des considérations patriotiques ont dicté le choix de la colline d'Ajuda pour y bâtir la résidence des rois. Lorsque, en 1755, Lisbonne fut renversée par cette catastrophe dont on n'a pas perdu le souvenir, le sommet d'Ajuda échappa, dit-on, aux effets désastreux du tremblement de terre. On y éleva alors ce palais, vaste et beau monument encore inachevé. C'est là que les souverains tiennent leur cour, et qu'a eu lieu, en mai 1876, la fête solennelle offerte par le Roi et la Reine à S. A. R. le prince de Galles.

Le climat de Lisbonne est le plus doux que je connaisse en Europe : on ne fait guère de feu l'hiver, et l'été, je ne sache pas que la chaleur y paraisse excessive. Des pluies abondantes tombent de décembre à mars, mais la déclivité des rues de la ville ne permet pas à l'humidité d'y séjourner : la boue y est inconnue. En toute saison, les bords du Tage offrent une promenade intéressante ; un large quai, nommé l'Aterro, longe le fleuve, et des travaux récents l'ont étendu jusqu'à Belem. Ce point central devrait être le plus fréquenté de la ville, mais il n'en est point ainsi. Les promeneurs semblent préférer, dans l'intérieur, le beau square de la place du Prince-Royal, ou le jardin public de la Estrella, trop éloignés l'un et l'autre pour appeler la foule. Habitant moi-même un quartier central, je descendais plus volontiers vers l'Aterro, et d'ailleurs, à Lisbonne, il semble que l'intérêt ne puisse se détacher du grand fleuve qui fait la gloire et la prospérité de la capitale portugaise.

Durant l'hiver, plusieurs théâtres offraient des distractions variées. La grande et belle scène de San-Carlos est vouée à l'opéra italien. Une troupe française jouait les opérettes à la mode, et le théâtre Trindade était consacré au même genre, mais avec la traduction portugaise. Une invention nouvelle était venue ajouter à nos plaisirs : à cette époque florissait le patin à roulettes, et un cercle spécial avait établi, dans une jolie salle, le siège de ses réunions. Un jour, les exercices du Skating-Ring lisbonnin furent honorés de la présence du Roi et de la Reine. Cette vogue dura un hiver entier : jamais club n'offrit de réunions plus joyeuses. Il fallut l'été et les attractions de Cintra et de Cascaes pour disperser l'aimable société groupée autour des promoteurs du Skating.

Quand le mois de mai est venu, la société de Lisbonne, suivant un usage commun à toute l'Europe, se disperse peu à peu dans les villégiatures voisines. J'ai déjà dit que, sous cet heureux et chaud climat, le besoin de fraîcheur et de verdure ne tarde pas à se faire sentir. Dans les alentours immédiats de la capitale, la campagne est inégalement boisée et souvent monotone, quoiqu'il s'y trouve aussi, grâce aux soins de quelques propriétaires, de ces plantations opulentes, villas ou jardins, auxquels la langue portugaise donne le nom de *quintas*. Mais, à quelques lieues plus loin, la chaîne pittoresque des montagnes de Cintra déroule une série de sites frais et charmants où se réfugient en masse les amateurs de villégiature. La petite ville est elle-même une résidence très recherchée, et toutes les hauteurs avoisinantes sont couvertes de villas plus ou moins luxueuses, entourées de jardins où l'art profite habilement des accidents variés du terrain.

Sans nous établir complètement à Cintra, nous vînmes y passer, au mois d'août, une quinzaine de jours. C'est le moment où se presse dans cet agréable endroit l'affluence des *villeggianti*. On y retrouve alors tout ce que Lisbonne compte de notabilités, et cette foule, fort à l'étroit dans les logements de la ville, y vit pêle-mêle avec une simplicité qui n'est pas le moindre charme de cette résidence d'été. La cour habite quelquefois, à Cintra, un château d'assez modeste apparence, mais le roi Ferdinand s'est bâti, sur la montagne de la Penha, une demeure luxueuse, entourée d'un parc merveilleux.

Au commencement de septembre, la plupart des habitants de Cintra émigrent au bord de la mer. C'est la saison des bains, qui dure deux mois. Le Roi et la Reine s'établissent dans la vieille forteresse de Cascaes. Ce village, qui en lui-même n'est rien, n'offre pas moins, à ce moment, un très réel agrément. Le site a de la grandeur dans sa simplicité. L'Océan s'ouvre devant nos yeux, au delà de l'embouchure du Tage. A une courte distance est le cap de Guia, pointe avancée de l'Europe dans l'Atlantique. Des rochers d'apparence sévère y sont éternellement battus par les flots. Là s'ouvre dans le rivage cette brèche connue sous le nom de *Boca do Inferno*, où les vagues s'engouffrent avec violence et peuvent mettre les visiteurs en péril. La Reine elle-même y courut du danger, il y a quelques années, et l'on ne dut son salut et celui de ses fils qu'à son courage et à sa présence d'esprit.

VII

Je me suis embarqué sur les quais de Lisbonne, pareil à ces navigateurs d'autrefois, qui, d'ici, entreprenaient de si lointains périples. Mais au lieu de m'élancer vers les profondeurs de l'Océan, j'irai timidement le long du rivage, et ne dépasserai pas les colonnes d'Hercule : c'était le terme du domaine maritime des anciens, que les modernes ont si prodigieusement reculé.

Les monuments bien connus de Lisbonne et de Belem ont défilé à nos yeux, et, lorsqu'on a passé la barre du Tage, la côte portugaise s'éloigne peu à peu ; après avoir doublé le cap Espichel, à la tombée de la nuit, le navire entre dans la haute mer.

Deux jours entiers se sont écoulés, à une grande distance de la terre ; le cap Saint-Vincent s'apercevait à peine, ainsi que le rivage des Algarves. Dans le détroit de Gibraltar, le vent s'élève, soufflant de l'est et barrant le chemin; nous débarquons enfin au pied du célèbre rocher.

L'Alameda de Gibraltar suffirait à elle seule pour donner du charme à ce séjour. C'est la nature des tropiques aidée, perfectionnée par l'industrie anglaise, si attentive en tout lieu à tirer parti des ressources du sol et du climat. Le soir, cette promenade, bien éclairée, offre encore un refuge aux colons que la chaleur a fatigués tout le jour. C'est ici la première des stations que la puissance anglaise a semées sur la route de l'Inde; tout rappelle le régime colonial. L'importance de la forteresse n'est pas près de diminuer ; les armements sont poussés avec persévérance, et hier encore mon navire apportait une cargaison d'obus.

Le voyage de Gibraltar à Tanger s'effectue en trois heures; au milieu du détroit, la mer est bien grosse pour notre petit steamer. On voit de loin une tour blanche sur une pointe : c'est l'entrée de la rade de Tanger. La ville est en face, étalée sur le penchant de sa colline. Nous débarquons, et, par les rues étroites du quartier maure, j'arrive dans un hôtel qui était encore, il y a trois mois, la demeure d'un important personnage. C'est donc une maison mauresque authentique; le lit du maître occupait, nous dit-on, l'un des coins de la salle à manger. Notre appartement est l'ancien harem; c'est une pièce longue qui prend tout un côté du patio, et ne reçoit de jour que de celui-ci. Tous les ornements en sont d'un style élégant et pur.

Après Constantinople, Damas et le Caire, après

Alger et Tunis, Tanger offre l'aspect de l'Orient avec des nuances bien caractéristiques. On n'y retrouve ni le charme des souvenirs de l'antiquité, ni la splendeur des métropoles de l'Égypte et de la Turquie. Ici, dans cette capitale des tribus du désert, un peuple pauvre, vêtu simplement à la mode bédouine, encombre des rues bordées de maisons modestes. Cette population a conservé quelque chose de la rudesse d'aspect et des mœurs farouches des anciens habitants de la Mauritanie. Le Maroc défend avec jalousie son territoire et sa nationalité : les étrangers n'y peuvent pas, comme en Turquie, se mêler familièrement à l'existence des indigènes. Il n'y a ni bazars, ni cafés librement ouverts. Mais on ne peut s'attendre à retrouver les magnificences de Stamboul dans cette petite ville dont la population ne dépasse pas une douzaine de mille âmes.

La situation de Tanger est aussi agréable qu'elle dut être avantageuse de tout temps à ses habitants. Sur le détroit s'ouvre une petite baie qui offre un refuge à la navigation ; on voudrait pouvoir oublier que, durant des siècles, ce furent des corsaires qui en profitèrent à peu près seuls. Du haut de la colline où s'élève la Casbah, Tanger descend jusqu'à la mer parmi les plantations qui lui font une ceinture ; de même qu'Alger, c'est une traînée blanche sur la montagne, mais dans des proportions plus modestes : les hauteurs, la baie, les horizons, tout se répète en petit. Au delà de la rade, la vue s'étend sur le détroit, que ferme dans le lointain la haute chaîne des montagnes espagnoles.

Les jours se passent à d'agréables promenades, en pleine nature, tantôt sur la plage, tantôt parmi les collines de l'intérieur. C'est le Sahel d'Alger que ce pays rappelle le plus vivement : les chemins creux tapissés d'une épaisse végétation, les pentes vertes descendant à la mer, la vue lointaine de l'Océan. Les ministres étrangers ont dans cette belle campagne des résidences pittoresques ; je ne manquerai pas de rappeler ici le souvenir des heures charmantes passées dans le jardin de M. Daluin, ministre du Roi des Belges. Cet homme aimable s'est créé dans la ville une demeure dont il a fait un musée, et, aux portes de Tanger, une villa perdue dans les plus riches ombrages. L'hospitalité de M. Daluin ne contribua pas peu à me retenir dans la ville pendant près de quinze jours (1).

J'ai touché la terre d'Afrique. Dans la baie de Tanger stationne un vapeur français qui va regagner le rivage algérien. Ce n'est pas de ce côté que je l'abordai moi-même la première fois : parti de Valence après avoir fait le tour de l'Espagne, j'arrivai à Oran pour me diriger de là vers Alger.

Oran, comme toutes les villes de l'Algérie moderne, montre le double caractère de la cité arabe sur laquelle est venue se greffer la vie française. Les colons, en franchissant la mer, ne dépouillent rien du vieil homme : l'existence de la mère patrie se retrouve tout entière

(1) Les amis de M. Daluin ont eu la douleur de le voir succomber prématurément, en septembre 1883, à la maladie dont il souffrait depuis longtemps, et à laquelle la clémence du ciel de Tanger apportait quelques adoucissements.

chez eux, sans nulle concession au climat, à la nature, aux mœurs des indigènes parmi lesquels ils plantent leur tente. La ville basse d'Oran a donc une physionomie absolument française, plus encore celle d'un faubourg de Marseille. Mais, il faut l'avouer, on n'y retrouve pas sans quelque plaisir des habitudes familières et des ressources dues au voisinage de la France.

La ville est pittoresquement étalée sur les versants opposés de deux collines couronnées de forteresses; une haute montagne porte le château de Santa-Cruz, vieille citadelle espagnole. On a bientôt fait de visiter le quartier français. La population indigène paraît s'être réfugiée dans une longue rue étroite, tortueuse, bordée de boutiques sombres où trônent de vieux marchands arabes au milieu de leurs ballots. Là semble régner encore le Maure dépossédé par les colons. Nouveau venu sur cette terre, une défiance dont on sourira ne me permet pas de me mêler de trop près à cette foule bigarrée. Cette impression s'efface bientôt en Algérie, et l'émoi que l'on éprouvait à se voir seul, isolé au milieu des indigènes, ne tarde pas à disparaître pour toujours.

Il me fallut demeurer près d'une semaine à Oran, en attendant le départ du courrier d'Alger. Je passai bien des heures dans les allées ombreuses de la promenade de Létang, à contempler la mer, à lire, à méditer. Ma solitude était complète. Le général de Létang créa ce joli parc sur un penchant aride de la colline du Château-Neuf. C'était un service signalé rendu à la population oranaise. On y fait de la musique à certains jours, mais il vaut mieux errer dans les bosquets le matin, quand le jardin est solitaire, et qu'on y entend, seul, le bruit de la mer battant le pied de la falaise.

VIII

J'arrivai à Alger le soir. En entrant dans le port, on aperçoit une longue ligne de quais illuminés ; au-dessus, les lumières s'éparpillent sur le penchant des hautes collines où s'élève la ville. Le jour, Alger, avec ses maisons blanches, apparaît comme une tache d'argent sur le bleu foncé du ciel et de la mer. Une ceinture de hauteurs verdoyantes l'entoure de tous côtés : les pluies de novembre ont rendu leur fraîcheur à ces campagnes du Sahel, si pittoresques et si paisibles. Au centre de ce tableau, la place du Gouvernement groupe autour d'elle les trois ou quatre édifices principaux de la ville, et l'on voit s'élever pêle-mêle les minarets des mosquées et les clochers de la cathédrale.

De ce point central partent au nord et au sud les rues les plus animées, celles de Bab-Azoun et de Bab-el-Oued. Le quatrième côté s'ouvre sur le port, où conduisait autrefois une rampe étroite, dite de la Pêcherie (1). Que de fois j'en ai contemplé le spectacle, assis sur la balustrade de la place, ou bien arpentant

(1) Des travaux récents ont considérablement modifié l'aspect des lieux, en reliant la place aux boulevards qui longent la mer aujourd'hui.

l'asphalte à grands pas! Au delà de ce port, dont les jetées de béton sont d'un pauvre effet, la vue s'étend librement sur la baie d'Alger, ceinte de collines qui courent jusqu'au cap Matifou. Plus loin encore, on aperçoit les sommets du Djurdjura, le pays des Kabyles, froide contrée dont les points les plus élevés sont couverts de neige. A certains jours, à certaines heures, ce panorama revêt des tons étranges, inouïs dans notre Europe, et chaque beau soir nous étonne par sa magnificence.

Tous les jours, à quatre heures, une musique militaire donne un concert sur la place du Gouvernement. L'affluence est grande; on voit là régulièrement tout ce qu'Alger compte de désœuvrés et de touristes. Les indigènes y montrent toutes les variétés du type africain, depuis le nègre jusqu'au Maure civilisé des villes, et toutes les nuances de costume auxquelles les tribus diverses demeurent si invariablement fidèles.

Je retrouve ici un de mes parents, de mes amis les plus chers, qu'une fantaisie a conduit sur la rive africaine, et qui, séduit par l'attrait de ce site et de ce climat, y prolonge indéfiniment son séjour. D'abord sérieusement occupé de peinture, il a fini par saisir la plume, au lieu du pinceau, et s'est consacré à décrire, sous tous ses aspects, ce pays dont il s'est fait une patrie d'adoption (1). C'est lui qui sera mon guide dans la ville, qu'il connaît à merveille, et dans la campagne,

(1) M. Charles Desprez, venu à Alger une première fois en 1850, y est retourné en 1860, et, depuis cette dernière époque, n'a plus guère quitté la colonie que momentanément. Il a cherché à populariser,

qu'il parcourt avec une ardeur passionnée. On dit que l'hiver est précoce dans le Nord ; ici, rien n'en fait deviner la rigueur. Aux premiers jours de décembre, les rayons du soleil ont conservé une ardeur qui nous fait rechercher l'ombre. Peu d'arbres ont perdu leurs feuilles, et les rues sont pleines de fleurs qui se vendent à vil prix. Cet hiver d'Alger qui commence a tous les dehors du printemps.

A part deux ou trois mosquées, on pourrait dire que la ville n'offre guère d'édifices à visiter. Mais presque toutes les maisons mauresques laissent entrevoir un intérieur pittoresque et charmant. Les plus grandes et les plus belles ont servi d'abri à la plupart des administrations françaises. La Bibliothèque occupait, en 1860, l'une des plus remarquables. Dans la

dans ses nombreux ouvrages, les précieux avantages de ce séjour, aux points de vue les plus divers. Sans parler d'une collaboration assidue aux principaux journaux, l'*Akhbar*, le *Courrier de l'Algérie*, le *Moniteur de l'Algérie*, nous donnons ici la liste des publications que M. Desprez a consacrées à l'Afrique française :

— *L'Hiver à Alger*, 1861. 3ᵉ édit., Alger, Bastide, 1864. 4ᵉ édit., Alger, Jourdan, 1878.

— *Alger l'été*, 1863. 3ᵉ édit., Bastide, 1865.

— *Menus propos sur Alger*. A. Molot, 1864.

— *Miscellanées-algériens*. Alger, J. Breucq, 1864-1865.

— *Alger naguère et maintenant*. Imprimerie du *Courrier de l'Algérie*, 1868.

— *Voyage à Oran*. Alger, V. Aillaud, 1872.

— *Tipasa*. Jourdan.

Et, dans les collections de l'*Akhbar*, du *Courrier de l'Algérie*, du *Moniteur de l'Algérie*, une foule d'articles sur les questions d'intérêt local, sur les événements du jour, durant les vingt dernières années. M. Desprez s'est acquis, par tous ces titres, la reconnaissance de la colonie.

rue des Lotophages, au nom étrange, aux sombres profondeurs, on trouvait le Musée, collection peu riche encore de débris antiques, mosaïques romaines, statues mutilées, cippes mauresques. Des escaliers obscurs conduisaient dans une cour où la lumière, entrant à flots, se jouait sur des murailles revêtues de carreaux de faïence. Deux rangs de portiques à colonnettes de marbre blanc régnaient tout autour. Les salles de lecture, éclairées par de petites fenêtres donnant sur la mer, composaient autrefois l'habitation. Cette jolie maison a disparu vers 1863, mais la Bibliothèque n'a rien perdu à s'installer dans une autre, située au centre de la ville, et non moins caractéristique.

Le meilleur de notre temps se passe hors des murs, dans la verte banlieue d'Alger. Le faubourg Bab-Azoun est dominé par une chaîne de collines qui part de la Kasbah. C'est un véritable jardin : les bois, les champs, les taillis se succèdent, reliés par des chemins creux bordés d'ombrages touffus ; à chaque pas, des retraites abritées d'un rocher ou d'un bouquet d'arbres, des clairières de gazons et de fleurs où nous allons nous étendre, munis de nos livres et de nos crayons. La baie d'Alger se déroule tout entière aux regards ; la ville se cache dans l'éloignement. C'est ce lieu paisible que M. Desprez a baptisé du nom de *Vallon des Oublis utiles*. Le faubourg voisin forme la commune de Mustapha Supérieur.

Au bord de la mer, le Jardin d'Essai étale ses plantations verdoyantes. Tout le monde connaît, à Alger, cette route si fréquentée, et, à l'entrée du jardin, le café maure ombragé de grands platanes, lieu de silence et de méditation qu'affectionnent les désœuvrés arabes. Du même côté, au delà de la montagne, est Birmandréis, village agreste, autre retraite aimée des Algériens. Une fontaine arabe à l'ombre de quelques grands arbres, des maisons blanches de construction mauresque, des hauteurs verdoyantes, tel est ce site célèbre. Il y règne un calme profond. C'est à se croire à cent lieues de la ville, quand elle apparaît soudain, au retour, avec la mer et les montagnes de la baie. Une ancienne voie romaine serpente de ce côté sur les hauteurs, et nous conduit peu à peu dans la plaine.

J'ai fait une excursion rapide à Médéah. Parti d'Alger à cinq heures et demie du matin, le 29 novembre, je passe à Blidah avant midi. L'aspect extérieur de la ville est charmant. Les pentes de l'Atlas, émaillées de maisons et couvertes d'une végétation touffue du sein de laquelle émergent des palmiers et des cyprès, rappellent les gracieuses collines des environs de Florence. A l'intérieur, cette impression favorable commence à se dissiper. Blidah « n'a pas réussi », comme on dit dans le pays. La ville a mal répondu aux espérances de ses fondateurs.

A midi et demi, on repart. Il pleut légèrement. La route s'engage dans les gorges de la Chiffa ; le paysage devient austère. Médéah est sur un plateau élevé. La grande chaîne montre un contour majestueux ; ces monts imposants, presque toujours couverts de neige, frappèrent l'imagination des anciens, et l'on sait quelle légende s'attacha au nom d'Atlas. Médéah n'a aucun caractère ; elle a été réédifiée de fond en comble par ses nouveaux maîtres. Le lendemain, je revins coucher à Blidah.

Le 1er décembre, à sept heures du matin, je me mets en route, pour traverser à pied la plaine de la Mitidja, de Blidah à Koléah. Il fait une agréable fraîcheur. Les passants me regardent avec curiosité, mais je ne crains plus les mauvaises rencontres.

Sommes-nous bien au 1er décembre? Rien ne le dit, à part le calendrier. Le ciel est bleu, la campagne toute en fleurs, la température délicieuse et presque chaude. Les oiseaux chantent comme au printemps. Je chemine sans me presser, tout entier à l'impression agréable de cette belle journée. La route court tout droit à travers la plaine presque entièrement défrichée. L'Atlas s'éloigne peu à peu, à mesure que se rapproche la chaîne du Sahel. La petite ville de Koléah s'étale sur un penchant peu élevé ; on aperçoit de loin sa mosquée, que domine un haut palmier. J'ai fait un croquis de ce site caractéristique, avant de repartir pour Alger, en voiture cette fois. La route descend vers la mer, offrant à chaque pas des aspects superbes sur le versant maritime du Sahel. Voici Sidi-Ferruch, où abordèrent les Français, la grande et sauvage rivière du Mazafran, la pointe Pescade et le monastère des Trappistes de Staouéli. Je rentre à Alger comme le soir tombe, et que le froid d'une nuit d'hiver va succéder à la chaleur inattendue du matin.

CHAPITRE VIII

Le Sahara, Tunis et Malte.

I

L'année touchait à son terme ; à la fin de décembre, je songeai à poursuivre mon voyage. Après des tempêtes qui retardèrent plus d'une fois le départ, il se trouva une mer calme, et, trente-six heures après le départ d'Alger, je débarquais à Philippeville.

C'est la station de Constantine. Une excursion dans cette ville n'est pas bien longue affaire. Mais un accident imprévu doit me retenir quinze jours encore sur la côte algérienne. Mes compagnons de route, en mettant pied à terre, ne retrouvent pas leurs bagages. On s'enquiert, on télégraphie ; les malles ont été débarquées à Dellys et seront renvoyées par le courrier suivant, c'est-à-dire dans dix jours. Je propose un impromptu, le voyage de Biskra.

Constantine présente un double caractère et forme deux villes différentes d'une physionomie nettement tranchée. Les hauts quartiers ont pris un aspect tout français. Les vieilles rues et les vieilles maisons ont été jetées bas sans miséricorde. De ce côté, Constantine ne ressemble que trop à toutes les sous-préfectures que l'on peut imaginer.

La ville est sur un rocher que contourne la rivière du Rummel, profondément encaissée dans une gorge sauvage. C'est un chaos de rochers amoncelés; des deux côtés s'élèvent à pic des masses gigantesques, sillonnées par les eaux ; nulle habitation, nulle trace de verdure au milieu de cet entassement. Les Romains avaient jeté un pont sur le Rummel; il a fini par s'écrouler.

De Constantine, une bonne diligence va trois fois par semaine à Batna ; c'est une véritable conquête de la civilisation que ce libre voyage d'une voiture pacifique au milieu du désert. Car le pays est des plus solitaires ; nous ne rencontrons guère sur la route que de longues files d'Arabes conduisant une caravane de chameaux. La route est tracée vaguement ; nous suivons des traces antérieures, mais nul autre signe ne nous guide plus dans ces plaines sans bornes.

On arrive dans l'après-midi à la *Maison des Lacs-Salés*. Dans le voisinage est un vaste marais où se rendent pendant l'hiver toutes les eaux de la contrée privées d'écoulement. Le sel se trouve dans le pays sous des formes diverses, et nous verrons plus loin une montagne entière de sel gemme dont il sera servi des fragments sur notre table.

Batna est une des villes nouvelles que la colonisation a semées, par décret, sur tout le territoire de l'Algérie française. Elle s'élève à peu de distance des ruines de la cité romaine de Lambessa. Cette dernière couvrait une vaste étendue de terrain que nous n'avons pu parcourir tout entière; le sol est jonché au loin de débris informes. On appelle aujourd'hui *Prætorium* un grand édifice dont la destination paraît au moins incertaine. L'intérieur sert de musée; on y voit de nombreuses inscriptions à la mémoire des soldats de Rome qui gardaient ce poste avancé sur la terre africaine.

Biskra est le terme de notre excursion dans le sud saharien. Il n'y a plus de diligence; il faut se contenter d'une sorte de tapissière à deux roues, à peine couverte d'une toile grossière. Trois forts chevaux traînent ce véhicule, où nous montons six, y compris le cocher et un Arabe auquel nous n'avons pas refusé l'hospitalité.

Les premières heures du voyage font penser aux routes brûlées de la Sierra Nevada d'Espagne, et la voiture, et les auberges aussi. Les caravansérails que nous verrons maintenant sont autant de petites forteresses, fermées de bonnes grilles et entourées d'un mur crénelé. Ils sont espacés de distance en distance sur les étendues que nous traversons. C'est déjà le désert, quoique nous soyons loin encore des mers de sable du Sahara. A la fin du premier jour, on approche des montagnes de l'Aurès, et, à la tombée de la nuit, nous arrivons à la gorge d'El-Kantara, pour contempler, à cette heure propice, le site le plus frappant de cette longue route du désert.

El-Kantara est la porte du Sahara. Une crevasse,

dans la montagne, livre passage à la route et à une rivière que l'on passe sur un pont romain. Un village arabe, abrité d'une forêt de palmiers, s'élève au sortir de la gorge, près du caravansérail où nous passons la nuit.

Le lendemain, après la longue montée du col de Sfa, nous atteignons le dernier sommet qui nous sépare du désert ; la voiture s'arrête, et le cocher, étendant la main, nous montre le Sahara.

La vue de l'Océan peut seule donner une idée du spectacle qui s'offrit alors à nos yeux. De toutes parts s'abaisse la chaîne des montagnes de l'Aurès, de même qu'une côte élevée descend vers les rivages de la mer ; nous voyons succéder à l'enchevêtrement des hauteurs d'où nous sortons une plaine sans bornes, où nul obstacle n'arrête la vue : c'est la mer de sable, plus vaste que la Méditerranée, qui couvre seize cents lieues du continent africain.

Sur l'immensité du désert apparaissent, comme des îles, des taches de couleur sombre : ce sont les oasis. La plus voisine est Biskra : nous apercevons distinctement sa verdoyante forêt de palmiers. Bientôt, nous touchons aux premières maisons. Une citadelle assez importante s'élève en avant du village. L'hôtel, dit *du Sahara*, un nom de circonstance, est une maison aux fenêtres étroites, aux murs épais, précautions utiles sous cette latitude, où le thermomètre monte aisément à 52 degrés.

Nous passâmes à Biskra la journée du 1er janvier 1861.

L'oasis est une véritable forêt de palmiers; ces beaux arbres, disposés en carré, abritent des cultures verdoyantes. Chaque parcelle de terrain est entourée d'une lisière de palmiers, dont le pied trempe dans une rigole bien fournie. Une jolie rivière serpente au milieu, et distribue la fécondité sur son passage; elle vient de la montagne voisine, et le peu d'eau qui reste à la sortie de Biskra va se perdre dans les sables.

Les maisons sont éparses dans ce bois impénétrable; elles forment quelques villages, dont le principal, chef-lieu de l'oasis, est situé vers le centre. Là fut massacrée, il y a quelques années, la petite garnison française. Depuis a été fondée la nouvelle Biskra, dans un site plus accessible, avec un fort qui est à l'abri d'un coup de main.

A la limite de l'oasis, les cultures deviennent moins riches; les palmiers s'arrêtent soudain; aux champs fertiles succède le sable aride. Nous nous élançons au galop de nos chevaux, et nous sommes bientôt perdus dans la solitude.

La plaine infinie est sillonnée d'ondulations, vagues de cet autre océan. Ce sont des sables mouvants que le vent déplace sans cesse, et que, parfois, la fureur du simoun précipite sur les oasis. Ces vagues de sable forment des ravins au milieu desquels on a bientôt perdu de vue Biskra et ses palmiers. De même que dans la haute mer, la boussole peut seule conduire les caravanes au milieu de ces étendues dont la physionomie change sans cesse; là, point de route marquée, point de trace qui ne soit bientôt effacée par le vent du désert. Aucune plante ne croît sur le sol absolument desséché ; on y voit seulement, rampant sur le sable, la coloquinte aux fruits étranges et trompeurs.

Au retour, le soir, des chants sauvages et les sons du tambourin nous appellent dans la cité indigène. Les noires almées dansent, dans les cafés, aux accords d'une musique barbare. Les Arabes passent là d'interminables soirées, enivrés de café, de tabac, en extase devant les bayadères favorites. Celles-ci, au signal des musiciens, exécutent à tour de rôle, au milieu du cercle des assistants, cette danse de l'Afrique, toujours la même depuis le temps où elle charmait la cour des Pharaons, jusqu'à nos jours où l'Égypte et la Libye ne connaissent pas d'autres plaisirs. Mais les almées de Biskra, au type trop prononcé, aux cheveux enduits de graisse huileuse, n'approchaient pas de l'élégance native et du charme incontestable de celles que j'admirai plus tard, sur les rives du Nil, dans leurs retraites mystérieuses d'Assouan et d'Esneh.

II

Il y a, de Philippeville à Bone, une traversée de quelques heures à peine. Bone me parut agréablement située sur le penchant de collines couronnées de fortifications, et cette impression favorable ne se dissipa point lorsque j'eus parcouru les principales rues. La ville n'a plus rien d'arabe ; elle s'est modernisée de fond en comble.

Les ruines d'Hippone, siège épiscopal de saint Augustin, sont à quelque distance. Il n'en reste plus que peu de chose, quelques voûtes que l'on attribue à une citerne, mais qui pourraient tout aussi bien avoir fait partie de ces substructions familières à l'architecture des Romains.

Rembarqué à midi, je me trouve devant Tunis, le lendemain 10 janvier, au point du jour.

Au fond d'un golfe dont les rivages regardent la Sicile, s'ouvre le lac de la Goulette, et Tunis apparaît au loin, formant une ligne blanche dans le brouillard du matin. Sur la langue de terre qui sépare le lac de la mer est le fort de la Goulette; un peu au-dessus s'élèvent deux collines. Ces collines et la plaine qui descend vers la mer sont l'emplacement de Carthage; on y voit aujourd'hui la chapelle bâtie à l'endroit où campa Louis IX, pour y mourir, en 1270.

Ce théâtre de si grandes choses s'embrasse d'un coup d'œil. Une plaine marquée de quelques ondulations, deux collines qui dominent la mer, une sorte d'étang qui indique la place de l'ancien port, voilà d'abord tout ce qu'on aperçoit. Des pans de murs, des restes de voûtes, çà et là un pilier, une colonne, rappellent l'existence d'une ville, et ces vestiges, dispersés sur un immense espace, en montrent toute l'étendue. Là fut Carthage, la rivale de Rome, deux fois la métropole de l'Afrique. La conquête arabe l'a ruinée plus sûrement encore que celle de Scipion.

Tunis la Blanche montre de fort loin une longue file de maisons, sans toits, que dominent les minarets et les coupoles de quelques mosquées. Le faubourg est d'un aspect peu attrayant. Dans une large rue se meut un pêle-mêle d'ânes, de chameaux, de véhicules de toute espèce, au milieu de boutiques misérables que remplit une population mal vêtue. Je me rends au bazar, dédale de rues aussi compliqué que celui du reste de la ville. Chacune d'elles est consacrée, comme d'habitude, à une industrie différente. Les mosquées sont, dit-on, fort belles, mais je n'ai pu les voir.

Le soir, on ne sort guère dans les rues dépourvues de lumière. J'ai passé cette unique soirée dans ma chambre d'hôtel, déjà fort occupé des préparatifs de mon départ.

A Tunis s'arrêtent les bateaux à vapeur français ; il faut chercher le moyen de gagner l'île de Malte. On me recommande une barque grecque, la *Calliope*, qui n'attend pour partir qu'un bon vent.

Dans le siècle où nous sommes, habitués à la régularité des machines, nous ne comptons plus avec les incertitudes et les surprises de l'ancienne navigation.

Le vent se lève comme on l'attend le moins, et il faut partir sur-le-champ pour la Goulette, au milieu d'une pluie battante.

Ici commence une odyssée dont j'avais, au reste, trop bien prévu les misères. A la Goulette, le capitaine de la *Calliope* tarde à finir ses affaires, et nous sommes menacés de passer la nuit à la douane. Enfin, la patente est obtenue, les provisions sont rassemblées, et, aux dernières lueurs du jour, on embarque le tout, avec nos personnes, dans le canot de la *Calliope*.

Le navire était à l'ancre à une distance prodigieuse; nous n'arrivâmes qu'à la nuit close. Il fallut grimper à bord à l'aide d'une échelle de corde. Je tombai au milieu d'un troupeau de bœufs; le navire en portait une quantité, avec des poules dont les gloussements, joints aux aboiements d'un chien, faisaient tout le bruit d'une cour de ferme.

Il y avait trois passagers, sans me compter. Pour toute couchette, on leur montra un banc et des caisses. On me réservait une sorte de grande armoire semblable à un four, où quelques planches recouvertes d'une mince couverture furent mon lit pendant les quatre nuits du voyage.

Il fallut une heure pour débarrasser la chambre des bagages qui l'encombraient. Nous nous assîmes autour d'une petite table où brûlait une lampe fumeuse, tous silencieux, et évidemment préoccupés d'une position si peu enviable. Dans un coin pendait une mandoline turque dont le capitaine jouait à ses bons moments; il était pour l'heure dans une furieuse colère, un sac confié à ses soins s'étant égaré dans le tumulte de l'embarquement. Le capitaine était d'ailleurs un fort brave homme dont j'eus lieu d'être entièrement satisfait.

La table répondait au lit, et il ne fallait compter, pour la nourriture, que sur les provisions emportées de Tunis. J'avais pris de quoi vivre durant cinq jours, mais, sur un navire à voiles, il n'est point de calculs certains; le capitaine, interrogé sur la durée probable de la traversée, me répondit que nous étions dans la main de Dieu.

Quand je me levai, le lendemain, un calme plat avait succédé à la pluie de la veille. Le navire était toujours immobile devant la Goulette. On fit deux ou trois lieues vers midi ; puis, le vent tomba absolument, et je me couchai encore, ce soir-là, sans avoir fait plus de chemin. Dans la nuit, les mouvements du navire annoncèrent que les choses avaient changé ; le matin du 13 janvier, on doublait le cap Bon, et, dans l'après-midi, par une belle brise, nous longeâmes les versants élevés de Pantellaria. Le 14, il n'y avait plus aucune terre en vue, mais vers le soir, on signala l'approche de Malte. Le 15, au soleil levant, la *Calliope* entra dans le port de Cité-Valette.

III

Un large havre entouré d'une ceinture de collines, une ville immense, étendant de toutes parts ses faubourgs, des fortifications imposantes, une flotte de haut-bord stationnée près de ses arsenaux, tel fut le spectacle qui s'offrit inopinément à mes yeux. Je ne m'attendais pas à cette grandeur et à cette magnificence. Malte, aux pompeux souvenirs de son existence passée, joint aujourd'hui l'activité d'un grand établissement maritime : ce beau port est le refuge et le boulevard de la puissance britannique dans la Méditerranée.

La ville dépasse donc, et de beaucoup, ce que j'avais attendu. Rien d'imposant et de pittoresque à la fois comme ces hauteurs de la Valette, couvertes de bâtiments d'une noble architecture. A l'entrée du port, le nouvel hôpital, élevant fastueusement son fronton grec sur une éminence, paraît un de ces temples qui, du haut d'un promontoire, annonçaient aux navigateurs les cités de l'antique Hellade.

La Cité Valette a conservé le grand air d'une capitale. Elle fut rebâtie, après l'attaque des Ottomans, en 1565, sur plusieurs collines qui viennent aboutir aux deux grands ports de Malte. Les rues franchissent en ligne droite les inégalités du sol, et se changent parfois en de longues rampes pourvues de marches commodes. Elles paraissent exclusivement bordées de palais; de même qu'à Rhodes, on semble voir une ville toute destinée à une population aristocratique. L'Ordre avait élevé pour ses membres un certain nombre de grandes demeures, réservées à chacune des nations, et qui portent encore le nom d'*Albergo*, assez mal traduit en français par celui d'*Auberge*. L'*Auberge de Castille* est le plus vaste et le plus somptueux de ces édifices.

L'occupation anglaise est venue ajouter à cette splendeur monumentale un air d'aisance et de propreté. Les rues sont bien entretenues et bordées de trottoirs ; des squares embellissent les grandes places ; le confort moderne s'allie, sans les déparer, aux grandeurs du temps passé. Les rues principales, Strada Reale, Strada Mercanti, montrent un assemblage de belles maisons pressées dans un espace trop étroit ; la rue Sant' Ursola est une série de longs escaliers du haut desquels s'ouvrent des perspectives pittoresques. Les balcons sont nombreux, comme dans toutes les villes du Midi ; de même qu'on les voit à Cadix, ils sont défendus par une cage vitrée contre les vents de mer. Ces *miradors* servent de prétexte à quantité de motifs d'architecture pleins d'élégance et de variété.

L'ancien palais des grands-maîtres ne se distingue des autres que par son étendue. Il élève ses façades sur deux places, dont l'une, où l'on voit aussi la Bibliothèque, forme un square agréable entouré de portiques et devenu le rendez-vous des Maltais. C'est là que le soir, à neuf heures, la fanfare anglaise sonne la retraite.

Nous sommes au 15 janvier, et le soleil brille de tout son éclat. Je me donne le plaisir de déposer mes lourds vêtements d'hiver. La température est délicieuse et le ciel sans nuages. Des hauteurs de la ville, le regard se perd sur l'immensité bleue de la mer.

Le bastion Saint-Pierre s'élève au point culminant de Cité-Valette, près d'un cimetière anglais peuplé de tombes élégantes. Un belvédère ménagé en cet endroit offre d'une manière complète le spectacle de la ville. Je me suis rendu là tous les jours, pour m'asseoir longuement devant cet admirable tableau. On domine le grand port, animé de mille vaisseaux ; la ville est à nos pieds ; sur les rivages opposés, les faubourgs de Vittoria et de Ricasoli lui répondent ; de hautes églises à coupoles surmontent toutes les collines. Au-delà, dans la campagne, le pays semble couvert d'opulents villages qui font grande figure dans ce panorama. Du bastion Saint-Pierre, l'œil doit embrasser une bonne partie de l'île.

Malte, avec sa physionomie italienne mêlée d'une foule de détails exclusivement dus à la présence des Anglais, conserve des souvenirs de l'Orient, légués par la domination arabe. Telle est la *faletta* dont s'enveloppent les Maltaises des pieds à la tête. Les femmes de Malte offrent les traits les plus accentués du type méridional : un teint d'ivoire, des cheveux d'ébène et des yeux dans l'éclat desquels on retrouve quelque chose de la langueur orientale, une trace de sang arabe. Chez beaucoup d'entre elles, le regard n'est pas sans quelque inégalité, mais ce léger défaut n'altère pas les grâces de leur physionomie.

Je passe une semaine entière à Malte, charmé, en dépit de ma solitude, des agréments de ce séjour. Dans mes promenades infinies, je parcours la ville et les environs. Les rues de la Cité-Valette n'ont pas un coin qui n'attire justement les regards, pas un édifice qui n'offre un trait caractéristique et pittoresque.

L'église Saint-Jean forme une large nef dont la voûte en bois est couverte de fresques dégradées. Le pavé semble une mosaïque de marbres divers ; chacun des carreaux est une tombe où l'on voit représentée, avec une variété infinie et une richesse de couleurs presque déplacée, les armoiries des chevaliers défunts. Le goût de ces compositions m'a paru médiocre ; elle sont du XVIIe et du XVIIIe siècle. Quelques illustres tombeaux remplissent les chapelles du chœur. Il y a dans celle de Saint-Jean un tableau énergique : *la*

Décollation du Précurseur, œuvre capitale de Michel-Ange de Caravage. On voit sur les tombeaux des grands-maîtres les effigies de ces défenseurs de Malte, si grands au XVIe siècle, et qui participèrent ensuite à la décadence de l'Italie. Le comte de Beaujolais est inhumé sous un monument érigé par Louis-Philippe, roi des Français.

On sort de Cité-Valette, au terme de la Strada Reale, par une porte monumentale couronnée des armes papales. Ce vestige du passé ne laisse pas que de surprendre dans une ville anglaise. La fontaine voisine, d'un caractère grandiose, porte cette inscription philosophique :

OMNIBUS IDEM.

Des fortifications dont le redoutable étalage est fait pour frapper l'étranger séparent la Cité-Valette du grand faubourg de Floriana. On trouve au faubourg un jardin botanique et une église dédiée à saint Publius.

Il pleut le 17 janvier, et le 18, une véritable tempête du nord-ouest se déchaîne sur l'île. La mer est mauvaise; elle bat avec force la ceinture de rochers qui sert de base aux fortifications; que fût devenue, en un pareil temps, la frêle charpente de la *Calliope?* Ces intempéries ne durent pas; le ciel est parfaitement rasséréné le 19. C'est le jour de mon départ; quelques heures encore, et j'aurai quitté Malte sur le paquebot de Messine.

Du haut du bastion Saint-Pierre, il faut dire adieu à la ville et jeter un dernier coup d'œil sur ce magnifique panorama. La mer s'étend à l'horizon, calme, bleue, illuminée d'un soleil d'été. Là-bas, vers l'Orient, c'est le chemin de la Grèce, de la Syrie et de l'Égypte. Le moment n'est pas loin où je prendrai cette route; mon premier voyage au Levant date de l'année suivante. Malte demeure de ce côté le poste avancé de l'Europe; autrefois forteresse, elle est surtout aujourd'hui un entrepôt. Il y faut voir une étape, comme Gibraltar, sur le chemin d'Alexandrie, et l'Égypte elle-même n'est plus qu'une station sur la route de l'empire des Indes.

CHAPITRE IX

Constantinople. — Une saison d'eaux en pays turc.

I

Constantinople est le Paris de l'Orient. Pour cet immense empire des Osmanlis, pour des millions d'hommes, Stamboul est le centre unique d'où se répandent sur le monde musulman tout pouvoir, toute richesse, toute vie. Les Européens qui habitent le Levant, et ils sont nombreux, retrouvent à Constantinople, en abrégé, l'existence de nos grandes villes, comme notre siècle se l'est faite ; à côté de la capitale turque s'élève ce Péra, refuge de vingt nations, libéralement ouvert au génie de chacune d'elles, et qui offre, avec ses magnificences et ses misères, un ensemble confus, mais exempt de tout caractère provincial. L'imagination y trouve un aliment suffisant ; la grandeur des intérêts, le prestige d'un passé historique, l'ampleur du site, tout fait de Constantinople une véritable capitale.

Quinze jours suffisent pour visiter Stamboul et ses environs, mais non pour en connaître et en sentir le charme. Le passant y fera ce qu'il fait partout, et il emportera telles impressions que lui procureront son tempérament, son tour d'esprit, le temps et la saison. Mais, parmi les voyageurs que débarquent sur les quais de Galata, presque chaque jour de la semaine, d'innombrables paquebots, il en est beaucoup qui ont d'autres visées; ici commencent, en quelque sorte, les colonies de l'Europe sur le grand chemin de l'Orient. Une foule de ces nouveaux venus considèrent la ville d'un tout autre œil que les touristes de passage : ils y viennent chercher une profession, un emploi ; beaucoup y fixent leur vie errante. C'est d'un établissement sérieux qu'il s'agit ; après s'être mis en quête d'un gîte, le nouveau venu entre dans sa famille nationale, est enregistré à son consulat et devient un colon de plus. Alors, il reprend, après une interruption souvent bien courte, l'existence qu'il a menée au pays natal. Le travail occupe la journée, et, le soir venu, Péra offre aux uns ses innombrables cafés, ses brasseries, ses concerts; aux autres, des salons où l'on peut oublier la distance de l'Europe. Pour tous ceux-là encore, Constantinople n'est-il pas un autre Paris ?

Après un séjour de quelque durée — celui qui écrit ces lignes y est demeuré sept ans — l'acclimatation est complète. Elle s'opère d'autant plus aisément que tous, Français, Italiens, Belges, Allemands, par une sorte d'illusion d'optique, se laissent aller à croire qu'ils n'ont point quitté leur pays. Sur ces rives lointaines, ils retrouvent des lois qui leur sont familières, paternellement appliquées par des compatriotes envoyés tout exprès pour s'occuper de leurs affaires ; leur titre d'étrangers devient un privilège qui leur vaut, auprès des autorités locales, toujours des égards et souvent de l'indulgence. Grâce à l'attrait particulier de certaines régions, le colon s'y fait bientôt une nouvelle patrie; il s'intéresse à son pays d'adoption ; il prend souci de ce qui s'y passe ; bientôt, il se passionne, autant et plus que l'indigène, pour l'étude des questions locales. Tel, à Péra, venu pour régler un différend, remet perpétuellement son retour en Europe, et tire argument des lenteurs de la justice pour laisser couler les années d'un tranquille séjour. Cela s'est vu, dit-on, en d'autres lieux. Que l'artiste s'oublie auprès du Tibre ou de l'Arno ; que d'autres demeurent arrêtés sur les bords de la Seine ; c'est ce dont nul ne s'étonne. A Constantinople, la chose s'explique moins, et l'existence de ces colons, exilés volontaires et contents de leur sort, apparaît comme une singularité dont on s'occupe dans les premiers temps ; bientôt, l'habitude prend le dessus, en attendant que le nouvel arrivé devienne à son tour un membre plus ou moins important de cette société pérote dont le mouvement incessant et la variété infinie ne sont pas le moindre agrément.

Ces impressions successives laissent un souvenir distinct et profond. La première année, j'étais encore un étranger. J'accomplissais avec régularité le cycle entier des saisons de Constantinople, où chaque mois ramène ses occupations et ses fêtes, comme autant de jalons d'une vie parfaitement réglée; c'est le séjour de la ville jusque vers le milieu de mai; l'émigration à la campagne, pour les six mois qui suivent; circonstances notables, qui influent d'une manière capitale sur le train du monde, et qui fournissent à certaines époques un sujet d'entretien toujours intéressant. Cela se répète tous les ans. L'étranger n'est vraiment adopté que lorsqu'il a, une première fois, suivi la société locale dans cette évolution. La ville et la campagne deviennent ainsi les deux pôles de l'existence. Pour enrichir de quelques broderies ce fond uniforme, on peut s'éloigner du Bosphore, mais c'est toujours à regret. Quelles villégiatures comparer à ces lieux aimés, faubourgs élégants bien plus que villages? Thérapia, Buyuk-Déré, et Prinkipo ne sont point au-dessous, à l'heure qu'il est, de nos villes d'été les plus fréquentées, et l'on est bien loin de se douter, dans notre Europe, du spectacle que présentent les concerts du soir, sur les quais du Bosphore, sous un ciel dont la sérénité ne s'altère, durant huit mois de l'année, que par une rare exception. Hors de Constantinople, on ne peut qu'aller fort loin : Paris ou Vienne sont le but ordinaire. Mais il faut des affaires sérieuses, sinon un cas de maladie; les médecins ordonnent volontiers les eaux, remède plus volontiers encore accepté des malades. Les eaux, ils faut les chercher jusqu'en Hongrie, aux Pyrénées, sur le Rhin. Les plus avisés, à mon sens, vont simplement à Brousse.

II

La nature, qui fait bien les choses, a distribué, dans tous les pays, d'une manière équitable, les sources minérales les plus diverses. On trouve des eaux chaudes jusque dans les climats les plus froids. Constantinople n'est pas plus dépourvu, à cet égard, que d'autres grandes villes. Nous ne connaissons bien, sur les rives de la Marmara, que les thermes de Brousse, mais il n'en coûterait guère de recherches pour mettre au jour les sources que doivent recéler toutes les montagnes des environs. La difficulté gît ailleurs. Les baigneurs, les malades surtout, ne peuvent se transporter dans les lieux déserts, peu sûrs parfois, insalubres presque toujours, où jaillissent les eaux ; ils n'y trouveraient point de gîte. Brousse, grande ville, fait exception. Elle reçoit fréquemment la visite de touristes étrangers, et, jusque sur le Bosphore, on vante l'hospitalité de son hôtel, compté, avec un très petit nombre d'autres, parmi ceux qui méritent ce nom dans les régions du Levant.

Brousse, autre avantage, n'est point trop éloignée. Les femmes et les malades peuvent, en une journée, sans fatigue, se transporter de leur demeure de Péra auprès des sources bienfaisantes. Du sommet des collines de Byzance, près de Sainte-Sophie, l'œil s'étend, au delà d'un vaste quartier où les derniers incendies n'ont laissé que des ruines, sur la mer de Marmara, et l'on en découvre à peu près les trois quarts ; de ce lac immense surgissent d'abord les îles des Princes, teintes d'un bleu noirâtre qui se détache sur le ton clair des eaux ; au delà, une chaîne de montagnes dessine les contours de la Propontide ; elle vient du golfe de Nicomédie et fuit vers l'Hellespont en rattachant ses lignes aux îles éparses sur la mer, Kalolimno et Marmara, sans compter la péninsule de Cyzique. Enfin, au-dessus de tous ces plans divers, une cime neigeuse, de forme allongée, se distingue encore sur le ciel ; c'est l'Olympe, que l'on peut considérer comme la limite de la Bithynie et la barrière qui sépare la région maritime des profondeurs de l'Asie Mineure. C'est le terme du voyage. Brousse est assise au pied de la montagne, et l'on peut ainsi, de Constantinople, mesurer le chemin à parcourir.

Il y a bien des siècles, alors que Byzance continuait à être la capitale d'un empire chrétien, Brousse, déjà conquise par les sultans ottomans, abritait leur puissance grandissante. Les derniers des Romains pouvaient voir, des murailles de leur ville, ces montagnes qui étaient devenues le royaume de leurs ennemis. L'empire de la nouvelle Rome conservait encore le nom de Romanie, laissé successivement à tous les débris de la domination romaine, à la Roumélie des Turcs comme à la Roumanie des modernes habitants des bords du Danube ; vers l'Olympe commençait la Turquie, le pays de ces Turcs ottomans qui, depuis un siècle, poussaient leur marche, sans reculer jamais, vers les détroits où devait s'asseoir définitivement leur puissance. Une phrase du vieux chroniqueur Geoffroy de Villehardouin résume toute la géographie de la Bithynie au XIIIe siècle. « L'empereur Baudouin, dit-il, donna au comte Louis (de Blois) le duché de Niké (Nicée), qui était une des plus hautes seigneuries de la terre de Romanie, et était situé de l'autre côté du Bras devers la Turquie. » Le bras de Saint-Georges n'était autre que la Marmara d'aujourd'hui. Nicée, voisine de Brousse, mais plus près de Constantinople, demeurait, à cette époque, l'un des boulevards de l'empire d'Orient. Brousse, au temps des croisades, était sortie des mains des conquérants seldjoucides ; les Ottomans la reprirent, en 1326, sous la conduite d'Orkhan, fils et successeur du grand Osman. Dès son avènement, la nouvelle dynastie menaçait ainsi les Grecs d'une ruine complète, et, comme pour mieux marquer ses desseins, elle plantait la tente impériale sur l'acropole de Brousse, en face des hauteurs qui lui opposaient, sur le chemin de Constantinople, un dernier obstacle bientôt impuissant. Cette ville demeura la capitale des Osmanlis, sous Orkhan, Mourad, Bajazet et Mourad II, jusqu'au triomphe final de Mahomet le Conquérant.

Au mois d'avril 1872, j'achevais la seconde année de mon séjour à Constantinople. Il m'était resté de certaines douleurs rhumatismales autant qu'il en fallait pour justifier, aux yeux d'un chef indulgent, la demande d'un congé de quelques semaines. Les derniers jours de mars sont pluvieux ; l'équinoxe amène les tempêtes les plus redoutables de la saison : c'est l'adieu de l'hiver à des régions qu'il abandonne pour longtemps. Au sortir de cette période désagréable, on voit le printemps commencer presque sans transition ; dès la fin d'avril, le séjour de la ville semble peser à tous. C'est aussi l'époque choisie pour le voyage de Brousse ; il ne faut point le prolonger au delà du mois de juin, quoique les accusations portées contre le climat de cette ville paraissent bien exagérées. La fièvre, dit-on, y sévit aussitôt que commencent les chaleurs de l'été, et décimerait les étrangers.

Le printemps, à Constantinople, est charmant ; c'est incontestablement le plus beau moment de l'année. Sans se montrer précoce, il est dans sa fleur avant le mois de mai. Alors, les innombrables jardins des quartiers turcs verdissent à l'envi ; les maisons étagées sur le penchant des collines disparaissent à moitié sous un ombrage qui s'épaissit tous les jours. Les amandiers font des taches blanches sur cette verdure jeune et tendre ; les fleurs rouges de l'arbre de Judée, répandu à profusion dans tous les jardins, marient leurs tons plus vifs aux teintes qui colorent le fond du paysage. Une température égale et douce permet les longues promenades sur le Bosphore ; elles offrent un charme nouveau après une réclusion de six mois dans les quartiers sombres de Péra. Chaque année, ce retour du printemps est un spectacle auquel l'habitude n'ôte rien de son attrait ; il semble, quand le moment est venu de revoir les sites verdoyants des deux rives d'Asie et d'Europe, que tout soit nouveau dans ces lieux aimables. Je ne saurais oublier certaines matinées de mai, où, embarqués de bonne heure sur l'un des rapides steamers du Bosphore, nous profitions des heures fraîches du jour pour gagner quelque village de la côte ; souvent, le but n'était autre que l'un de ces bosquets, comme il s'en trouve plusieurs sur les rivages, où l'on voit un café, une fontaine, abrités sous de grands arbres, servir de lieu de réunion à des groupes nombreux de promeneurs, musulmans le vendredi, chrétiens le dimanche. La journée se passe tout entière au grand air ; le repas frugal qui en marque le milieu est presque toujours suivi de la méridienne, chère à tous sous ce climat ; vers le soir, quand les derniers bateaux approchent du petit port voisin, les jeux cessent, chacun se replie vers les siens, et la foule reprend le chemin de la ville. Ce retour à Constantinople, à la dernière heure du jour, car les bateaux rentrent avant la nuit, offrait un aspect saisissant. Nulle cité n'est mieux faite pour permettre la tranquille contemplation de la nature ; grâce au genre de vie qu'imposent les habitudes locales, on s'y trouvera sans cesse en contact avec les plus grands spectacles. Pour beaucoup d'habitants, un voyage quotidien de la campagne à la ville leur procure, le matin, la plus délicieuse promenade, et le soir, après la chaleur de la journée, un repos réparateur à bord des bateaux, à l'heure où le soleil descend et illumine de feux déjà amortis des rivages enchanteurs. Ce pays, où l'on est si près de la nature, en inspire l'amour aux plus endurcis de nos citadins. Rien ne rappelle davantage la vie antique, sous ce climat qui n'a pas changé, au milieu d'aspects naturels immuables, que l'existence paisible et uniforme des habitants actuels du Levant, descendants légitimes des peuples historiques de la Grèce et de l'Asie. Nous retrouvons ici un trait d'union entre le présent, si actuel et si vivant, et un passé qui n'est pas si bien mort qu'on le croit; de même que Constantinople, placée à cheval sur deux continents, entre l'Europe chrétienne et l'Orient musulman, apparaît comme le point de soudure de deux mondes.

Cependant, le début du voyage de Brousse ne fut point brillant. Il faisait bien mauvais, à Péra, quand je me décidai, le 12 avril, à monter sur le bateau de Moudania. C'est un coche de province que ce bateau, encombré, malpropre, lent. On part au milieu d'une pluie torrentielle; du pont, jetant un dernier regard sur la hauteur de Péra, j'apercevais au loin les fenêtres de ma maison, quittée malgré bien des avis décourageants, et dont l'apparition était comme un reproche. Une fois en mer, la brume empêche de rien découvrir à l'entour, hors le rocher d'Oxya, en avant des îles des Princes. Après quatre heures de traversée, on longe les pentes verdoyantes, mais désertes et sombres d'aspect, du Boz-Bournou, le cap au delà duquel s'ouvre le golfe de Moudania. Il est à peu près deux heures quand nous arrivons devant ce village, le véritable port de Brousse. La côte, montagneuse, verte et bien cultivée, en montre deux ou trois autres qui me rappellent les grands bourgs de la Grèce. Il a cessé de pleuvoir; le golfe, absolument calme maintenant, se perd dans le lointain, où l'on n'aperçoit pas la ville de Guemlek, qui en occupe le fond. Le site est grandiose, sévère même, après une tempête à peine apaisée et sous un ciel encore plein de nuées menaçantes.

Je ne débarque pas seul au petit port de Moudania. Un compagnon de route a quitté Constantinople avec moi, et l'on verra quel précieux concours j'ai trouvé en lui. Fonctionnaire d'un rang élevé, attaché à l'une des ambassades de Péra, M. Alfred S*** est aussi, par sa mère, un enfant du pays. Il y est né, et Mme S***, fixée à Brousse, y mène une existence paisible et honorée. Ma bonne fortune fait coïncider mon voyage avec une visite de son fils, et ces visites sont aussi rares qu'impatiemment attendues. Cette circonstance imprévue devait m'ouvrir une des maisons les plus agréables du pays, et me permettre, à moi, voyageur isolé, de prendre ma part des joies d'un intérieur animé, pour quelques jours, par la présence du jeune maître de la maison.

Le débarquement s'opère sans difficulté, et bientôt, grâce à l'entremise de mon ami, nous sommes à cheval sur la route de Brousse. Les voitures ne manquent pas à Moudania, mais comment ne pas préférer l'ancien mode de locomotion? Est-il plus agréable façon de voyager? La route s'élève peu à peu en s'éloignant du village, mais nous ne perdons pas encore la vue de la mer. Le fond du golfe de Moudania semble un lac suisse entouré de hautes montagnes aux profils accentués, dont les pentes viennent plonger dans les eaux. Cultivé avec soin, le pays montre des champs d'une apparence fertile, entremêlés de bouquets d'oliviers. L'olivier, qui ne croît pas à Constantinople, annonce ici déjà un climat différent et l'approche de la Grèce ; c'est l'arbre par excellence dans le site hellénique. La population paraît être grecque aussi, tout au moins sur le rivage. Des maraîchers descendent de toutes parts vers Moudania, dont le petit port, l'*échelle*, pour parler le langage du Levant, doit contribuer pour une forte part à l'approvisionnement de la capitale.

Un col peu élevé marque la limite du bassin de Moudania. Là, le vent et la pluie viennent nous assaillir de nouveau. La mer disparait à nos yeux ; devant nous est l'immense plaine de Brousse, que borne dans le lointain le massif de l'Olympe. De ce sommet, on apercevrait, si le temps était clair, la chaîne tout entière ; on devine, au fond de la plaine, Brousse qui la domine, assise sur les dernières pentes de la montagne. Mais, aujourd'hui, ce panorama nous est dérobé ; plus d'espoir de voir le ciel se rasséréner. On chemine patiemment sous une pluie persistante, et je m'abandonne à une rêverie que favorise l'allure monotone du cheval. Les heures se passent, et nous approchons du terme du voyage.

Au fond de la plaine, la route traverse une rivière ; j'en demande le nom, de peur de franchir, sans y prendre garde, quelque fleuve aux souvenirs illustres. Nous sommes, il ne faut pas l'oublier, tout près du Rhyndacus et du Granique. Mais le torrent en question s'appelle l'Ulfer-Tchaï, l'ancien Odryses, qui n'a pas, ce semble, fait beaucoup parler de lui. Plus loin, près d'un pont, apparait soudain un équipage pompeux : une bonne calèche de voyage soigneusement fermée, d'excellents chevaux, une escorte dont la présence a pour but, sans doute, de faire honneur au voyageur, bien plus que de pourvoir à sa sûreté. Tandis que j'admire avec quelque envie ce bel attirail, les gens s'approchent, avec force saluts pour mon compagnon. C'est le pacha de Brousse qui a envoyé sa propre voiture au-devant de M. S***, pour le conduire jusqu'à la maison paternelle. Nous y montons ensemble, et l'équipage repart au galop. Quatre *zaptiés* courent devant, et c'est au milieu de cet appareil que nous arrivons à Soanli-Keui, par des chemins où coulent à pleins bords les ruisseaux de la plaine enflés d'une longue pluie.

Soanli-Keui est un village turc, fort rapproché de la ville, où la belle maison de Mme S***, ancienne demeure d'un bey du pays, occupe le centre d'une vaste propriété constamment agrandie et améliorée par des soins intelligents. Tout le manoir est sur pied ; Mme S*** reçoit son fils, accompagnée de deux jeunes filles charmantes qui partagent sa solitude, et moi-même, présenté par mon compagnon, je suis accueilli comme l'ami de la maison. Aussitôt, l'on s'occupe des voyageurs. Chacun s'empresse pour nous offrir des soins nécessaires. Nous sommes trempés ; on nous conduit près d'un grand feu qui brûle dans une haute cheminée turque. Il me semblait, au milieu de ce mouvement, être de ces voyageurs d'Homère qu'une hospitalité primitive accueillait, chaque soir, après une longue route. Mais je ne devais pas m'arrêter à Soanli-Keui; je prends congé, en promettant de revenir bientôt, et, après une station d'une heure, je remonte sur mon cheval pour gagner Brousse.

La nuit tombait comme j'entrai dans la ville. On ne distinguait, de toutes parts, que des groupes de bâtisses noires se pressant sur les bords d'un torrent descendu de la montagne. Je longeai une route déserte, et tout de suite, sans pénétrer dans l'intérieur du faubourg, mon guide me fit arrêter au pied d'une grande maison, presque seule éclairée dans ce quartier solitaire. C'était l'*Hôtel de l'Olympe*, le gîte indiqué d'avance, et qui jouit d'un vieux renom. Accueilli d'une manière avenante, je prends possession d'une chambre, et sans désemparer, car l'heure s'avance, je vais chercher une place à une grande table commune où le repas du soir vient d'être servi.

Venu à Brousse, non pas en simple touriste, mais pour y faire un séjour de quelque durée, je ne puis m'empêcher de jeter sur toute la maison un regard scrutateur. L'hôtel fait ressouvenir des grandes auberges de certaines villes de province d'Italie : hôtes empressés et grands parleurs, société animée, régime abondant. On voit régner à la table d'hôte la liberté d'allures permise à des habitués. Assis au milieu d'un cercle assez nombreux, je prends bientôt part à la conversation. Du reste, si j'examine attentivement ce qui m'entoure, je ne suis pas moins, de mon côté, l'objet d'une curiosité discrète; la saison des eaux n'est pas encore officiellement ouverte, et personne n'attendait, par cette soirée froide et pluvieuse, un baigneur arrivé prématurément. L'hôtel n'a pour le moment d'autre résident que moi. Aussitôt le dîner fini, tout le monde se retire, et je gagne à mon tour ma chambre. La maison rentre dans le silence; au dehors, le calme est absolu et la nuit noire. Il ne reste plus qu'à tirer de mon bagage deux volumes qui m'aideront souvent, dans le cours de ce voyage, à passer mes longues soirées solitaires. Ce sont les *Vies de Plutarque*, dont je vais achever la lecture sur ce sol classique, presque aux lieux où se sont accomplis la plupart des événements narrés par le vieil historien. Brousse elle-même, l'antique Pruse, ne vit-elle pas Annibal à la cour du roi Prusias?

III

Aux premières clartés du jour, je courus à ma fenêtre, impatient de savoir quel serait mon horizon. J'éprouvai un véritable mouvement d'admiration. La maison, située sur une sorte de rempart, tout à fait à l'extrémité, ou plutôt en dehors de la ville, jouit d'un panorama immense. Les faubourgs de Brousse se prolongent sur les dernières pentes de l'Olympe; puis, la plaine s'étend, pareille à un vaste lac d'où l'eau s'est retirée pour faire place à de verdoyantes cultures; au nord, la chaîne des hauteurs qui bordent la mer enferme le bassin de l'Odryses et barre le chemin de Constantinople. Tel est le spectacle qui se découvre de chez moi; après la vue de la mer, on ne peut rien imaginer de plus grand. Le temps est rasséréné et l'on peut espérer une journée de printemps.

Brousse est une grande ville, l'une des principales de l'Asie Mineure. Un vali, ou gouverneur général, y fait sa résidence. Hors Constantinople, ces villes des provinces ottomanes offrent toutes le même caractère semi-rustique; sitôt qu'on a quitté la capitale, il n'y a plus, ce semble, que de grands villages: les Ottomans, sincères amis de la campagne, y mènent une existence toute différente de celle de nos citadins.

Brousse occupe une situation que la nature elle-même avait désignée pour la ville qui devait un jour s'élever dans cette plaine et la commander. Des contreforts du mont Olympe se détache un rocher, isolé de trois côtés, et qui porte un plateau assez vaste : c'est l'ancienne cité. Des fortifications byzantines complétaient les défenses de cette acropole. Mais la ville a étendu dans diverses directions de grands faubourgs qui en forment aujourd'hui une partie notable; l'hôtel est à l'ouest, le bazar et les mosquées sont distants d'une demi-heure à l'est. Comme toujours, à côté du quartier turc, on en trouve d'autres séparés d'une façon très marquée, où vivent les colonies plus ou moins nombreuses qui représentent les populations soumises. Le quartier arménien est le plus beau, grâce à un incendie après lequel on l'a rebâti. Il s'élève sur le flanc de l'Olympe, au bord d'un ravin où coule le Gueuk-Sou (l'eau douce). Là, on dirait une ville alpestre resserrée dans une gorge profonde ; mais les minarets blancs et le ciel lumineux ne permettent pas d'oublier l'Orient. Le ravin, avec ses bords escarpés et trois ponts à demi ruinés, offre un site pittoresque ; le torrent descend tout droit de l'Olympe pour rejoindre l'Ulfer-Tchaï dans la plaine.

Depuis que l'École française d'Athènes envoie périodiquement, dans toutes les régions du Levant, des observateurs déjà faits à la vie orientale, et chez lesquels l'enthousiasme du voyageur novice ne vient pas nuire à la vérité des impressions, l'Europe possède, de ces contrées, des descriptions marquées du cachet de la réalité, et singulièrement différentes des récits antérieurs. On ne connaît bien l'intérieur de la Turquie que depuis ces voyages entrepris par des hommes vraiment compétents. Grâce à leurs travaux, la lumière a pénétré dans les vastes solitudes de l'Asie Mineure, dont la carte même était encore à faire. A Brousse, on ne peut prétendre à trouver rien de bien nouveau. Mais, quelque peu éloigné que je sois ici, la vie que l'on mène autour de moi est toute différente de celle des habitants de Constantinople. Il y a une distance morale qui ne se mesure pas au nombre de kilomètres parcourus.

Avec la vue de la mer semble avoir disparu le souvenir de l'Europe et la préoccupation des grosses questions du jour. Les regards se tournent vers un Orient plus lointain ; sur la route qui commence ici,

Koutahia est une première étape ; au delà, il y a Angora, puis Mossoul et Bagdad ; c'est de ce côté que s'élancent les aspirations locales. Je rencontre des voyageurs qui, de Brousse, ont gagné à cheval les rives du golfe Persique. Il m'est arrivé, l'avouerai-je, après quelques jours, de me laisser prendre à une influence enivrante. Jamais, dans le cours de nombreux voyages, je n'éprouvai au même degré la tentation de m'ensevelir dans cette retraite, au milieu de ces eaux et de ces ombrages, de faire venir à Brousse un petit nombre de livres, et de renoncer à retourner à Constantinople. C'eût été dire adieu à la vie moderne. Sans journaux, presque sans lettres, j'ai mené ici une existence oisive, rêveuse, telle que les Orientaux la recherchent volontiers ; ce qu'ils appellent d'un mot, le *kief*. Les eaux thermales, qui fatiguent toujours un peu, contribuèrent sans doute pour une part à me plonger dans cet état de langueur et d'insouciance.

Vingt jours se sont ainsi passés, non sans me laisser la mémoire de beaucoup de moments agréables. Rousseau témoigne quelque part un vif regret de n'avoir pas conservé plus assidûment, dans ses nombreuses pérégrinations, les notes intimes de chaque jour. Dans la jeunesse, les impressions sont plus vivement ressenties, et l'on se fait aisément illusion sur leur nouveauté. J'ai cessé depuis longtemps d'attacher grande importance à mes propres sensations. Tous les hommes pensent et agissent à peu près de même, quelque intérêt qu'ils puissent trouver à leur personnage. Je ne tenterai pas non plus une description de la Bithynie.

Le comte de Marcellus a dit, avec raison, que cette province est la plus pittoresque de l'empire ottoman. Si la curiosité finit par se lasser, il est des sentiments qui ne s'émoussent jamais. La vue ne se rassasie pas des aspects d'un beau pays, de même que la sensation, si vive ici, de l'ombre et de la fraîcheur répandues sur les flancs de l'Olympe, ne saurait perdre de son charme. Un printemps précoce, qui se déclara bientôt, avec des chaleurs prématurées, m'a permis de jouir sans arrière-pensée des beautés de cette campagne asiatique. J'ai goûté pleinement l'attrait des ombrages qui couvrent les pentes de la montagne; les fontaines innombrables qui versent partout leur eau claire m'ont réjoui de leur murmure si doux sous ce ciel ardent. Telle est à peu près l'idée que l'on peut se faire d'un paradis oriental : de l'eau, des arbres et, dit-on mystérieusement, des houris que l'on vante à mots couverts. Je ne saurais voir Brousse, dans mes souvenirs, que sous les rayons d'un grand soleil et au milieu des splendeurs de son printemps.

Les bains, premier objet de mon voyage, devaient appeler tout d'abord mon attention. A deux kilomètres à l'ouest de l'*Hôtel de l'Olympe*, sur le bord de la route de Moudania, on aperçoit les divers édifices qui abritent les sources. Celles-ci, de temps immémorial, ont alimenté d'abord les thermes des Romains, ensuite les *hammams* des Osmanlis. Le grand bain turc de Yéni-Kaplidja est le plus remarquable; il est construit sur le modèle bien connu de ceux de Constantinople, et dans les plus grandes proportions. Par une exception dont je n'avais pas encore vu d'exemple, il possède, dans sa partie intérieure, une piscine assez vaste et assez profonde pour qu'on y puisse nager. Les eaux, naturellement chaudes, il s'entend, et imprégnées de soufre à un degré d'ailleurs très modéré, sont d'une température élevée qui rend le séjour des étuves difficile à supporter bien longtemps. A la sortie, le baigneur revêt, comme à l'ordinaire, les linges nombreux qui opposent à la transpiration une barrière infranchissable, et va chercher sur un lit de repos l'immobilité désirable après les phases diverses de l'ablution et du massage.

Mais le Yéni-Kaplidja convient mieux encore aux gens en bonne santé qu'aux malades. Il fallait à ces derniers une installation spéciale et un personnel formé aux soins qu'ils réclament. Sur une hauteur rapprochée de l'Olympe s'élève une grande maison, d'apparence moderne : c'est l'établissement de *Kukurtlu*, dirigé, à l'heure qu'il est, par la veuve d'un Français à qui l'on doit ce qu'il y a de meilleur dans l'aménagement des eaux de Brousse. J'allai, comme tous les Européens, visiter l'établissement et m'inscrire au nombre de ses clients. On peut loger à Kukurtlu, des chambres spacieuses sont à la disposition des baigneurs ; mais, pour le moment, elles n'ont encore reçu qu'un mobilier des plus sommaires, et ne m'inspirent nulle envie de quitter mon gîte à l'*Hôtel de l'Olympe*. Les patients ne sont plus soumis aux rigueurs du bain turc, mais le régime de l'établissement n'en offre pas moins des singularités dignes de remarque. Une première salle, assez vaste, sert de vestiaire ; une autre, contiguë, forme l'étuve elle-même. On n'y voit ni cabinets de bains, ni même de baignoires. A son arrivée, le nouveau venu accomplit une première formalité : il achète, à un prix modéré, une cuve de bois, parfaitement semblable à la moitié d'une futaille, et que l'on remplit à chaque fois, pour servir au bain. Les tonneaux sont rangés à la suite les uns des autres, le long de la muraille, et les patients, la tête seule hors de l'eau, peuvent se livrer sans obstacle au plaisir de la conversation. C'est un procédé qui rappelle les piscines célèbres de Louèche. L'habitude en vient bientôt. Je me proposais de prendre deux bains par jour, la plupart à Kukurtlu, mais non sans alterner avec des stations fréquentes au *hammam* de Yéni-Kaplidja. Deux bains par jour devaient absorber à peu près tout mon temps, et me tenir lieu des occupations non moins que des divertissements laissés à Constantinople. Je n'interrompis ma cure, en effet, durant plus de vingt jours, que pour les visites indispensables dans la ville et au village de Soanli-Keui. Ce repos périodique est aussi une nécessité bien connue des baigneurs.

IV

L'hospitalière maison de Madame S*** est située, comme je l'ai dit, fort près de la ville ; j'en découvre, de ma fenêtre, le toit qui émerge au-dessus des feuillées de la plantation. Dès le troisième jour de mon arrivée, je repris le chemin du joli village. Cette fois, un beau soleil et une chaleur printanière devaient faire oublier les intempéries du premier soir. Je partis à pied. La route, en s'éloignant de Brousse, se perd bientôt au milieu des cultures, très touffues et très ombragées; d'abondants ruisseaux, maintenant rentrés dans leur lit, serpentent à travers la campagne et nourrissent une végétation luxuriante, à laquelle l'habitant de Constantinople n'est pas accoutumé.

Je marche fort tranquillement le long des sentiers, et tout en souhaitant de hâter l'heure de la réunion, je ne puis m'empêcher de goûter à loisir l'agrément de cette belle matinée. Plus d'une fois, je m'arrête; je m'assieds sur l'herbe, respirant avec délices l'air mêlé de senteurs vivifiantes. En approchant, on traverse le hameau; Soanli-Keui (le village aux oignons) ne se compose que d'un petit nombre de feux. Les maisons ont toutes de hautes cheminées et, sur chacune de celles-ci, des cigognes ont installé des nids immenses; le bizarre animal s'y tient perché, comme s'il faisait fonction de girouette. Enfin, j'aperçois le manoir, but de ma promenade, et j'y retrouve mes amis.

Cette demeure est charmante. Le confort anglais s'y trouve joint aux belles dispositions et à l'aspect monumental d'une grande maison turque. A chaque étage, une salle immense sert à la fois de vestibule et de salon; aux quatre coins s'ouvrent de grandes pièces, garnies, dans tout leur pourtour, de commodes divans. Des cheminées largement ouvertes en composent la principale décoration; c'est au coin du feu, couchés sur les divans, que nous avons échangé nos premières conversations. Ici encore se retrouve la vie antique, dans cette maison isolée, pleine de vieux serviteurs attachés depuis l'enfance à la famille du maître, et où règne l'abondance de tous les dons d'une opulente nature. Des animaux de toute espèce remplissent les enclos voisins; les chevaux sont toujours prêts pour les longues promenades. J'ai dit que deux jeunes filles aimables vivent ici aux côtés de Mme S***; écuyères incomparables, elles parcourent incessamment la plaine voisine, et, plus d'une fois, nous avons galopé de compagnie sur les chemins des environs de Brousse, les plus larges et les mieux entretenus que j'aie vus dans le pays. Les journées se passent ainsi à Soanli-Keui. Conversations attachantes, divertissements paisibles, société pleine d'agrément, j'ai trouvé tout cela dans cette heureuse maison, où je revins chaque dimanche. C'est le jour des réunions de famille, et, voyageur solitaire, je retrouve avec bonheur, au bout de la semaine, les plaisirs d'une cordiale intimité.

Parmi les hôtes de Mme S***, l'un des plus assidus était le gouverneur de Brousse. Je l'avais rencontré plus d'une fois, et ne tardai pas à aller au conak pour rendre mes devoirs au pacha. On peut compter cette province au nombre des premières de l'empire. Le gouverneur, qui a rempli d'importants emplois, possède l'extérieur imposant et la dignité de manières qui semblent l'apanage des hauts fonctionnaires ottomans. Brousse a conservé le souvenir d'un autre vali qui l'a gouvernée par deux fois. C'est un homme justement célèbre auprès des voyageurs qui ont visité Constantinople, et dont je n'oublierai jamais l'accueil si flatteur dans ces maisons de Roumili-Hissar, dont il a fait un temple dédié à tous les arts utiles ; c'est un lettré non moins versé dans les sciences de l'Europe que dans la connaissance de l'histoire et des antiquités de son pays, en même temps qu'un patriote chez lequel le sentiment national m'a toujours inspiré un véritable respect. J'ai nommé Ahmed-Vefyk-Pacha, ancien premier ministre du Sultan. On se souvient qu'il a occupé ces éminentes fonctions dans les moments les plus critiques.

A l'époque de mon voyage, les diverses populations qui habitent la ville jouissaient d'une paix profonde. Leurs rapports mutuels étaient pleins de confiance ; il n'existait aucune trace de ces craintes qui parfois, lors des crises politiques trop fréquentes en Orient, se répandent au sein de la minorité grecque ou arménienne. On vantait aussi, et ce point, on le verra, ne pouvait manquer de m'intéresser, la sûreté des routes dans toute la province. La rareté des attentats contre les personnes est un fait que l'on doit remarquer dans ces contrées peu habitées, où la surveillance des pouvoirs publics ne s'exerce pas sans peine ; on peut en faire honneur à l'humeur généralement pacifique des populations, à la prudence des voyageurs, mais sans oublier le prestige très réel que conserve l'autorité, et qui permet à celle-ci, avec des moyens restreints, de maintenir l'ordre dans de vastes territoires où il lui serait malaisé de faire sentir effectivement son action.

A l'intérieur de la ville, on ne manquera pas de visiter le bazar, l'un des plus intéressants et des plus justement renommés du Levant. Tout le monde connaît les soies de Brousse. C'est ici même que se fabriquent ces tissus d'une délicatesse si célèbre. De nombreuses filatures existent encore dans la ville; elles emploient un grand nombre d'ouvrières grecques et turques, dont la beauté, car elles se montrent là, et là seulement, à visage découvert, n'est pas le moindre attrait d'une visite à ces établissements. L'industrie de la soie existe à Brousse de temps immémorial, mais c'est en 1840 seulement que feu M. Falkeisen établit la première filature. Le travail, autrefois, se bornait à ce que pouvaient faire les ouvrières dans leurs maisons. Cette industrie a prospéré; beaucoup d'employés du premier établissement sont devenus patrons à leur tour. On évalue à vingt-cinq millions la production des bonnes années. La plus grande partie de la soie filée s'exporte à Lyon. Il s'en conserve une petite quantité pour la consommation locale; le reste se vend à Constantinople, où l'on trouve un ample débouché pour ces fins tissus aux couleurs éclatantes, ainsi que pour les burnous et les linges de bain qui constituent le principal objet du commerce de Brousse.

J'ai vu les trois principales mosquées, l'Oulou-Djami, la Yechili-Djami (mosquée Verte) et l'Émir-Sultan-Djami. La seconde possède ces faïences vertes si renommées, ouvrage de l'art ottoman de l'époque primitive. A l'intérieur de l'Oulou-Djami, une grande fontaine épand des eaux dont le murmure et la fraîcheur causent une sensation inattendue. On dirait d'une maison de Pompéi. Les mosquées, éparses dans le quartier musulman, occupent des situations favorables, d'où elles dominent les environs. Il ne faut pas oublier la petite et gracieuse Mouradieh du quartier grec, avec son bouquet de cyprès et le mystérieux jardin du *médressé* voisin. C'est là que repose le prince Djem ou Zizim, père de Bajazet Ier, auquel ses aventures en Europe donnèrent une si grande célébrité au commencement des temps modernes.

Capitale des Ottomans jusqu'à leur entrée dans Constantinople, Brousse possède en grand nombre les tombeaux des sultans et des hommes illustres de cette époque héroïque de leur empire. Sur l'esplanade de la citadelle, de grands *turbés*, malheureusement rebâtis tout récemment, renferment les restes d'Osman et d'Orkhan; ce sont de véritables sanctuaires nationaux et religieux, objets d'un culte assidu, et qui le disputent en sainteté aux monuments de Stamboul. Le sultan Abd-ul-Azis en a renouvelé les ornements avec magnificence. On voit le tombeau de Mahomet Ier à côté de la mosquée Verte (1413-1421). La porte de ce turbé est d'une rare élégance. Il ne faut pas manquer de remarquer, à propos de la grande mosquée, l'Oulou-Djami, que cet édifice, antérieur à la prise de Constantinople, fut construit sur le plan primitif des temples de l'islamisme; il rappelle donc bien plus ceux de l'Égypte et de l'Espagne que les mosquées de Constantinople, où se retrouve toujours plus ou moins l'imitation de Sainte-Sophie. La vue de la grande église de Justinien produisit une révolution dans l'art ottoman; triomphe suprême du génie romain dont Sainte-Sophie était l'œuvre dernière et peut-être la plus complète.

De l'esplanade où s'élèvent les tombeaux d'Osman et d'Orkhan, la vue s'étend sur toute la ville et bien loin aux environs. Ce spectacle, au soleil couchant, m'a profondément ému ; il me parut n'avoir jamais senti comme ce soir-là les magnificences de ce beau ciel et de cette incomparable nature. D'un côté, c'est Brousse, couchée sur les pentes de l'Olympe, avec ses maisons innombrables, d'où s'élancent les blancs minarets; de l'autre, la montagne, élevant brusquement ses sommets couronnés de verdure. Au delà de la plaine, la chaîne dénudée qui longe la mer se colore des teintes les plus variées, avec des contrastes de lumière et d'ombre qui en accusent vivement tous les reliefs. Après tant et de si longs voyages, ces vastes panoramas n'ont point lassé mon admiration. Né dans les plaines du Nord, où la vue est nécessairement bornée, j'éprouve sur les sommets une joie intense à voir se reculer l'horizon. Ici, de tels aspects sont un spectacle de tous les jours; l'indigène, du reste, n'y paraît pas indifférent, et le plaisir de la contemplation, dans ces régions favorisées, occupe une certaine place au milieu de l'existence.

V

Il n'est point de voyage à Brousse sans une ascension de l'Olympe, partie obligée des distractions que peut offrir la capitale de la Bithynie. Au printemps, la neige couvre encore le sommet de la montagne; malgré les chaleurs qui augmentent de jour en jour, et quoique j'aie attendu jusqu'à la limite extrême de mon séjour, il ne faut point espérer d'atteindre la cime. Néanmoins, le 1er mai, je tente l'aventure en compagnie de M. Falkeisen, propriétaire, après son père, d'une importante filature, et agent consulaire d'Autriche. Nous partons le matin, bien montés sur de petits chevaux du pays dont l'ardeur ne craint ni les pentes rapides, ni les champs de neige de la montagne.

On aborde les premières montées au-dessus du quartier arménien de Sert-Bachi, à travers une belle forêt de châtaigniers. Nous voyons se présenter successivement deux plateaux de peu d'étendue, tout verdoyants, après lesquels commence la région des sapins. La neige fait son apparition; bientôt elle encombre les sentiers, et les chevaux y enfoncent profondément. Il y a près de quatre heures que nous avons quitté la ville. Une dernière montée, longue et assez rude, conduit sur un plateau supérieur situé immédiatement au-dessous du grand sommet. On aperçoit ce dernier, dépouillé de végétation, couvert d'une neige épaisse, et inaccessible pour nous. Les pentes qui y conduisent s'élèvent au-dessus d'un vaste cirque, où coulent en mille ruisseaux les eaux de la montagne. C'est ce que peint d'une manière expressive le nom de ce lieu pittoresque, Kirk-Bounar, les Quarante-Fontaines. Une sévère végétation de sapins, la neige apparaissant de tous côtés et l'aspect imposant du sommet dénudé de l'Olympe, donnent au paysage un caractère grandiose et sauvage que l'on s'étonne de rencontrer ici, après les scènes riantes des environs de Brousse. C'est là, dans la forêt, que nous avons fait la halte obligée, avant de redescendre à la ville.

Le panorama, quoique incomplet, puisque nous ne pouvons atteindre la plus haute cime, n'en offre pas moins un vif intérêt. Au nord, par-dessus les montagnes qui enceignent la plaine de Brousse, nous découvrons la mer et tout le golfe de Guemlek. Une île, Kalolimno, apparaît toute blanche en face de Boz-Bournou : c'est l'antique Besbicus. La route de Moudania, qui coupe nettement la plaine, indique la situation de ce port ; elle est droite comme une ligne tracée sur un tableau. A l'ouest, le lac d'Apollonie se distingue parfaitement avec ses îles nombreuses. Au delà, la mer reparaît encore, et, à l'horizon, des montagnes confusément entrevues doivent être celles de la péninsule de Cyzique. Voilà, sous nos yeux, la plus grande partie de l'ancienne Bithynie.

Du lac d'Apollonie, aujourd'hui Aboulliont ou Abouilla, sort le Rhyndacus. C'est la grande rivière que suivit Chateaubriand dans sa route de Smyrne vers Constantinople. Elle passe à Moualitch ou Mikalitza, les deux noms, grec et turc, d'une même ville, la principale de cette région. L'illustre auteur de l'*Itinéraire* a cru traverser le Granique à Sousurlu ou Sousonghirlu ; cette opinion est fort contredite. Mais la rivière de Moualitch ne lui en a pas moins inspiré une page éloquente et philosophique, et il n'importe guère que ses réflexions se fussent mieux adressées à un autre ruisseau situé un peu plus à l'ouest. La confusion des noms dont se plaint le grand voyageur n'est qu'apparente ; il n'y a dans cette diversité, si commune en Orient, qu'une simple variété de prononciation, sous laquelle on reconnaît plus ou moins aisément l'appellation véritable.

Le printemps ramène, à Brousse, l'époque de fêtes populaires qui n'ont encore rien perdu de leur vogue. Comme dans tous les pays où les mœurs ont gardé quelque chose de l'antique simplicité, une foule d'anniversaires sont religieusement célébrés. Toutes les classes de la population se mêlent à ces réjouissances, d'ailleurs naïves et d'un caractère peu compliqué. Chaque ville, chaque village a sa fontaine, son bois, sa montagne, qui deviennent à certains jours le rendez-vous joyeux de la jeunesse. Le 2 mai, on s'est réuni à Bounar-Bachi ; le lendemain, ce sera sur la route de Moudania. Ces assemblées ont à peu près le même genre d'agrément que les promenades de nos villes : on voit ; on est vu. Les femmes, groupées sous les arbres ou près des fontaines, soumettent les passants à un examen plus ou moins bienveillant. A Bounar-

Bachi, le lieu de la scène est intéressant. Ce n'est qu'une prairie de médiocre étendue, mais ombragée de noyers magnifiques et traversée par un ruisseau abondant qui va porter à Brousse une eau pure comme un cristal. A l'entour, des cimetières turcs avec d'immenses cyprès, des mosquées assises sur des pointes de rocher, composent un tableau d'un grand style. Là, dans ce site qui résumait les beautés de ce séjour, je pris congé de la famille S*** et de ses hôtes ; nous nous séparâmes, et je les quittai avec une émotion pleine de reconnaissance.

VI

Attiré, à mon tour, par cette magie qu'exercent les récits des voyageurs, j'aurais voulu m'enfoncer dans l'intérieur de l'Asie ; je regrette d'avoir à reprendre, dans un délai rapproché, la route de Constantinople. Mais je ne puis me résoudre à y retourner que par le chemin des écoliers. Décidé à visiter Nicée et le golfe de Nicomédie, je nourris mon projet sans trop en parler à mes amis de Brousse, qui ne manqueraient pas de m'en dissuader ; rien de moins voyageur que ce petit monde qui m'entoure. On retrouve souvent, en pays étranger, cette horreur des aventures ; il ne faudrait jamais sortir des villes, si l'on prêtait l'oreille à des conseillers timorés. Pour suivre leurs avis, il m'en eût coûté les meilleures journées de mes voyages à

Naples, en Sicile, au Levant. Heureusement, aucun accident n'est venu donner raison à leur sagesse. Ici, j'ai tout préparé dans le plus grand mystère, la meilleure, la plus efficace des précautions; je me suis procuré deux chevaux, pour trois jours de voyage, et un jeune guide nommé Mehmed, garçon insouciant et rieur, mais qui ne saurait inspirer aucune méfiance; il doit venir me chercher à l'*Hôtel de l'Olympe*, le 3 mai, à cinq heures du matin.

C'était prendre une peine inutile que de fixer l'heure à mon *souroudji*. Comme la plupart des gens de sa classe, il ne possède que très vaguement la notion du temps; du reste, que ferait-il d'en savoir davantage? Les jours se partagent, dans les longues chevauchées, en deux ou trois parties bien distinctes; il n'importe guère de compter par heures et minutes. Néanmoins, je vois avec inquiétude le soleil se lever sur l'horizon; la journée promet d'être chaude. Enfin, Mehmed paraît; il n'a point l'air de se souvenir de notre rendez-vous. Je monte à cheval, accompagné jusqu'au seuil de la maison par toute cette excellente famille d'hôteliers qui m'a donné de si bons soins, et qui, plus prévoyante que moi, a bourré nos sacoches de provisions de bouche de toute espèce.

On sort de Brousse en descendant peu à peu la pente de la ville, pour entrer dans la plaine. Celle-ci est toute en pâturages et semée de bouquets de chênes et de noyers. La route était mieux tracée autrefois; des restes de pavé apparaissent çà et là. On traverse plusieurs torrents venant en ligne droite de l'Olympe.

Je vois disparaître les maisons et les minarets de Brousse, et bientôt nous cessons de suivre le pied de la montagne, qui s'infléchit vers le sud dans la direction de Koutahia. Après deux heures de marche, j'atteins un misérable hameau qui paraît se nommer Tchesdagh. Deux heures encore et l'on sort de la plaine de Brousse pour franchir les défilés qui la séparent de celle de Yéni-Chehr.

Ici vient se placer l'épisode qui devait influer de la manière la plus décisive sur la suite de mon voyage.

Je suis parti seul, et rien ne me fait supposer que d'autres touristes aient pris, ce matin, la même route. Soudain, j'aperçois de loin, dans un marais, deux Européens. Ils me rejoignent, et le plus âgé m'adresse la parole en anglais. Les nouveaux venus sont des Hollandais d'Amsterdam, le père et le fils. Après avoir conversé en anglais et en hollandais, nous en restons définitivement au français.

Un accord tacite s'établit bientôt entre nous, et voilà comment, parti seul de Brousse, je trouve, grâce à une rencontre si imprévue, deux compagnons auxquels je devrai en grande partie l'agrément du trajet qui reste à faire.

Après quatre heures et demie de marche, nous faisons une halte d'une demi-heure dans un khan, au hameau de Denboz (?). A mon tour, je ne garantis pas l'exactitude de ces noms, que Mehmed prononce assez peu distinctement dans son turc de village. Le petit guide est gouailleur; ses plaisanteries ne conviennent pas au sérieux du jeune Hollandais, et je dois intervenir fréquemment pour rappeler à l'ordre mon indocile *souroudji*. Nous cheminons, descendus maintenant dans la plaine de Yéni-Chehr, absolument unie, cultivée, mais dépourvue d'arbres. Cette plaine fut évidemment, à une autre époque, un vaste lac dont les traces subsistent encore. Trois heures de marche séparent Denboz d'un autre hameau nommé Tchardaklu, misérable endroit dans la plaine, sans un arbre à l'entour. Il y a deux heures de là jusqu'à Yéni-Chehr, dont on commence à distinguer les minarets dans l'éloignement. Mais il se passe du temps encore avant que nous arrivions à ce terme désiré ; la fatigue se fait sentir, et cette longue course à cheval, en partie au grand trot, ne laisse pas de m'éprouver. Il y a cinquante kilomètres de Brousse à Yéni-Chehr.

La ville, si l'on peut lui donner ce nom, ne nous a fait qu'une pauvre impression. C'est un grand village, isolé dans la plaine, tout en ruine, et sans arbres à l'entour. Nous sommes entrés au khan. Ici, de singulières déceptions nous attendaient. Comptant, je ne sais trop pourquoi, sur l'hospitalité des habitants, nous étions absolument au dépourvu. Au khan, point de lit, point de repas à espérer. On s'est fait des couchettes improvisées, au moyen de misérables paillasses découvertes par hasard, et l'on a mangé ce qui a pu se trouver dans le bazar.

Le jour tombé, nous nous sommes renfermés dans notre chambre, d'ailleurs absolument dégarnie de meubles. Il n'y a point lieu de s'étonner de cela ;

mais le confortable séjour de Brousse m'avait fait oublier les règles premières de tout voyage en Orient.

On a bientôt parcouru Yéni-Chehr, ville exclusivement turque et d'origine récente, peuplée d'agriculteurs qui exploitent la plaine d'alentour. J'ai déjà dit que cette plaine fut un lac. Toute la Bithynie est ainsi partagée en plusieurs bassins qu'isolent de hautes montagnes; les uns sont à sec, comme la plaine de Brousse et celle de Yéni-Chehr; les autres forment encore aujourd'hui de grands lacs, comme ceux d'Apollonie et de Nicée, et le golfe de Nicomédie lui-même n'est en quelque sorte qu'un bassin intérieur où des bouleversements volcaniques on introduit les eaux de la mer. Le sol de toute la province est sujet à de fréquentes commotions; le tremblement de terre de 1858 demeure présent à toutes les mémoires. Ces révolutions terrestres ont exercé une visible influence sur la configuration de cette région; les environs de Constantinople en portent aussi la trace, comme il est facile de s'en convaincre aux îles des Princes et sur tous les points du Bosphore.

La nuit ne fut guère meilleure qu'on ne pouvait l'attendre, et nous saluâmes avec plaisir le retour du soleil. Déjà, une grande animation régnait dans le khan, que bêtes et gens s'empressaient de quitter. Après des ablutions faites à la fontaine commune, nous remontâmes à cheval à sept heures du matin. Il faut toujours beaucoup de temps pour plier bagage, et le soleil est déjà haut sur l'horizon, comme la veille, lorsque la caravane défile en prenant la route de Nicée.

Un bourrelet de montagnes peu élevées couvre Yéni-Chehr du côté du nord; nous commençons à gravir ces hauteurs sous l'ardeur des rayons qui nous brûlent. Le sentier court dans un profond ravin que l'on suit indéfiniment en montant toujours. Des bouquets de bois, quelques cultures s'offrent à la vue. Soudain, au bout de trois heures, et après avoir gravi une dernière crête, l'horizon s'ouvre largement : il n'y a plus devant nous que des pentes rapides qui descendent vers le lac de Nicée. Ce dernier apparaît tout entier, entouré de montagnes, et comme enfermé au fond d'un gigantesque cratère. L'eau parfaitement calme semble un clair miroir. Nous nous arrêtons pour contempler ce nouveau spectacle. La descente se fait vite, par des ravins et des précipices remplis d'une végétation luxuriante; ce versant de la montagne paraît aussi boisé que l'autre, vers Yéni-Chehr, est aride et nu. Au bord du lac, à l'est, une plaine assez grande sépare les deux chaînes parallèles; c'est là que nous apercevons bientôt, au milieu d'une campagne soignée et bien ombragée, des tours, des minarets et des murs en ruine qui sont ceux de Nicée.

Le site de cette ville célèbre est fort beau. Il offrait aussi d'autres avantages. Placée dans l'intérieur des terres, mais auprès d'un lac fort rapproché de la Propontide, Nicée devait être longtemps le boulevard de Constantinople; elle conserva son rang tant que les Ottomans n'eurent point définitivement brisé la barrière qui les séparait de l'Europe. On connaît son importance militaire au temps des croisades. Aussi, des splendeurs de son passé, il ne lui reste guère que ses fortifications, témoignage du rôle qu'elle a joué. Du pied des hauteurs, on découvre toute l'enceinte, demeurée debout, mais qui aujourd'hui renferme beaucoup de champs et de ruines. Au centre est le petit village moderne, toujours décoré du nom de Νίκαια par les Grecs, et appelé Isnik par les Turcs. Il se compose d'un petit nombre de maisons misérables, et la rue du Bazar ne possède que des boutiques insignifiantes. A onze heures, la chaleur étant extrême, nous descendons de cheval au khan, où tout d'abord l'on déjeune, d'après le mode frugal auquel la journée d'hier nous a déjà habitués.

Ce khan de Nicée n'a pas plus mauvaise mine que celui de Yéni-Chehr, et, par amour de mon indépendance, je m'en serais volontiers accommodé. Mais mes compagnons de route ont ouï parler d'un prêtre grec qui, dit-on, tient auberge pour les étrangers de notre espèce, et ils n'auront point de cesse qu'ils n'aient remué tout le village pour le découvrir.

En cherchant le prêtre, on trouve un médecin (c'est son titre officiel), un Italien établi dans le pays, et qui offre de nous loger dans la maison qu'il habite lui-même.

Dans ces régions écartées, l'instinct de la sociabilité rapproche les hommes, et quand il se trouve un Européen, c'est aussitôt un compatriote et un ami. Nous voici déjà quatre dans un petit village de l'Asie Mineure. Notre nouvel hôte devient aussitôt le plus obligeant des conducteurs ; il fait porter notre bagage dans sa maison et répond du reste.

Il ne faut pas une journée entière pour visiter la ville. On a bientôt fait de voir le petit nombre d'édifices restés debout, l'église grecque, la mosquée Verte, d'ailleurs fort intéressantes l'une et l'autre. Mais les heures s'écoulent délicieusement à errer parmi ces ruines qu'ont envahies les ombrages. La mosquée, située dans un quartier absolument dévasté, s'élève au milieu d'arbres verts, des noyers surtout, qui lui composent un cadre charmant. Nous avons fait une longue halte devant le portique désert. Des Turcs, étendus sur l'herbe, dormaient autour de nous. Au milieu de ces ruines, seul débris aujourd'hui de ce qui fut une grande ville, il n'y a plus que silence et sommeil.

Des quatre portes de Nicée, nous avons déjà vu celle de Yéni-Chehr, par laquelle nous sommes entrés. Celle de Lefké est à l'opposite du lac. Nous regagnons l'enceinte de ce côté, pour en faire le tour à l'extérieur, à travers les champs assez bien cultivés qui s'étendent au pied des murailles, dans les fossés maintenant comblés. Ici, comme à Constantinople, des maraîchers cultivent avec prédilection ce terrain qui paraît singulièrement fertile ; on ne peut guère douter qu'il n'ait été longtemps arrosé de sang. La porte de Lefké est couverte d'inscriptions grecques dédiées aux empereurs de Rome, mélange propre aux villes de l'Asie.

Nous nous arrêtons encore au pied du massif imposant de la porte de Constantinople, la plus considérable de toutes. C'était, aux beaux temps de l'empire, un arc de triomphe. Plus tard sont venues les invasions ;

des défenses élevées à la hâte ont rendu l'entrée plus étroite, et défiguré les lignes de l'architecture ; ainsi, comme dans beaucoup d'autres villes, et pour n'en citer qu'une, dans Athènes, les monuments de Nicée conservent la trace des nécessités malheureuses d'une époque de décadence et de guerres impitoyables.

A peu de distance est le lac, dont les eaux bleues nous sont cachées par une forêt de broussailles venues dans les fossés de l'enceinte. Nous gagnons la rive, et là, assis au bord de l'eau, nous contemplons à loisir l'imposant spectacle de cette petite mer intérieure. Elle paraît sans bornes du côté de l'ouest, où les montagnes s'abaissent sur les deux rivages du golfe de Guemlek. Le soleil descend sur l'horizon, et illumine d'une teinte de feu les murailles de Nicée, aux tons vifs contrastant avec la verdure qui les entoure. Une heure entière se passe là dans les réflexions que nous inspire la ruine actuelle de cette ville, grande et célèbre à tant de titres. Le rivage est absolument désert ; il n'y a pas une barque sur les eaux, quoique l'on aperçoive encore les restes des constructions solides d'un port antique.

L'idée est venue au plus jeune de mes compagnons de se plonger dans le lac. A la date du 4 mai, cette proposition a quelque chose de bien aventureux. Néanmoins, vrais hommes du Nord, nous avons trouvé la journée chaude, et bientôt, tous les trois, nous nous jetons à la nage parmi les débris d'une sorte de môle écroulé. L'eau, parfaitement tranquille et transparente, ne nous semble pas trop froide. Après le bain, on se rhabille au soleil, et l'on reprend, d'un pas plus rapide, le chemin de la ville.

Une dernière station encore; nous gravissons le sommet de l'une des grosses tours de la porte de Yéni-Chehr, pour, de là, voir finir le jour. Des paysans, à nos pieds, franchissent l'arcade ruinée, en chassant devant eux des bœufs et des buffles. Un silence profond règne dans cette vaste campagne; du côté du village moderne, on n'entend non plus aucun bruit. Nicée ne vit plus que dans l'histoire, où son nom, par un contraste mélancolique, est mêlé aux controverses les plus bruyantes, aux luttes les plus sanguinaires. Le souvenir du concile fameux où la doctrine chrétienne reçut sa première formule cède le pas, il faut l'avouer, à celui des guerres terribles au milieu desquelles cette ville joua un rôle marquant. Enfin, nous descendons de la tour; le soleil s'abîme dans les eaux du lac; il ne nous reste plus qu'à regagner, à la lueur du crépuscule, le gîte hospitalier que nous a procuré le médecin italien.

Celui-ci nous attend. Le dîner est prêt et vaut mieux que celui du jour précédent; dans ce logis plus confortable, nous pouvons prolonger la veillée. Notre hôte nous tient compagnie; il paraît d'humeur communicative. « Ne nous direz-vous point, seigneur médecin, par quelle fortune vous êtes venu du rivage natal à Constantinople, d'abord, sans doute, et enfin, quel sort étrange vous a fixé dans ce village illustre, dont tant de souvenirs cachent mal la pauvreté? » L'histoire est mélancolique et, comme il arrive souvent dans ces régions reculées, elle rattache le destin obscur de l'exilé aux plus grands événements des temps contemporains. Nous retrouvons ici, et sans nous attendre à rien de pareil, l'effet lointain des révolutions des empires. « Vous n'ignorez pas, ô étrangers, quels troubles éclatèrent dans les royaumes de l'Italie, il y a plus de quarante ans. Comme beaucoup d'autres, je renonçai à vivre dans ma patrie et je vins chercher, sous une domination étrangère, le repos et l'oubli. Né dans la Pouille, sous un ciel béni, je ne pouvais songer à me réfugier dans les climats du Nord ; je débarquai à Constantinople, mais bientôt, préférant au séjour de la ville la liberté des champs, je cherchai à m'établir dans ces belles campagnes que vous connaissez, autour de Brousse. Dans ces temps plus heureux, je me suis occupé, comme tout le monde, de la culture de la soie. Cette industrie prospérait alors. La maladie des cocons est apparue un jour, et la richesse de ce pays a été frappée sans retour. » Notre hôte s'est obstiné dans ses espérances téméraires, et bientôt il a vu disparaître peu à peu ses économies. Je vois bien que la force des choses le retient seule à Nicée. La profession de médecin n'est pas bien lucrative dans ce pays, mais, à défaut d'autre, c'est celle que choisissent d'ordinaire les étrangers échoués sur ces rivages. Tout est relatif ; au milieu des populations de l'intérieur, l'Européen le moins pourvu de diplômes n'en possède pas moins des secrets qui lui donnent des droits au bonnet de docteur. Notre hôte a su se rendre utile à ses pauvres voisins, et il s'est acquis, au milieu d'eux, une très réelle considération. Il nous touche vraiment du récit de ses travers, et c'est du meilleur de notre cœur que nous lui souhaitons un retour de fortune.

VII

La nuit se passe parfaitement. Dans cette pauvre maison, on a trouvé le moyen de nous fournir à tous trois des couchettes fort propres. Les lits, bien entendu, sont faits sur le plancher. Aussitôt le jour venu, matelas et couvertures ont été emportés, roulés soigneusement et dissimulés je ne sais où. Tel est, sauf exception, l'usage de tout l'Orient ; la couche du Turc et du Grec est essentiellement nomade, et la même pièce peut servir sans inconvénient de salon, de salle à manger et de chambre à coucher. Il ne faut point trop se hâter de blâmer de pareilles coutumes ; ce mouvement perpétuel sert efficacement, dans un pays relativement chaud, à la conservation et à la propreté du mobilier de la famille.

On sort de Nicée par la porte de Constantinople, pour s'acheminer à travers une belle campagne, le long du lac, vers une chaîne de hautes collines qui ferment la route dans la direction de Nicomédie. Je me suis imaginé qu'au premier sommet le golfe d'Ismid (1) se découvrirait à nos yeux. C'est une illusion bientôt déçue. Ici, comme entre Yéni-Chehr et

(1) Ismid est le nom turc de Nicomédie; de ce dernier on a fait Isnimid, puis Ismid, par l'adjonction du grec εἰς, comme Isnik de Nicée.

Nicée, plusieurs rangs de montagnes courent parallèlement à la mer; nous avons à gravir successivement des hauteurs derrière lesquelles se montrent toujours de nouveaux sommets. Le pays est beau, et non sans habitants. La culture reparaît plus fréquemment; on rencontre même çà et là quelque village.

Nous traversons une petite rivière, au fond d'une vallée ombragée de grands arbres : c'est un paysage de la Suisse bien plus que de l'Anatolie. Enfin, du haut d'une dernière crête, on aperçoit le golfe d'Ismid, semblable à un large fleuve au delà duquel s'élèvent de nouvelles montagnes. De ce point, on reconnaît déjà les grands traits de l'horizon de Constantinople, le mont Boulgourlou et la grande cime au-dessus de Yakadjik, et l'on voit se dessiner vaguement la silhouette des îles des Princes.

Il nous reste à descendre de longues pentes profondément ravinées pour atteindre le bord de la mer au petit port de Karamoussal. Des jardins, des maisons, des champs s'étagent au-dessus de la route qui longe le golfe. Les eaux sont calmes; nos regards, du côté d'Ismid, se perdent dans la brume d'un azur pâle qui enveloppe tout le paysage; seul, sur ce fond d'une vague transparence, Karamoussal se détache vivement, avec ses cyprès sombres et ses maisons peintes de toutes couleurs. Le tableau est ravissant; c'est une aquarelle toute faite, et je me promets de signaler ce motif à mon ami de Constantinople, l'artiste bien connu qui reproduit avec une vérité si frappante le paysage et les types de la capitale ottomane.

A Karamoussal, on se loge dans le khan, bâtisse neuve, à peine achevée, et moins meublée encore. L'installation est d'une pauvreté exemplaire. Après un repos assez court, nos chevaux et nos *souroudjis* reprennent au grand trot le chemin de Brousse; hommes et bêtes paraissent ne plus songer aux huit heures de voyage qu'ils ont faites le matin. Il nous faut, à nous, passer ici le reste du jour. On se promène sur le rivage de la mer. Cette grève de Karamoussal est charmante; le village, d'un peu loin, offre toujours un point de vue des plus pittoresques.

Le golfe d'Ismid peut être comparé, pour sa largeur et pour l'aspect de ses bords, au lac de Zurich; on n'aperçoit pas, d'ici, l'antique Nicomédie. La nuit venue, rentrés au khan, nous nous partageons un repas plus que modeste, auquel nous avons pourvu de nos propres mains. Pour la nuit, nous n'avons cette fois que d'insuffisants matelas; je souffre du froid autant que de la dureté de ma couche. La leçon que l'on peut tirer de cette courte excursion, c'est qu'il ne faut pas se mettre en route, hors de Constantinople, sans se munir de ce bagage indispensable : couchette, table et chaise, plus quelques ustensiles de cuisine. L'hospitalité des khans appartient à tout le monde, mais elle se borne à offrir un toit.

Celui qui possède une tente peut se croire le maître du monde; il voit s'ouvrir devant lui les espaces sans bornes de l'Asie Mineure. Un de mes amis est demeuré six mois à parcourir à petites journées ces régions encore si peu connues; on peut juger de l'intérêt d'un tel voyage par les récits, même partiels, de quelques explorateurs modernes.

Le 6 mai, au matin, on se prépare à rentrer à Constantinople. Nous attendons le bateau au débarcadère de Karamoussal. Le ciel est magnifique; rien ne donne une idée de la transparence des horizons de ce golfe, que ne vient pas détruire, comme sur le Bosphore, la fumée d'innombrables bateaux à vapeur. Vers dix heures, on signale l'approche du nôtre. Il vient d'Ismid, et, après une courte relâche, reprend le large, à une égale distance des deux rives.

Cette navigation est intéressante. Elle nous paraît d'une lenteur extrême, mais qu'était-ce il y a quelques années, lorsque le voyageur remontait à la voile ce long golfe trop abrité des vents? M. de Marcellus mit plusieurs jours à gagner Nicomédie. Son livre fournit des indications pleines de valeur sur l'itinéraire que nous suivons aujourd'hui; l'auteur, qui fait preuve de tant d'érudition jointe à beaucoup de sentiment littéraire, mérite d'être cité comme le modèle des attachés d'ambassade. A Gebizeh, l'antique Libyssa, sur la rive du nord, il ne manque pas d'aller visiter le tombeau d'Annibal. Ce souvenir classique cède la place, de nos jours, à des préoccupations d'un autre genre : nous voyons de loin les tranchées du chemin de fer qui doit relier, dans peu de temps, Scutari à Ismid. La ligne fut inaugurée, en effet, jusqu'à Gebizeh, peu de mois après.

Après Gebizeh, et près d'Aritziou, l'antique Tsarion, le golfe s'élargit considérablement : nous entrons dans la mer de Marmara. C'est ici que commence la banlieue de Constantinople. On approche des îles des Princes, rangées sur une seule ligne à quelque distance du continent, et dont la position rappelle assez bien celle d'une flotte de gros navires embossés le long d'un rivage.

Ces îles, si voisines de la capitale, si riches en aspects pittoresques, et favorisées d'un climat plus doux que celui du Bosphore, devaient être un lieu de villégiature pour les Grecs du Bas-Empire; elles recommencent à jouer le même rôle, de nos jours, et pour les Grecs encore, qui en font leur demeure de prédilection. Tandis que le monde officiel, ottoman et étranger, ne s'écarte guère du Bosphore, où le retient le séjour des hauts fonctionnaires de la Porte et des ambassadeurs, la colonie grecque préfère les îles des Princes. Elle y trouve une liberté plus grande, et peut s'y croire chez elle. Rien ne ressemble moins à un quartier de Constantinople que le village de Prinkipo. A la place des maisons en bois, d'élégantes villas à l'italienne se succèdent le long d'une avenue correctement alignée; des hôtels, des cafés se groupent sur le rivage, et adressent un joyeux appel aux nombreux visiteurs du dimanche. Aujourd'hui, les îles forment même une circonscription administrative distincte, appelée le quatorzième cercle de la capitale; cette concession a permis d'y installer une municipalité qui jouit d'une certaine liberté d'action. Il n'est pas jusqu'au costume oriental qui ne fasse plus ici qu'une exception. Le séjour des îles, plus encore que celui du Bosphore, fait songer aux villes d'eaux et aux résidences d'été de la moderne Europe.

J'allai à Prinkipo, pour la première fois, le 21 janvier 1871, et sous la conduite de mon ancien et excellent ami M. C***, un natif de l'île. Ce fut une des radieuses journées de cette saison d'hiver. Au mois de janvier, le beau temps n'est pas rare, mais on n'y saurait compter sans un peu de témérité. Une longue matinée fut consacrée à faire le tour de l'île, sur les pentes tapissées de pins qui descendent rapidement à la mer. Trois couvents s'élèvent aux points principaux : Saint-Georges, sur la plus haute cime, au midi ; Saint-Nicolas, plus bas, vers le rivage, et le monastère du Christ, sur le col qui sépare les deux crêtes. De Saint-Georges, la vue s'étend à l'infini sur la mer, tout autour de l'archipel. Le ciel était sans nuage, l'air tiède, la brise à peine sensible. Je respirais avec délices les effluves des jeunes pins semés en massifs sur la montagne. Sous une latitude moins méridionale, le site des îles des Princes se rapproche beaucoup, aussi, de ceux de la Grèce.

Je ne ferai que nommer en passant le fameux hôtel Giacomo, assis au bord de la mer, et dont les terrasses s'aperçoivent de loin. Les anciens résidants lui préfèrent l'auberge plus primitive de Pascal, située au milieu de la petite ville. L'été, chez Giacomo, quand les tables sont dressées dehors, en vue de la mer, on peut se croire dans un grand hôtel de Suisse, à Lausanne, à Thoune, à Zurich.

Auprès de Prinkipo est Chalki, grande et importante encore, avec le beau monastère de la Trinité, et des collines boisées de l'aspect le plus agréable. Antigone et Proti, la *Première*, ne sont que des rochers de peu d'étendue, et dont le séjour ne doit guère offrir de charmes, quoique l'on y voie s'accroître chaque année le nombre des maisons.

Cependant nous approchons du terme de notre course. Après avoir dépassé toutes les îles, le bateau met le cap sur Constantinople, en longeant la côte basse et rocheuse où sont les villages de Kartal et de Pendik, bien connus aussi des excursionnistes et des chasseurs. Les minarets de Stamboul apparaissent de plus en plus distincts; je revois la grande ville après un mois d'absence. On s'arrête enfin au pont de la Corne-d'Or. A ce moment, une colonne de fumée s'élève sur le Bosphore, à la hauteur d'Orta-Keui : c'est un grand incendie. La foule accourt en se portant de ce côté; des fonctionnaires traversent le pont au galop. Nous sommes bien à Constantinople.

CHAPITRE X

Voyage à Alep.

I

Deux années et demie s'écoulèrent pour moi sur les rives du Bosphore. Au printemps de 1873, je pus songer au retour, non sans avoir à faire un bien long circuit pour regagner le pays natal. Au fond de la Syrie, un litige subitement élevé nécessitait la venue d'un juge spécial; cette circonstance, heureuse non moins qu'inattendue, me procura l'occasion de visiter une autre capitale du désert, négligée en mes précédents voyages, la lointaine et mystérieuse Alep.

Au départ de Constantinople, après ce long séjour, j'ai éprouvé, non pas l'enivrement que promettait la perspective d'un prochain retour dans ma patrie, mais bien plus une sorte de tristesse. C'est que je n'étais plus un étranger sur cette terre; je rompais avec des habitudes déjà chères; j'allais quitter de nouveaux amis, et ne pouvais éprouver sur l'heure qu'un sentiment amer, alors même qu'une espérance longtemps caressée se réalisait enfin. Ainsi, à la joie du retour, se mêlaient quelques regrets. Je suis sorti ému de *ma maison ;* j'ai dit adieu, avec un chagrin véritable, à mes domestiques, dont je parlais à peine la langue. Quelque chose se brisait encore dans ma vie, dont une phase venait d'être close pour jamais.

Le navire n'a levé l'ancre qu'à six heures du soir. Quand je remontai sur le pont après le diner, la ville avait disparu. La société des quelques personnes qui font le voyage avec moi, et qui sont du pays, entretient encore ce regret du départ qui va persister plusieurs jours. J'emmène un souvenir vivant de Constantinople, un lévrier bulgare de grande taille, qui doit me suivre dans ce long voyage.

La nuit s'est passée tranquillement, dans la mer de Marmara, et le matin, à l'aube, nous nous sommes trouvés devant Gallipoli, arrêtés par un brouillard intense. Le soleil a percé les nuées pour nous montrer Khanak-Kalessi, où le navire a fait sa première et unique station.

Je lis la *Correspondance* de Victor Jacquemont. Ce qui m'intéresse le plus dans ce livre, c'est l'auteur, c'est l'homme ; et qui ne serait touché des sentiments si vivement exprimés chez le voyageur, de son amour de la science, de cet espoir du retour où il puisait de nouvelles forces, et qui devait être si cruellement trompé ?

Le paysage des Dardanelles, que je n'avais pas vu depuis dix ans, m'a paru cette fois digne d'intérêt. Nous sommes demeurés plusieurs heures en vue des côtes de la Troade ; ce passage rapide peut suffire pour se faire une idée du théâtre des batailles homériques.

On passe, l'après-midi, tout près du cap Baba, à l'entrée du canal de Mételin; le soir, la lune nous montre les rivages dentelés de Lesbos, et les îles nombreuses qui parsèment la baie d'Aivaly.

Le 14 mars, à l'aube, nous étions ancrés dans le port de Smyrne. J'ai pris congé de Mme S***, mon obligeante hôtesse de Brousse, dont la présence me rappelait si vivement mon excursion de l'année précédente et les souvenirs heureux des jours passés sur les pentes de l'Olympe.

Le brouillard humide de Constantinople a fait place, à Smyrne, au soleil de la Grèce. Les blancs intérieurs des maisons sont tout brillants d'une lumière éclatante. Je n'ai que peu d'heures à passer à Smyrne, mais j'y retrouve plusieurs personnes connues, et parmi elles, l'un de mes plus anciens amis du Levant, presque un compatriote, M. van der Z***. A l'âge où je suis parvenu, rien ne saurait remplacer les vieilles amitiés; elles nous sont chères comme le souvenir de la jeunesse.

La soirée entière s'est passée dans ce beau golfe de Smyrne, dont le bateau longeait les verts rivages. Plus tard, on a doublé la pointe, et, le soir encore, j'ai vu Chio et le cap de Tchesmé. La lune, dans son plein, nous prête le secours de sa lumière argentée.

Le 15, on navigue parmi les îles. Cos apparaît le matin; je n'en ai pas oublié les pentes verdoyantes entrevues autrefois. On passe, une heure après, devant le cap Krio, où fut Cnide. Puis, nous entrevoyons la longue arête montagneuse de Rhodes, vers laquelle le navire se dirige pour relâcher dans le port.

J'ai fait le tour des remparts élevés par les chevaliers. La ville en est restée au moyen âge; la chute de l'Ordre marque l'instant précis où la vie paraît s'être arrêtée sur cette terre. Il me semble parcourir une des vieilles forteresses de Normandie ou de Bretagne. Les faubourgs, avec leurs maisons en terrasse et les palmiers déjà nombreux qui émergent des jardins, font penser à la Syrie et à l'Égypte.

Le matin du 16, nous longeons la côte de Cilicie, montagneuse, escarpée, déserte. Au promontoire d'Anamour s'adosse une ville abandonnée, dont les ruines couvrent un penchant qui descend vers la mer. Fut-elle romaine ou sarrasine? Au delà, le regard s'étend sur un beau panorama de hautes montagnes. Des ruines encore s'aperçoivent sur divers points; il n'y a plus que des cadavres de cités dans ce pays qui fut le siège d'une si brillante civilisation. La décadence, ici, a fini son œuvre.

Le lendemain, le navire se trouva mouillé dans la rade de Mersina. Les montagnes de la Cilicie, que nous avons longées de si près dans la journée d'hier, s'écartent pour laisser entre elles et le rivage une grande plaine verdoyante de l'aspect le plus riant. Au désert succèdent des champs, des villages, des villes; Adana, que l'on ne voit pas, mais qui n'est pas loin, tient de nos jours la place de l'antique Tarse. Dans le lointain, on aperçoit la longue chaîne du Taurus couverte de neige. Ce vaste tableau, aux couleurs si variées, est illuminé par un beau soleil de printemps. Notre relâche à Mersina, dont je n'attendais rien, me laissera un souvenir des plus agréables.

Des chevaux requis çà et là, et parés d'un harnachement de fantaisie, doivent nous porter à trois lieues environ, près des ruines de Pompéiopolis, l'antique Soli. La ville grecque, comme beaucoup d'autres, avait reçu un nom nouveau lors de sa renaissance sous la domination de Rome. Après une heure et demie de chevauchée à travers une campagne fleurie, où le myrte domine (il ne faut pas oublier le voisinage de Chypre, consacrée à Vénus), on arrive au promontoire de Mezetlu, œuvre artificielle des fondateurs de l'ancienne ville, et qui s'est formé de l'amoncellement des sables sur les jetées et les murailles de Pompéiopolis. Un port antique, dont la disposition générale se reconnaît aisément, l'emplacement d'un théâtre, et les restes d'une colonnade qui bordait la rue principale, offrent encore quelque intérêt. Quarante-deux colonnes sont demeurées debout : c'est plus que dans beaucoup de localités mieux connues de la Grèce. Mais Pompéiopolis n'a pas d'histoire, et Soli, qui occupait le même emplacement, n'est guère connue que par le *solécisme* de ses habitants. Ces débris de villes qui ont si peu marqué dans le passé n'en attestent pas moins l'état florissant de la contrée à l'époque des Césars, et nous ne pouvons qu'admirer davantage cette puissante civilisation, qui couvrait en même temps l'Orient, les Gaules et l'Espagne des monuments impérissables de la *paix romaine*.

Nous avons fait halte à l'ombre de quelques arcades ruinées. A l'entrée de la ville, du côté de la terre, on distingue les restes d'un aqueduc. Autour, il y a des vestiges sans nom, et quelques sarcophages épars dans les broussailles, qui bordaient une route. C'était une voie des tombeaux, comme à Pompéi, dont les souvenirs me guident dans cette exploration ; elle commençait à la porte de la ville et allait se perdre dans la campagne, où l'on en suit quelque temps la trace.

II

Une dernière nuit de navigation conduit de Mersina à Alexandrette, dont la rade n'aurait aucune importance, si elle n'était pas le débouché de la route d'Alep sur la Méditerranée.

En dépit de nombreuses excursions dans le Levant, je demeure exposé à des surprises. L'habitude de la civilisation, un séjour prolongé dans les grands centres, entretiennent des illusions bien souvent trompées. J'ai cru trouver à Alexandrette des interprètes, des équipages de voyage, et c'est à grand'peine que l'on a pu me procurer les moyens de partir pour Alep. Il n'a pas fallu moins d'une journée pour avoir des chevaux, un guide et l'indispensable escorte. Je ne me serais pas tiré d'affaire sans l'obligeante intervention de M. C***, qui exerce ici des fonctions consulaires. C'est la providence du voyageur, dans ces lieux éloignés, que cette vertu de l'hospitalité, vivante encore au sein des familles de colons éparses sur tous ces rivages.

Il me faut partir pour Alep à mes risques et périls, avec deux chevaux et leur conducteur. Ce dernier est un Syrien, mais, avantage qui devient rare déjà, il parle le turc, et, quelque peu que je sache cette langue, elle vient à me fournir un secours inespéré dans ce pays exclusivement arabe. Comme toujours, ce compagnon fortuit se trouve être un homme dévoué, attentif à ses devoirs, et auquel j'accorde une entière confiance. Je vais, sous sa conduite, courir, durant trois jours, sur une route solitaire, à travers un pays que l'on dit exposé, sur certains points, aux courses des maraudeurs du désert.

En quittant le rivage à Alexandrette, le chemin commence aussitôt à monter les pentes de la chaîne syrienne. Il s'élève constamment, dans la direction de Baïlan, sur un versant agréablement boisé. Il prend enfin un caractère tout à fait alpestre. L'aspect de Baïlan est saisissant : les maisons paraissent suspendues dans le vide parmi d'immenses rochers écroulés du sommet des montagnes. On n'aperçoit pas le fond de la vallée, où gémissent les torrents qui s'échappent de toutes parts. Partout s'entend le bruit de ces cascatelles invisibles. C'est Tivoli, avec une grandeur sauvage que n'ont pas les collines aux bords de l'Anio. L'Amanus de Syrie est plus haut que l'aimable Lucrétile. De ces sommets de Baïlan, on découvre encore la mer, le golfe d'Alexandrette, sorte de lagune où vient finir la Méditerranée, et, au delà, une ligne de sommets dentelés qui se détache en noir sur un ciel lumineux. Ces montagnes, je les voyais hier de Mersina, c'est le Taurus qui descend par étages vers la côte de Cilicie.

La population de Baïlan est mélangée d'Arméniens. Mes hôtes, chose inattendue, appartiennent à une communauté protestante qui a fait quelques progrès dans cette région. La maison est bien rustique.

Le lendemain, on franchit le col élevé de l'Amanus. Cette route était célèbre dans l'antiquité; c'étaient les Portes de Syrie, *Pylæ Syriæ,* qui donnaient accès dans l'Asie Mineure; Alexandre et, plus tard, les croisés, immortalisèrent ce passage.

L'impression mélancolique des premiers jours a fait place maintenant à cette sorte d'enthousiasme que m'inspirent encore mes nouveaux voyages. Le spectacle des grandes scènes de la nature me trouve aussi sensible, plus sensible peut-être que jamais. C'est un plaisir dont on ne saurait se lasser que de chevaucher paisiblement sur ces routes d'Orient.

Au delà des montagnes commence une vaste plaine, qui s'abaisse de plus en plus pour finir au désert. Des cours d'eau privés d'issue la transforment çà et là en un dangereux marécage.

La seconde journée du voyage se passe tout entière dans cette région monotone et sans grand intérêt. A quelque distance est Antioche, autrefois si grande, alors que toute cette contrée formait un royaume florissant. Le soir de ce jour, mon guide s'arrête au bord d'une large rivière, que nous passons à gué; c'est le fleuve El Afrin, considérable pour le pays, qui alimente un grand marais nommé la mer Blanche,

Ak Deniz, avant de rejoindre l'Oronte sous les murs d'Antioche, pour tomber de là dans la Méditerranée. Il y a près de la rive un caravansérail où je vais passer la nuit sur la dure, au milieu des chameliers qui partagent mon gîte. Ce khan arabe n'a d'égal que les posadas de l'Espagne, avec leur promiscuité, leur dénûment et leur sans-gêne pittoresque.

III

Le 20 mars, j'arrive brisé, épuisé, au terme de mon voyage. Après une longue et fastidieuse marche par un désert monotone, je découvre soudainement cette ville étrange. Quelles causes ont pu lui donner naissance? Au milieu de ces solitudes sans bornes, elle est, comme Venise dans sa lagune, sans lien avec les terres voisines. Comme Venise encore, elle est un refuge ouvert, non pas aux vaisseaux de l'Adriatique, mais aux caravanes errantes dans les océans de sable de la Mésopotamie.

L'intérieur paraît d'une grande ville. Alep a le caractère de Damas et de Jérusalem ; les maisons sont autant de forteresses qui se rejoignent par leurs terrasses. Au-dessus s'élèvent les coupoles et les minarets des mosquées. Une citadelle, El Kalaat, domine toute la ville, et s'aperçoit trois heures avant d'arriver.

Ces trois heures, les dernières, ne laissent pas que de paraître pénibles. Il me semblait avoir perdu tout espoir de voir finir ce trajet, commencé à trois heures du matin. Cette longue traite par le désert n'offre rien qui repose la vue ou récrée l'esprit.

Dans la ville, je reçois l'hospitalité d'une famille syrienne, catholique, qui occupe une belle maison du quartier chrétien. On ne voit à l'extérieur que des murs percés de rares fenêtres. Au dedans, une cour spacieuse est ombragée d'un joli bouquet d'arbres verts. Une fontaine y murmure jour et nuit. Autour, de grandes salles ouvrent de larges baies pour aspirer l'air, et donner accès aux chambres intérieures, obscures et paisibles. Je suis établi dans l'une de ces dernières, et mange dans une autre. La maison entière se multiplie pour m'être utile. J'ai pour hôtesses deux jeunes femmes, une veuve et sa sœur, douces et aimables personnes, qui parlent bien le français appris à l'école d'un couvent ; la veuve porte un nom biblique : elle s'appelle Mme Cléophas. Elle tient, non pas un hôtel, mais une sorte de *casa de huespedes* qui supplée à une lacune importante.

Alep possède les restes d'une splendeur très grande et très ancienne. Le système de construction des villes arabes a l'avantage de créer quelque chose de durable ; elles ne disparaissent pas à chaque génération, comme les villes turques, par l'effet de quelque incendie. Ici, la postérité est appelée à recueillir le prix du travail accumulé des siècles passés. Aussi, dans Alep, de belles constructions arrêtent à chaque instant le regard. Mosquées, khans, bazars de toutes les époques, montrent les phases diverses de l'art des Arabes.

Les bazars, voûtés aussi, forment une longue suite de galeries où l'on marche à l'abri du soleil.

Une telle ville serait indestructible, sans les tremblements de terre qui la désolent fréquemment. Le dernier, celui de 1822, a laissé partout des traces. Dans plus d'une rue, les maisons anciennes ont été renversées à la hauteur du rez-de-chaussée; on les a rebâties médiocrement, et ces débris de palais portent aujourd'hui d'assez misérables demeures. Ailleurs, rien n'a été reconstruit, et de vastes ruines recouvrent le terrain. Il n'y a pas à se méprendre à ces signes de décadence. Alep, aujourd'hui, voit son avenir compromis. Elle devait son développement aux traditions commerciales d'un autre temps; le déplacement de la route du grand trafic indien doit entraîner un prompt appauvrissement.

Ici, comme dans toute la Syrie septentrionale, l'ouverture du canal de Suez a contribué à cette déchéance. On espère encore dans la création d'un chemin de fer, mais cet espoir n'est-il pas chimérique, pour Alep tout au moins, car il ne s'agit pas d'autre chose que de ce chemin des Indes que l'on entrevoit à peine dans les rêves les plus hardis?

Au milieu de cette ville dont le sol est si parfaitement égal, on aperçoit non sans étonnement un monticule escarpé, fait, dit-on, de main d'homme. Un large fossé entoure ce tumulus fort élevé, que couronnent les remparts d'une citadelle vraiment formidable. Cet alcazar, El Kala'at, n'a rien à envier à ceux de l'Espagne. Un pont gigantesque y donne entrée, et de grosses tours défendent cet unique passage. Les temps passés, comme le nôtre, avaient leurs dépenses militaires. L'époque des croisades avait couvert la Syrie de ces forteresses, autrefois imprenables, que le canon a rendues inutiles. La citadelle d'Alep tombe en ruines. Seule, la grande tour paraît entretenue avec quelque soin et peut servir d'observatoire. C'est elle que l'on aperçoit trois heures avant d'arriver à Alep, et qui semble un phare dans ce désert infini comme la mer (1).

Grand est le nombre des mosquées : beaux édifices qui se ressemblent tous, et n'offrent rien de bien digne de remarque. Leurs minarets montrent souvent une forme peu commune, celle de tours carrées qui rappellent les beffrois d'Europe. Beaucoup sont en ruines, comme un grand nombre d'autres constructions.

On ne trouve pas aux maisons d'Alep, à l'extérieur, l'apparence misérable de celles de Damas, que l'on dirait faites en torchis. Ici, ce sont de belles murailles composées d'assises régulières de pierres bien taillées ; les fenêtres sont rares, comme dans tout l'Orient ; les portes, souvent monumentales, offrent de jolis détails d'architecture, et surtout,

(1) Cet intéressant spécimen de l'architecture militaire du moyen âge n'est pas sans offrir quelque analogie avec plus d'une de nos vieilles forteresses, datant des premiers siècles de l'époque féodale. On y retrouve le donjon, l'enceinte extérieure, les approches soigneusement défendues des châteaux d'Europe. Le château des Comtes, à Gand, montre encore une porte fortifiée qui n'est pas sans quelque ressemblance avec l'imposante entrée du Kala'at d'Alep.

l'encorbellement arabe nommé en Espagne *media naranja*. C'est pour l'intérieur, comme à Damas, qu'on réserve tout le luxe; la cour est ornée de verdure, et il s'y trouve toujours un bassin d'eau fraîche. Cette abondance des eaux dans une ville d'un aspect si aride donne une grande idée des soins apportés par les Alépins à cet objet capital. Les conduites et les réservoirs forment un ensemble de travaux vraiment remarquables, et qui a dû occuper plusieurs générations.

Les maisons, pour la plupart, sont couronnées d'une terrasse; la mienne est malheureusement trop peu élevée. On y jouit néanmoins d'une assez belle vue sur le quartier avoisinant, et je ne manque pas d'en arpenter fréquemment l'étroit espace. Le soir, après le repas, j'y demeure à regarder le ciel, si merveilleusement pur, jusqu'à ce que l'heure d'un coucher peu tardif me rappelle dans l'intérieur.

Il y a un monde entre Alexandrette et Alep. Dans l'état actuel de notre société, trois jours de voyage par terre, sans routes ni chemins de fer, isolent entièrement une grande ville du mouvement de l'époque. Personne n'y va, et le voyage a bien de quoi faire reculer. Les habitants d'Alep ne sauraient donc en sortir à moins de raisons sérieuses, et, pour les femmes, il est à peu près impossible qu'elles franchissent les portes de leur ville. Ajoutons que le désert commence en quelque sorte aux remparts, qu'il y a tout au plus, à l'entour, sur les bords d'une petite rivière, quelques jardins qui donnent un simulacre de la campagne, et l'on pourra se figurer quelle idée il est permis aux Alépins de se faire du monde habitable.

Les premières journées de mon séjour ont été absorbées par le travail qui motive mon voyage. C'est à peine si j'ai pu, en quelques heures dérobées à ces occupations, faire des promenades par la ville, et apprendre à m'y orienter. Le Kala'at peut servir de point central; la forteresse, qu'on aperçoit de tous côtés, est un repère bien utile pour se retrouver dans le dédale d'une ville arabe. Les bazars et les rues principales, qui se dirigent assez uniformément de l'ouest à l'est, permettent aussi de ne pas s'égarer tout à fait. Ces bazars m'ont paru pauvrement fournis, à les comparer à ceux du Caire, de Damas et surtout de Constantinople.

Un jour, je suis remonté à cheval. J'ai gagné, hors de la ville, les bords du Kouaïk, seul endroit où l'on trouve un peu d'ombrage et l'apparence des champs. Mais la rivière elle-même n'est guère qu'un ruisseau fangeux, et, pour peu que l'on s'écarte de ses rives, on retrouve aussitôt l'aridité du désert. Alep ressemble en ce point au Caire, avec lequel, du reste, cette capitale de Syrie offre plus d'une analogie.

J'ai fait le tour des vastes faubourgs semés dans la plaine; du haut de divers monticules voisins, on a une belle vue sur la ville, dominée par la masse vraiment imposante du Kala'at. C'est un ouvrage digne d'admiration que cette forteresse, dans laquelle les sultans du XIIIe siècle pouvaient se croire à l'abri de toute attaque. La surface extérieure de cette colline artificielle était couverte d'un revêtement de gros blocs de pierre qui n'a pas entièrement disparu. Aujourd'hui, ce grand travail s'effondre peu à peu; les pluies ravinent les flancs du Kala'at, et les murailles s'ébranlent sur leur base. L'orgueilleuse citadelle est menacée d'une ruine prochaine.

IV

Il s'est écoulé ainsi près de huit jours. Ma mission est terminée; je vais commencer un long voyage de retour. Ici, je suis à quelques heures de l'Euphrate et du désert mésopotamien. Que de hasards à courir encore avant de revoir l'Europe!

Alep, autrefois, m'eût semblé inabordable; jamais cette ville ne s'était trouvée comprise dans mes divers projets de voyages. Un sort inattendu a fini par m'y conduire. Je me suis mêlé à l'existence de ses habitants; j'y ai vécu; souvenir étrange et ineffaçable! Quel magistrat est allé juger à Alep?

Le temps n'a pas continué à être aussi chaud que lors de mon arrivée. Une nuit, il paraît avoir plu assez abondamment. Le ciel demeure couvert le 26 mars, et il tombe de temps à autre quelques gouttes d'eau. Ce sont les dernières manifestations d'un doux hiver, avant les ardeurs de la saison chaude.

Le 28, tout est prêt pour le départ; je sors de la maison de Mme Cléophas de grand matin. A quatre heures du soir, je me retrouve au khan de l'Afrin. Cette rivière, le plus grand cours d'eau de la contrée, ne laisse pas que de plaire, après l'aride paysage des environs d'Alep. Je regarde couler ses flots, qui ne sont pas limpides, il s'en faut bien. Les rives n'ont rien de pittoresque, mais l'Afrin, enfin, est un vrai fleuve, et il roule autre chose que des cailloux.

Le gîte de Baïlan, qui me semblait si pauvre il y a quelques jours, est accueilli, cette fois, avec un véritable plaisir. C'est que la nuit du khan a été bien mauvaise, et il a fallu repartir, dès cinq heures du matin, sans avoir trouvé le sommeil.

J'ai repassé par la grande plaine d'Antioche. Elle offre de beaux aspects de montagnes lointaines. La campagne même, cultivée avec quelque soin, est d'une apparence agréable. De nombreuses caravanes de chameaux s'échelonnent sur la route : elles vont d'Alep à la mer, sous la conduite de Bédouins aux traits fortement accusés. A l'une d'elles, j'ai compté cent trente-six chameaux.

Antioche, dont la position se reconnaît parfaitement à la grande ouverture qui donne passage à l'Oronte, vers la mer, était merveilleusement placée pour être la reine des pays d'alentour. Elle fermait, en la dominant, la vaste plaine qui porte son nom, et se trouvait au débouché de toutes les routes qui viennent de l'intérieur. Elle a devancé Alep, qui ne la supplanta que pour peu de temps.

Un vaste lac marécageux occupe aujourd'hui une grande partie de la plaine. Des hauteurs qui descendent de Baïlan, le spectacle en est imposant ; la vue s'étend au loin sur des chaînes de montagnes qui accusent vivement le relief de toute cette partie de la Syrie.

Le 30, en deux heures environ, je redescends de Baïlan à Alexandrette. Longtemps avant d'apercevoir la ville, les navires ancrés dans la rade en indiquent l'approche. Le 1er avril, j'y vois paraître le vapeur français sur lequel je vais achever mon voyage maritime, et que je ne quitterai plus qu'en débarquant à Naples. Il faut prendre congé de mes hôtes d'Alexandrette ; on ne peut qu'accepter tant de bontés, en se déclarant l'obligé.

Le 2, au matin, nous sommes devant Lattakieh, assez plaisante à voir dans sa décadence actuelle. On comprend qu'une grande ville a pu trouver place sur ce rivage, où la montagne s'écarte pour laisser au bord de la mer une plaine qui paraît fertile et boisée.

En quittant Lattakieh, le navire longe la côte de Syrie, suite de hauteurs uniformes et peu habitées. J'aperçois encore le Djebel-Akra d'Antioche, qui domine toutes les montagnes avoisinantes. Du côté opposé, les neiges du Liban s'élèvent dans les nues, et attirent bientôt exclusivement le regard.

Ici commence cette province de Syrie, la plus belle peut-être d'un empire formé de tant de royaumes. Elle garde encore la mémoire de ce qu'avait fait d'elle le peuple romain ; mais depuis, que de révolutions ont passé sur ce sol historique !

Le Liban, vu de la mer, devant Tripoli, offre l'un des aspects les plus grandioses que j'aie admirés en aucun pays de montagnes. Au-dessus des flots bleus montent d'abord les pentes vertes de la haute chaîne; des rochers les dominent; puis viennent les neiges, et le ciel enfin dont l'azur le dispute à celui de la mer. Après avoir passé devant Tortose et Rouad, nous sommes arrivés à Tripoli à trois heures. Le panorama de la ville est charmant. L'œil se repose sur un premier plan de jardins, avant de s'élever vers les cimes alpestres qui se dressent brusquement à peu de distance.

Une barque se détache du rivage; elle porte à la poupe notre pavillon. L'agent consulaire, avec une suite nombreuse, monte à bord. Débarqués sur le rivage, nous enfourchons des selles arabes, et le cortège, devenu assez imposant, s'est mis en marche vers la ville, par un chemin verdoyant tout embaumé de l'odeur de la fleur d'oranger. Des bosquets odorants forment autour de Tripoli une ceinture de jardins bien autrement dignes de ce nom que ceux d'Alep.

La réception, dans la maison de l'excellent M. V***, a été solennelle. On s'est livré à un échange de compliments qui, poursuivi de part et d'autre avec ardeur, paraissait ne devoir plus finir. Après le café et la cigarette de rigueur, nous avons visité la ville et le château, toujours précédés de trois cavas, et suivis d'une foule sans cesse grossissante. Un pont sur la rivière qui descend de la montagne des Cèdres, offre une vue des plus agréables. Nous en jouissons encore au sommet des plates-formes du vieux château à demi ruiné de Tripoli. Tout ce pays a gardé quelque chose de ses anciennes splendeurs; c'est la trace du passage de plus d'un peuple et de plus d'une civilisation. Les souvenirs du temps des croisades ne sont pas rares; voûtes d'églises, colonnes, maisons anciennes, se rencontrent à chaque pas dans la ville.

Le soir, nous sommes retournés au port, avec non moins de cérémonie qu'à l'arrivée. Des flambeaux éclairaient notre marche; la population, émue de ce bruit inaccoutumé, s'amassait sur notre passage. L'embarquement a présenté un spectacle pittoresque, et c'est à bord seulement que j'ai pris congé du fils du consul, jeune homme instruit de tout ce que cette partie de la Syrie offre d'intéressant.

C'est une aimable façon d'aller que ce voyage par escales. Chaque matin, je descends sur une terre nouvelle. Le 3 avril, Beyrout apparaît au moment où le vaisseau jette l'ancre pour s'arrêter dans le port une journée entière. Il y a plus de dix ans que j'y passai pour la première fois. Alors, c'était pour franchir les cimes du Liban que je ne puis, aujourd'hui, contempler que de loin. Sanctuaire mystérieux, comme tous les pays de hautes montagnes, le Liban garde les traditions, les cultes, l'histoire des temps les plus divers. Là survit encore un reste de notre passé à nous, Latins d'Occident, sur la terre biblique. On voit de Beyrout, sur la pente de la montagne, ces villages, ces églises, ces couvents, oasis singulière conservée au milieu d'un monde étranger.

Le lendemain, on passe devant Jaffa; mais le peu de temps de la relâche et le mauvais état de la mer ne permettent pas de débarquer. Je l'ai gravie autrefois, cette route montueuse qui s'aperçoit d'ici, et qui est celle de Jérusalem. Aujourd'hui, c'est Port-Saïd et le canal de Suez que je vais voir : la merveille du monde moderne.

Le jour suivant, en effet, avec une régularité mathématique, j'aperçois la côte basse de l'Égypte, le phare de Port-Saïd et l'entrée du canal. Au moment où nous pénétrons entre les jetées, quatre grands navires sont amarrés dans le chenal ; ils sont tous en route pour l'Inde et la Chine. Cette baie de Péluse, déserte depuis des siècles, redevient, de par le génie et la volonté d'un seul homme, le grand chemin du commerce du monde, comme elle l'était avant les invasions qui fermèrent, il y a près de mille ans, les routes de l'Orient. Je m'empresse de descendre sur le rivage et de parcourir la ville nouvelle de Port-Saïd, qui rappelle à s'y méprendre certaines colonies naissantes de l'Algérie française.

La nuit a suffi pour franchir la distance qui nous sépare encore d'Alexandrie, où je débarque le 6 avril au matin. C'est à grand'peine que l'on reconnaît, après quelques années, cette ville, toujours accrue et embellie. La place des Consuls a reçu force nouveaux ornements. Les rues voisines s'étendent maintenant fort au delà et sont bordées de grandes et superbes maisons. Rien n'approche, dans tout l'Orient, de cette magnificence de la nouvelle Alexandrie [1].

[1] Et cette ville opulente, qui témoignait si bien de la restauration de l'Égypte sous le gouvernement de la dynastie de Méhémet-Ali, un abandon inexplicable en a fait une proie facile pour une horde de barbares, dans les jours funestes de juillet 1882.

J'ai des amis sur cette terre d'Égypte. Il faut aller les trouver à Ramleh, la villégiature bien connue des Européens. Un chemin de fer y conduit, et pour aller à la gare, en guise de fiacre, il y a une station d'ânes sur la place. L'âne et l'ânier sont un fruit de l'Égypte, comme les palmiers et les obélisques.

Le chemin de fer de Ramleh m'a rappelé à m'y méprendre celui de Livourne à Florence. Les souvenirs d'Europe viennent au-devant de moi. Alexandrie offre du reste, en bien des choses, une couleur italienne marquée.

Rien à voir sur la route, que les bouquets de dattiers qui donnent à cette campagne, plate comme la Flandre, une physionomie qui n'appartient qu'à elle. Est-ce bien là le lieu qui sert de refuge, l'été, aux résidents d'Alexandrie ! Ma surprise est grande, lorsque je vois sortir des sables les villas, les kiosques par centaines, avec des jardins grands comme la main, et des arbres dont leurs propriétaires doivent être bien fiers : c'est Ramleh.

Le train me laisse au milieu des sables. Heureusement, je vois flotter à quelque distance notre pavillon national. A deux cents pas, cette maison est celle du comte de N***, agent et consul général de Belgique.

Réception charmante et cordiale s'il en fut. Je retrouve un ancien ami. On me montre la maison et le jardin. L'installation est jolie et confortable ; sous la véranda, à l'ombre des arbrisseaux du jardin, on oublie le soleil qui brûle et le sable qui chauffe tout à l'entour.

Le déjeuner réunit autour du chef de la colonie quelques-uns de ses administrés. Là, je retrouve encore l'excellent K***, un vieil ami aussi, un contemporain de mes premiers voyages au Levant. Cette visite en Égypte n'a été qu'une entrevue rapide, mais ces entrevues, elles comptent pour nous, séparés par de si longues distances ; elles ravivent les anciennes amitiés et marquent à jamais dans le souvenir.

Le mardi 8 avril, à dix heures du matin, le *Niémen* cinglait vers l'Europe.

V

Stendhal tirait quelque gloriole d'être allé six fois à Rome. Ce n'était point mal pour son temps. Aujourd'hui que les chemins de fer nous mettent si bien à portée des quatre points cardinaux, il faut citer des voyages plus lointains. Le Caucase, l'Indo-Chine sont fort à la mode ; l'Afrique centrale aura son tour. Pour moi, je puis m'enorgueillir encore de six voyages à Constantinople, mais Constantinople même ne satisfait plus les amateurs de l'inconnu et de l'inouï. Je ne sais si les élégants badinages de M. Jules Verne ne contribueront pas un peu à dégoûter les générations nouvelles des voyages où il ne se rencontre ni hippogriffes, ni anthropophages, ni héros de roman.

J'étais destiné à retourner sur le Bosphore. De 1873 à 1875, j'y fis un nouveau séjour, et j'y revins, en 1878, bien loin de me plaindre d'aller vivre encore sur ces rivages fortunés. L'Européen n'y apporte que trop souvent des préjugés et des erreurs qu'une plus longue demeure au sein des pays orientaux finit ordinairement par dissiper. Habitués à la tyrannie de nos opinions et de nos usages, nous avons quelque peine, d'abord, à ne pas nous étonner de trouver chez d'autres peuples des idées et des sentiments différents des nôtres. Mais quand le temps et la réflexion ont donné à notre jugement plus de maturité, nous considérons d'un autre œil les mœurs des étrangers. Plus on voyage, plus on est près de reconnaître que l'homme est le même partout; que les institutions, les lois s'inspirent de principes toujours justifiables si on les examine d'un certain point de vue, et qu'une large tolérance devrait être seule la règle de nos appréciations. J'ai traversé moi-même cette épreuve, et, à mesure que mes années se sont écoulées dans le Levant, j'ai su mieux reconnaître les droits de tant de peuples divers au respect de leurs voisins. On peut être Persan, quoi qu'en dise le Parisien de Montesquieu.

Dans les premiers jours de 1878, je reprenais le chemin de Constantinople. Le moment était grave pour tout l'Orient; la guerre, commencée l'année précédente entre la Turquie et la Russie, n'avait pas encore pris fin, et depuis la chute de Plevna, si vaillamment défendue, on pouvait croire que les armées belligérantes ne tarderaient pas à se rapprocher du Bosphore. Il me fallait, cependant, arriver jusque dans la capitale; à mon passage à Athènes, le 22 février, le bruit d'un prochain blocus des eaux grecques s'était répandu ; on allait jusqu'à dire que la cour impériale ottomane se préparait à chercher un refuge à Brousse.

Mon anxiété était grande, et, comme il ne manque jamais d'arriver en pareille circonstance, le voyage subit des retards imprévus. Nous arrivâmes devant les Dardanelles le soir, et le passage nous fut fermé. A l'entrée du détroit croisaient encore des vaisseaux anglais ; quelques jours auparavant, le gros de la flotte avait franchi cet espace interdit aux vaisseaux de guerre; l'amiral Seymour avait passé sous le canon des forts, et nous allions le retrouver mouillé en vue du port de Constantinople.

Un corps ottoman était établi au-dessus de Gallipoli, sur cette presqu'île de Boulaïr qui commande les Dardanelles. Nous vîmes en passant le camp assis sur les hauteurs, mais, à ce moment déjà, l'armée russe avait devancé les forces destinées à l'arrêter; rien n'avait pu suspendre sa marche, que l'annonce d'un traité prochain, et, en attendant que les négociateurs eussent fini leur tâche, elle venait s'amasser devant les murs de Constantinople dans la plaine de San-Stéfano.

Je débarquai le 2 mars au matin, empressé de revoir la ville, anxieux de la retrouver au milieu de circonstances si nouvelles. La paix n'était point faite, quoiqu'il y eût grand espoir d'un accord prochain, et, des fenêtres des maisons de Péra, on pouvait apercevoir les ouvrages qui s'élevaient à la hâte, sur les hauteurs, au delà de la Corne-d'Or, dans le but d'arrêter un instant, au moins, l'envahisseur campé si près de là.

Le 3, le traité fut signé à San-Stéfano. Il sauvait Constantinople et l'empire d'une attaque immédiate. Les effets de la guerre furent suspendus comme par enchantement; dès le lendemain, la grande ville retrouvait la confiance, et paraissait reprendre le cours de sa vie ordinaire.

Nul n'a oublié l'impression que produisit sur l'Europe la publication de ce traité célèbre. La Russie avait usé de ses avantages; l'empire ottoman, épuisé, consentait à la formation d'un État bulgare qui absorbait presque toute la Turquie d'Europe. Ce fut un cri universel de surprise lorsqu'on vit la frontière nouvelle toucher Salonique et Andrinople, et arriver sur la mer Noire presque à l'entrée du Bosphore.

Alors commença pour Constantinople elle-même une crise nouvelle, aussi dangereuse que la première. Les protestations anglaises contre le traité étaient une menace de guerre, et la flotte ancrée dans la mer de Marmara pouvait, au premier signe du télégraphe, ouvrir une action meurtrière, tandis que l'armée russe demeurait, elle aussi, prête à s'ébranler. La ville, enjeu de cette lutte imminente, était ouverte aux attaques des deux belligérants en présence sous ses murs. La flotte anglaise ne comptait que cinq navires, mais des vaisseaux comme l'*Alexandra* et le *Thunderer* ne sont pas moins que des citadelles flottantes, toujours prêtes à renverser l'obstacle offert à leurs feux, ou à débarquer une armée entière. Cette situation, inquiétante pour Stamboul, Péra et Galata, devait se prolonger près de deux mois, jusqu'au jour où l'on reçut la nouvelle certaine de la prochaine réunion d'un congrès européen. En attendant, chaque matin, durant ce mois de mars 1878, nous interrogions l'horizon avec anxiété, attentifs au moindre mouvement de cette flotte embossée devant la ville, et la menaçant de ses canons, muets encore, mais tournés vers nous.

Cependant, si ce gros nuage demeurait suspendu sur l'Europe, la Porte ottomane se trouvait délivrée du danger le plus immédiat. Depuis le 3 mars, la paix était rétablie avec la Russie, et les ennemis de la veille, subitement désarmés, faisaient dans Constantinople une sorte d'entrée pacifique. On voyait les soldats russes circuler par centaines dans les rues de la capitale ottomane. Ils y venaient par groupes, ou même isolément; leur présence avait excité, les premiers jours, une certaine curiosité, mais bientôt, perdus dans cette population bigarrée, ils passèrent inaperçus, tranquilles et respectés.

Cette armée, campée à San-Stéfano, était encore, dans le courant du mois de mars, sous le commandement en chef de S. A. I. le grand-duc Nicolas. Avant de rentrer en Russie, le prince voulut rendre visite au Sultan, et Sa Majesté Impériale se rendit, à l'occasion de cette cérémonie, au palais de Dolma-Bagtché.

Ahmed-Vefyk-Pacha venait d'être appelé, dans ces circonstances difficiles et douloureuses, au poste de premier ministre. Il lui appartint de recevoir au seuil du palais le grand-duc et de le conduire auprès du sultan Abd-ul-Hamid.

Le jour dit (c'était tout à la fin de mars), un cortège imposant se rassembla à la résidence bien connue de l'ambassade russe. Dans la rue, la foule s'était amassée, foule bariolée de couleurs diverses où se coudoyaient toutes les races qui vivent côte à côte dans Stamboul. Elle allait voir s'accomplir sous ses yeux le dernier épisode de la lutte terrible que venait de soutenir l'empire ottoman ; c'était la fête de la réconciliation et de la paix, après les chocs sanglants, après tant de souffrances supportées d'un cœur magnanime. Chrétiens et musulmans se confondaient devant ce spectacle ; leur curiosité demeurait grave, et la rue, si bruyante d'ordinaire, paraissait faire silence devant l'événement du jour.

Les grilles du palais s'ouvrirent, et une longue file de voitures en sortit. Là se trouvaient les chefs de l'armée russe, ces guerriers à la taille colossale dont les noms, depuis quelques mois, étaient dans toutes les bouches ; on se montrait Skobeleff et Tottleben, escortant le grand-duc dans cette promenade solennelle. Ils traversèrent les flots du peuple, dont la contenance simple et digne ne se démentit pas ; on eût dit, si l'on pouvait se tromper en de pareilles circonstances, le cortège d'un de ces personnages officiels qu'abrite si souvent l'*Hôtel d'Angleterre*, situé à deux pas, et qui se rendent à l'audience impériale avec les pompes familières aux habitants de la rue de Péra.

Le palais de Russie, solitaire depuis la rupture de la paix, se rouvrait à la vie. Au moment où le grand-duc en franchit les portes, des ouvriers montés sur la grille enlevèrent les voiles qui dérobaient aux yeux depuis de longs mois les aigles impériales : c'était le signe visible de la réconciliation des deux empires.

Quelques jours après, l'heureuse nouvelle attendue depuis si longtemps se répandit un matin dans Péra. Les puissances européennes venaient de se mettre d'accord pour la réunion d'un congrès. Constantinople voyait enfin se détourner le danger qui, depuis deux mois, la menaçait de si près. L'été commença; nos inquiétudes dissipées, nous nous répandîmes comme d'habitude dans les villages du Bosphore, et c'est là qu'au milieu de juillet vint nous trouver l'annonce de la conclusion d'un traité signé à Berlin, le 13 juillet, entre l'empire ottoman et les grandes puissances. Ce nouveau pacte prenait, après vingt-six ans, la place du traité de Paris ; il réglait la situation sortie des événements de 1876 et 1877, et rendait la tranquillité à tout l'Orient. Ce fut aussi le signal de la retraite définitive de l'armée russe, restée depuis six mois dans ses campements de San-Stéfano, devant Constantinople tenue comme en gage jusqu'à la conclusion de la paix.

L'armée fut passée en revue une dernière fois, et montra à un public nombreux ses bataillons au complet, reposés de leurs fatigues, et pleins de la joie du retour prochain. Dès le lendemain, les soldats commencèrent à s'embarquer sur les bateaux à vapeur qui devaient les ramener à Odessa, et, pendant plusieurs jours, on vit défiler lentement, dans le Bosphore, une véritable flottille. A bord de chaque navire, des centaines d'hommes habillés de toile blanche s'entassaient sur le pont et dans les vergues, et saluaient les palais des ambassades de joyeux hourras. Lorsqu'ils furent partis, toute trace de la guerre parut effacée, et nous reprîmes à Constantinople le cours paisible de notre vie ordinaire.

Je demeurai près d'une année encore dans la capitale ottomane. Le mois de juin 1879 vit mettre un terme à ce séjour qui, en deux fois, n'avait guère duré moins de sept ans. Prenant la route de l'Italie, je repassai à Venise et à Milan. Là, vingt années auparavant, j'avais vu s'ouvrir la période des événements qui devaient amener en Italie l'établissement d'un nouvel ordre de choses. A l'orient de l'Europe, je venais d'assister aux dernières péripéties d'une révolution non moins considérable. Ici se termine cette longue série de pérégrinations. Ce n'est pas dire que le voyageur ait suspendu pour jamais au foyer domestique le bâton du pèlerin. Le goût de la vie errante paraît être de ceux que rien ne peut corriger. Il serait dangereux que tout le monde fût nomade, mais, rassurons-nous, les sédentaires formeront longtemps encore l'immense majorité. Qu'il en soit ainsi ! On sera moins sévère pour ceux qu'attire au loin l'attrait des vastes horizons, des mers lumineuses, du soleil fécond.

FIN.

TABLE DES MATIÈRES.

CHAPITRE IV. — PROMENADES AUTOUR DE NAPLES.

CHAPITRE V. — FLORENCE; LA CONVENTION DU 15 SEPTEMBRE 1864.

CHAPITRE VI. — ROME. 1867-1870.

CHAPITRE VII. — UN HIVER DANS LE MIDI.

CHAPITRE VIII. — LE SAHARA, TUNIS ET MALTE.

CHAPITRE IX. — CONSTANTINOPLE. — UNE SAISON D'EAUX EN PAYS TURC.

CHAPITRE X. — VOYAGE A ALEP.

Documents manquants (pages, cahiers...)

NF Z 43-120-13

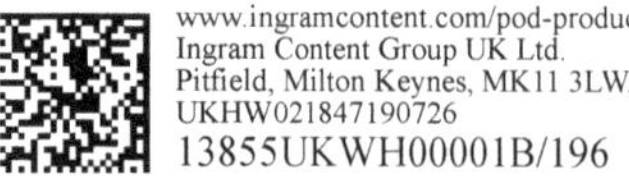

www.ingramcontent.com/pod-product-compliance
Ingram Content Group UK Ltd.
Pitfield, Milton Keynes, MK11 3LW, UK
UKHW021847190726
13855UKWH00001B/196